◆ 希汉对照 ◆
柏拉图全集
V.3

拉刻斯

溥林 译

Platon
LACHES
(ΛΑΧΗΣ)
本书依据牛津古典文本（Oxford Classical Texts）中
由约翰·伯内特（John Burnet）所编辑和校勘的
《柏拉图全集》（*Platonis Opera*）第Ⅲ卷译出

前　　言

商务印书馆120余年来一直致力于移译世界各国学术名著，除了皇皇的"汉译世界学术名著丛书"之外，更是组织翻译了不少伟大思想家的全集。柏拉图是严格意义上的西方哲学的奠基人，其思想不仅在西方哲学的整个历史中起着继往开来的作用，也远远超出了哲学领域而在文学、教育学、政治学等领域产生着巨大的影响。从19世纪开始，德语世界、英语世界、法语世界等着手系统整理柏拉图的古希腊文原文，并将之译为相应的现代语言，出版了大量的单行本和全集本，至今不衰；鉴于柏拉图著作的经典地位和历史地位，也出版了古希腊文-拉丁文、古希腊文-德文、古希腊文-英文、古希腊文-法文等对照本。

商务印书馆既是汉语世界柏拉图著作翻译出版的奠基者，也一直有心系统组织翻译柏拉图的全部作品。近20年来，汉语学界对柏拉图的研究兴趣和热情有增无减，除了商务印书馆之外，国内其他出版社也出版了一系列柏拉图著作的翻译和研究著作；无论是从语文学上，还是从思想理解上，都取得了长足的进步。有鉴于此，我们希望在汲取西方世界和汉语世界既有成就的基础上，从古希腊文完整地翻译出柏拉图的全部著作，并以古希腊文-汉文对照的形式出版。现就与翻译相关的问题做以下说明。

1. 翻译所依据的古希腊文本是牛津古典文本（Oxford Classical Texts）中由约翰·伯内特（John Burnet）所编辑和校勘的《柏拉图全集》（*Platonis Opera*）；同时参照法国布德本（Budé）希腊文《柏拉图全集》（*Platon: Œuvres complètes*），以及牛津古典文本中1995年出版的第 I 卷最新校勘本等。

2. 公元前后，亚历山大的忒拉叙洛斯（Θράσυλλος, Thrasyllus）按照古希腊悲剧"四联剧"（τετραλογία, Tetralogia）的演出方式编订柏拉图的全部著作，每卷四部，共九卷，一共 36 部作品（13 封书信整体被视为一部作品）；伯内特编辑的《柏拉图全集》所遵循的就是这种编订方式，但除了 36 部作品之外，外加 7 篇"伪作"。中文翻译严格按照该全集所编订的顺序进行。

3. 希腊文正文前面的 SIGLA 中的内容，乃是编辑校勘者所依据的各种抄本的缩写。希腊文正文下面的校勘文字，原样保留，但不做翻译。译文中〈〉所标示的，乃是为了意思通顺和完整，由译者加上的补足语。翻译中的注释以古希腊文法和文史方面的知识为主，至于义理方面的，交给读者和研究者本人。

4. 除了"苏格拉底""高尔吉亚"等这些少数约定俗成的译名之外，希腊文专名（人名、地名等）后面的"斯"一般都译出。

译者给自己确定的翻译原则是在坚持"信"的基础上再兼及"达"和"雅"。在翻译时，译者在自己能力所及的范围内，对拉丁文、德文、英文以及中文的重要译本（包括注释、评注等）均认真研读，一一看过，但它们都仅服务于译者对希腊原文的理解。

译者的古希腊文启蒙老师是北京大学哲学系的靳希平教授，谨将此译作献给他，以示感激和敬意。

鉴于译者学养和能力有限，译文中必定有不少疏漏和错讹，敬请读者不吝批评指正。

溥林
2018 年 10 月 22 日于成都

SIGLA

B = cod. Bodleianus, MS. E. D. Clarke 39 = Bekkeri 𝔄

T = cod. Venetus Append. Class. 4, cod. 1 = Bekkeri t

W = cod. Vindobonensis 54, suppl. phil. Gr. 7 = Stallbaumii Vind. 1

C = cod. Crusianus sive Tubingensis = Stallbaumii 𝔗

D = cod. Venetus 185 = Bekkeri Π

G = cod. Venetus Append. Class. 4, cod. 54 = Bekkeri Λ

V = cod. Vindobonensis 109 = Bekkeri Φ

Arm. = Versio Armeniaca

Ars. = Papyrus Arsinoitica a Flinders Petrie reperta

Berol. = Papyrus Berolinensis 9782 (ed. Diels et Schubart 1905)

Recentiores manus librorum B T W litteris b t w significantur

Codicis W lectiones cum T consentientes commemoravi, lectiones cum B consentientes silentio fere praeterii

目　录

拉刻斯 ·· 1
注释 ·· 72
术语索引 ·· 107
专名索引 ·· 168
参考文献 ·· 170

冬日

拉刻斯[1]

---

[1] 忒拉叙洛斯（Θράσυλλος, Thrasyllus）给该对话加的副标题是"或论勇敢"（ἢ περὶ ἀνδρείας）；按照希腊化时期人们对柏拉图对话风格的分类，《拉刻斯》属于"助产性的"（μαιευτικός）。

ΛΑΧΗΣ

ΛΥΣΙΜΑΧΟΣ, ΜΕΛΗΣΙΑΣ, ΝΙΚΙΑΣ, ΛΑΧΗΣ,
ΠΑΙΔΕΣ ΛΥΣΙΜΑΧΟΥ ΚΑΙ ΜΕΛΗΣΙΟΥ,   St. 11
ΣΩΚΡΑΤΗΣ   p. 178

ΛΥ. Τεθέασθε μὲν τὸν ἄνδρα μαχόμενον ἐν ὅπλοις, ὦ   a
Νικία τε καὶ Λάχης· οὗ δ' ἕνεκα ὑμᾶς ἐκελεύσαμεν συνθεά-
σασθαι ἐγώ τε καὶ Μελησίας ὅδε, τότε μὲν οὐκ εἴπομεν, νῦν
δ' ἐροῦμεν. ἡγούμεθα γὰρ χρῆναι πρός γε ὑμᾶς παρρησιά-
ζεσθαι. εἰσὶ γάρ τινες οἳ τῶν τοιούτων καταγελῶσι, καὶ ἐάν 5
τις αὐτοῖς συμβουλεύσηται, οὐκ ἂν εἴποιεν ἃ νοοῦσιν, ἀλλὰ   b
στοχαζόμενοι τοῦ συμβουλευομένου ἄλλα λέγουσι παρὰ τὴν
αὑτῶν δόξαν· ὑμᾶς δὲ ἡμεῖς ἡγησάμενοι καὶ ἱκανοὺς γνῶναι
καὶ γνόντας ἁπλῶς ἂν εἰπεῖν ἃ δοκεῖ ὑμῖν, οὕτω παρελάβομεν
ἐπὶ τὴν συμβουλὴν περὶ ὧν μέλλομεν ἀνακοινοῦσθαι. ἔστιν 5
οὖν τοῦτο, περὶ οὗ πάλαι τοσαῦτα προοιμιάζομαι, τόδε. ἡμῖν 179
εἰσὶν ὑεῖς οὑτοιί, ὅδε μὲν τοῦδε, πάππου ἔχων ὄνομα Θουκυ-
δίδης, ἐμὸς δὲ αὖ ὅδε—παππῷον δὲ καὶ οὗτος ὄνομ' ἔχει
τοὐμοῦ πατρός· Ἀριστείδην γὰρ αὐτὸν καλοῦμεν—ἡμῖν οὖν
τούτων δέδοκται ἐπιμεληθῆναι ὡς οἷόν τε μάλιστα, καὶ μὴ 5
ποιῆσαι ὅπερ οἱ πολλοί, ἐπειδὴ μειράκια γέγονεν, ἀνεῖναι
αὐτοὺς ὅτι βούλονται ποιεῖν, ἀλλὰ νῦν δὴ καὶ ἄρχεσθαι
αὐτῶν ἐπιμελεῖσθαι καθ' ὅσον οἷοί τ' ἐσμέν. εἰδότες οὖν καὶ

178 a2 συνθεάσασθαι t: συνθεάσασθε B: συντεθέασθαι TW
b2 λέγουσι T: νοοῦσι B et γρ. t: νοοῦσι suprascr. λεγ W
179 a1 τοῦτο del. corr. Coisl.: τὸ ci. Badham   a3 δὲ καὶ scr.
Vat. 1029: τε καὶ BTW   a7 δὴ ἤδη ci. Badham   a8 οἷοί
τ' BW: οἷόν τ' T

拉刻斯

吕西马科斯　墨勒西厄斯　尼基阿斯　拉刻斯
吕西马科斯和墨勒西厄斯的儿子们
苏格拉底

吕西马科斯[1]：你们已经看到了那个〈在表演〉全副武装地进行格斗的人[2]，尼基阿斯[3]和拉刻斯[4]啊；但为何我们，我和这里的这位墨勒西厄斯[5]，要求你们〈同我们〉一道观看，我们当时[6]并未相告，而现在我们就要来说一说。因为我们认为，无论如何都必须把它对你们开诚布公地讲出来[7]。其实有着一些人，他们嘲笑诸如此类的事情[8]，并且如果有人咨询他们的意见[9]，他们并不会说出他们所想的，相反，他们通过揣度咨询者的心思[10]而说出一些同他们自己的意见相反[11]的其他东西来。但是，我们相信，你们不仅有能力进行认识，而且当你们认识后你们也会直截了当地说出你们所认为的；因此，我们邀请你们〈来参与商讨〉，就我们打算交流的那些事情〈给出〉建议。对之我做了如此长的开场白的那件事，其实是下面这样。这两个人是我俩的儿子，这位是墨勒西厄斯的，他有着其祖父的名字，即图库狄德斯[12]；而这位是我的——他也有着其祖父的，即我父亲的名字，因为我们叫他阿里斯忒得斯[13]——；因此，我们已经决心[14]要尽可能地[15]关心他们[16]，并且不要像许多人所做的那样来行事，那就是，当他们已经长成小伙子时[17]，听任他们做他们想做的任何事情[18]，而是尤其在现在[19]就一定要开始尽

178a1

178a5

178b1

178b5

179a1

179a5

ΠΛΑΤΩΝΟΣ

b ὑμῖν ὑεῖς ὄντας ἡγησάμεθα μεμεληκέναι περὶ αὐτῶν, εἴπερ
τισὶν ἄλλοις, πῶς ἂν θεραπευθέντες γένοιντο ἄριστοι· εἰ δ᾽
ἄρα πολλάκις μὴ προσεσχήκατε τὸν νοῦν τῷ τοιούτῳ, ὑπομνή-
σοντες ὅτι οὐ χρὴ αὐτοῦ ἀμελεῖν, καὶ παρακαλοῦντες ὑμᾶς
5 ἐπὶ τὸ ἐπιμέλειάν τινα ποιήσασθαι τῶν ὑέων κοινῇ μεθ᾽
ἡμῶν. ὅθεν δὲ ἡμῖν ταῦτ᾽ ἔδοξεν, ὦ Νικία τε καὶ Λάχης,
χρὴ ἀκοῦσαι, κἂν ᾖ ὀλίγῳ μακρότερα. συσσιτοῦμεν γὰρ
δὴ ἐγώ τε καὶ Μελησίας ὅδε, καὶ ἡμῖν τὰ μειράκια παρα-
c σιτεῖ. ὅπερ οὖν καὶ ἀρχόμενος εἶπον τοῦ λόγου, παρρη-
σιασόμεθα πρὸς ὑμᾶς. ἡμῶν γὰρ ἑκάτερος περὶ τοῦ ἑαυτοῦ
πατρὸς πολλὰ καὶ καλὰ ἔργα ἔχει λέγειν πρὸς τοὺς νεανίσκους,
καὶ ὅσα ἐν πολέμῳ ἠργάσαντο καὶ ὅσα ἐν εἰρήνῃ, διοικοῦντες
5 τά τε τῶν συμμάχων καὶ τὰ τῆσδε τῆς πόλεως· ἡμέτερα δ᾽
αὐτῶν ἔργα οὐδέτερος ἔχει λέγειν. ταῦτα δὴ ὑπαισχυνόμεθά
τε τούσδε καὶ αἰτιώμεθα τοὺς πατέρας ἡμῶν ὅτι ἡμᾶς μὲν
d εἴων τρυφᾶν, ἐπειδὴ μειράκια ἐγενόμεθα, τὰ δὲ τῶν ἄλλων
πράγματα ἔπραττον· καὶ τοῖσδε τοῖς νεανίσκοις αὐτὰ ταῦτα
ἐνδεικνύμεθα, λέγοντες ὅτι εἰ μὲν ἀμελήσουσιν ἑαυτῶν καὶ
μὴ πείσονται ἡμῖν, ἀκλεεῖς γενήσονται, εἰ δ᾽ ἐπιμελήσονται,
5 τάχ᾽ ἂν τῶν ὀνομάτων ἄξιοι γένοιντο ἃ ἔχουσιν. οὗτοι μὲν
οὖν φασιν πείσεσθαι· ἡμεῖς δὲ δὴ τοῦτο σκοποῦμεν, τί
ἂν οὗτοι μαθόντες ἢ ἐπιτηδεύσαντες ὅτι ἄριστοι γένοιντο.
e εἰσηγήσατο οὖν τις ἡμῖν καὶ τοῦτο τὸ μάθημα, ὅτι καλὸν εἴη
τῷ νέῳ μαθεῖν ἐν ὅπλοις μάχεσθαι· καὶ ἐπῄνει τοῦτον ὃν
νῦν ὑμεῖς ἐθεάσασθε ἐπιδεικνύμενον, κᾆτ᾽ ἐκέλευε θεάσασθαι.
ἔδοξε δὴ χρῆναι αὐτούς τε ἐλθεῖν ἐπὶ θέαν τἀνδρὸς καὶ ὑμᾶς
5 συμπαραλαβεῖν ἅμα μὲν συνθεατάς, ἅμα δὲ συμβούλους τε
καὶ κοινωνούς, ἐὰν βούλησθε, περὶ τῆς τῶν ὑέων ἐπιμελείας.

b 1 ἡγησάμεθα] ἡγησάμενοι Badham (δεῦρο ἐκαλέσαμεν ὑμᾶς excidisse
ratus): ⟨εἰς συμβουλὴν ὑμᾶς παρεκαλέσαμεν ὅτι⟩ ἡγησάμεθα Schanz
b 6 vel post ἡμῶν (Král) vel post b 1 ὄντας (Schanz) excidisse aliquid
videtur   c 4 πολέμῳ... ἐν B W t : om. T   c 5 τῆσδε τῆς
B W t : τῆς T   c 7 τούσδε B W : τοῖσδε T   e 1 ὅτι T W : οὐ
B : ὡς in marg. B²   e 2 τῷ νέῳ Badham   e 3 θεάσασθαι T W :
θεάσεσθαι B

我们所能地去关心他们。所以，鉴于知道你们也有儿子，我们相信你们已经对他们有所操心——即使其他一些人也在这么做 [20]——，即他们如何能够通过被〈你们〉照护而成为最优秀的人。然而，万一 [21] 你们还没有重视过这件事 [22]，那么我们就要提醒你们下面这点，那就是一定不可以忽视它 [23]，并且邀请你们同我们一道共同 [24] 来〈商讨〉这件事，即对儿子们进行某种关心。而我们究竟为何 [25] 做出如此的决定，尼基阿斯和拉刻斯啊，你们一定要听听，即使它〈听起来〉的确是有点长。〈你们知道〉我和这儿的这位墨勒西阿斯刚好是一同进餐的 [26]，而那两个年青人也与我们一起吃饭。因此，就像在开始讲话时我就说过的那样，对你们我们将直言不讳。我们两人中的每一个都能够把关于自己父亲的许多出色的事迹说给这两个年轻人听 [27]，无论是他们在战争中成就出来的所有事业，还是在和平时期所成就出来的所有事业，当他们在管理同盟的事务以及这里的这个城邦的事务时。然而，我们两人却根本不能〈对他们〉讲讲我们自己的事迹 [28]。于是，我们在这儿的这〈两个年轻人〉面前对此感到有些羞愧 [29]，并且我们也将之归咎于我们的父亲，因为，一方面，他们听任我们骄奢放荡，当我们已经长成小伙子时，另一方面，他们忙于其他人的事情。而我们也就把这些事情向这儿的这两个年轻人指出来 [30]，说：如果他们不关心他们自己，并且不听从我们，那他们就将变得声名狼藉；但是，如果他们关心他们自己，那么，他们就有可能 [31] 成为配得上他们所拥有的那两个名字的人。于是，这两个年轻人宣称他们当然会听从〈我们〉；但我们肯定得考察下面这点，那就是这两个年轻人通过学习什么或者汲汲从事什么而会成为一个尽可能优秀的人。于是乎有人也向我们推荐了这门学问，〈说〉学习全副武装地进行格斗对年轻人来说是一件好事，并且他还称赞了你们刚才观看其表演的那个人，然后力劝〈我们〉也来看看。因此，我们决定，不仅我们自己必须前来〈观看〉这个人的表演，而且必须邀请你们，一方面作为一同观赏者，另一方面 [32] 作为顾问和伙伴——如果你们愿意的话——，〈前

ΛΑΧΗΣ

ταῦτ' ἐστὶν ἃ ἐβουλόμεθα ὑμῖν ἀνακοινώσασθαι. ἤδη οὖν ὑμέτερον μέρος συμβουλεύειν καὶ περὶ τούτου τοῦ μαθήματος, εἴτε δοκεῖ χρῆναι μανθάνειν εἴτε μή, καὶ περὶ τῶν ἄλλων, εἴ τι ἔχετε ἐπαινέσαι μάθημα νέῳ ἀνδρὶ ἢ ἐπιτήδευμα, καὶ περὶ τῆς κοινωνίας λέγειν ὁποῖόν τι ποιήσετε.

ΝΙ. Ἐγὼ μέν, ὦ Λυσίμαχε καὶ Μελησία, ἐπαινῶ τε ὑμῶν τὴν διάνοιαν καὶ κοινωνεῖν ἕτοιμος, οἶμαι δὲ καὶ Λάχητα τόνδε.

ΛΑ. Ἀληθῆ γὰρ οἴει, ὦ Νικία. ὡς ὅ γε ἔλεγεν ὁ Λυσίμαχος ἄρτι περὶ τοῦ πατρὸς τοῦ αὑτοῦ τε καὶ τοῦ Μελησίου, πάνυ μοι δοκεῖ εὖ εἰρῆσθαι καὶ εἰς ἐκείνους καὶ εἰς ἡμᾶς καὶ εἰς ἅπαντας ὅσοι τὰ τῶν πόλεων πράττουσιν, ὅτι αὐτοῖς σχεδόν τι ταῦτα συμβαίνει ἃ οὗτος λέγει καὶ περὶ παῖδας καὶ περὶ τἆλλα, τὰ ἴδια ὀλιγωρεῖσθαί τε καὶ ἀμελῶς διατίθεσθαι. ταῦτα μὲν οὖν καλῶς λέγεις, ὦ Λυσίμαχε· ὅτι δ' ἡμᾶς μὲν συμβούλους παρακαλεῖς ἐπὶ τὴν τῶν νεανίσκων παιδείαν, Σωκράτη δὲ τόνδε οὐ παρακαλεῖς, θαυμάζω, πρῶτον μὲν ὄντα δημότην, ἔπειτα ἐνταῦθα ἀεὶ τὰς διατριβὰς ποιούμενον ὅπου τί ἐστι τῶν τοιούτων ὧν σὺ ζητεῖς περὶ τοὺς νέους ἢ μάθημα ἢ ἐπιτήδευμα καλόν.

ΛΥ. Πῶς λέγεις, ὦ Λάχης; Σωκράτης γὰρ ὅδε τινὸς τῶν τοιούτων ἐπιμέλειαν πεποίηται;

ΛΑ. Πάνυ μὲν οὖν, ὦ Λυσίμαχε.

ΝΙ. Τοῦτο μέν σοι κἂν ἐγὼ ἔχοιμι εἰπεῖν οὐ χεῖρον Λάχητος· καὶ γὰρ αὐτῷ μοι ἔναγχος ἄνδρα προυξένησε τῷ ὑεῖ διδάσκαλον μουσικῆς, Ἀγαθοκλέους μαθητὴν Δάμωνα, ἀνδρῶν χαριέστατον οὐ μόνον τὴν μουσικήν, ἀλλὰ καὶ τἆλλα ὁπόσου βούλει ἄξιον συνδιατρίβειν τηλικούτοις νεανίσκοις.

a 2 μέρος TW : γένος B : secl. Gitlbauer   a 3 χρῆναι TW : χρήν. | ἢ B   b 2 τοῦ αὑτοῦ B Stobaeus : αὐτοῦ TW   τε καὶ] καὶ Stobaeus   μελησίου TW : μιλησίου B   b 4 πόλε**ων T   b 6 τὰ ἴδια Stobaeus : ἴδια BTW   ὀλιγωρεῖσθαι BTW Stobaeus : ὀλιγωρεῖν Badham : ὀλιγώρως Schanz   b 7 καλῶς TW : καλεῖς B   c 1 παιδείαν B²TW : παιδιὰν B   c 5 ὅδε BT : ὧδε W   d 3 ὁπόσου BW : ὁπόσα T

来商量〉对儿子们的关心。这些就是我们想要与你们进行交流的事情。因此，从现在起[33]，就你们来说[34]，是要对这门学问给出建议，〈那就是在你们〉看来他们必须学习它呢，还是不必学习它，以及就其他学问〈给出建议〉——如果你们确实还能够对年轻人推荐[35]其他任何学问或事业的话——，并且针对〈我们之间的〉合作而说说你们将以何种方式来做点什么。

180a1

180a5

尼基阿斯：我当然，吕西马科斯和墨勒西阿斯啊，赞同你们的想法，并且我也已经准备参与〈到你们中来〉；而我认为这里的这位拉刻斯也同样如此。

拉刻斯：你的确认为得对，尼基阿斯啊。因为吕西马科斯刚才关于他自己的父亲以及墨勒西阿斯的父亲所说的，在我看来说得非常非常地好，不仅针对那两位〈父亲〉，而且也针对我俩以及针对所有那些致力于城邦的各种事务的人；因为这些情况差不多[36]发生在〈所有〉这些人身上，就像这个人所说的那样，无论是对于〈他们自己的〉孩子们，还是对于〈他们自己的〉其他各种私人事情，他们都既关注得少，也漫不经心地加以对待。所以，就这些事情而言，你说得很正确，吕西马科斯啊。但是，你邀请我们来作为关于年轻人的教育的建议者，而不邀请这里的这位苏格拉底，我对此感到惊讶：首先，他是〈你们的〉同乡；其次，他总是在下面这种地方消磨时间[37]，只要在那儿有着你现在为年轻人所寻找的那些诸如此类的东西中的某一样，或者是某种美好的学问，或者是某种美好的事业。

180b1

180b5

180c1

吕西马科斯：你为何这么说呢，拉刻斯啊？这里的这位苏格拉底真的已经关心过诸如此类的事情中的某种吗[38]？

180c5

拉刻斯：完全如此，吕西马科斯啊。

尼基阿斯：我当然也能够和拉刻斯一样〈对你〉说出这点[39]。因为他前不久还把一个人介绍给我本人，作为我儿子的音乐老师；那个人是阿伽托克勒厄斯[40]的一位学生，叫达蒙[41]，他是众人中最为杰出的，不仅在音乐方面，而且在所有其他那些[42]你希望在那里他配得上同这个年纪的年轻人一同消磨时光的方面[43]。

180d1

ΠΛΑΤΩΝΟΣ

ΛΥ. Οὗτοι, ὦ Σώκρατές τε καὶ Νικία καὶ Λάχης, οἱ ἡλίκοι ἐγὼ ἔτι γιγνώσκομεν τοὺς νεωτέρους, ἅτε κατ' οἰκίαν τὰ πολλὰ διατρίβοντες ὑπὸ τῆς ἡλικίας· ἀλλ' εἴ τι καὶ σύ, ὦ παῖ Σωφρονίσκου, ἔχεις τῷδε τῷ σαυτοῦ δημότῃ ἀγαθὸν συμβουλεῦσαι, χρὴ συμβουλεύειν. δίκαιος δ' εἶ· καὶ γὰρ πατρικὸς ἡμῖν φίλος τυγχάνεις ὤν· ἀεὶ γὰρ ἐγὼ καὶ ὁ σὸς πατὴρ ἑταίρω τε καὶ φίλω ἦμεν, καὶ πρότερον ἐκεῖνος ἐτελεύτησε, πρίν τι ἐμοὶ διενεχθῆναι. περιφέρει δέ τίς με καὶ μνήμη ἄρτι τῶνδε λεγόντων· τὰ γὰρ μειράκια τάδε πρὸς ἀλλήλους οἴκοι διαλεγόμενοι θαμὰ ἐπιμέμνηνται Σωκράτους καὶ σφόδρα ἐπαινοῦσιν· οὐ μέντοι πώποτε αὐτοὺς ἀνηρώτησα εἰ τὸν Σωφρονίσκου λέγοιεν. ἀλλ', ὦ παῖδες, λέγετέ μοι, ὅδ' ἐστὶ Σωκράτης, περὶ οὗ ἑκάστοτε ἐμέμνησθε;

ΠΑΙ. Πάνυ μὲν οὖν, ὦ πάτερ, οὗτος.

ΛΥ. Εὖ γε νὴ τὴν Ἥραν, ὦ Σώκρατες, ὅτι ὀρθοῖς τὸν πατέρα, ἄριστον ἀνδρῶν ὄντα, καὶ ἄλλως καὶ δὴ καὶ ὅτι οἰκεῖα τά τε σὰ ἡμῖν ὑπάρξει καὶ σοὶ τὰ ἡμέτερα.

ΛΑ. Καὶ μήν, ὦ Λυσίμαχε, μὴ ἀφίεσό γε τἀνδρός· ὡς ἐγὼ καὶ ἄλλοθί γε αὐτὸν ἐθεασάμην οὐ μόνον τὸν πατέρα ἀλλὰ καὶ τὴν πατρίδα ὀρθοῦντα· ἐν γὰρ τῇ ἀπὸ Δηλίου φυγῇ μετ' ἐμοῦ συνανεχώρει, κἀγώ σοι λέγω ὅτι εἰ οἱ ἄλλοι ἤθελον τοιοῦτοι εἶναι, ὀρθὴ ἂν ἡμῶν ἡ πόλις ἦν καὶ οὐκ ἂν ἔπεσε τότε τοιοῦτον πτῶμα.

ΛΥ. Ὦ Σώκρατες, οὗτος μέντοι ὁ ἔπαινός ἐστιν καλός, ὃν σὺ νῦν ἐπαινῇ ὑπ' ἀνδρῶν ἀξίων πιστεύεσθαι καὶ εἰς ταῦτα εἰς ἃ οὗτοι ἐπαινοῦσιν. εὖ οὖν ἴσθι ὅτι ἐγὼ ταῦτα ἀκούων χαίρω ὅτι εὐδοκιμεῖς, καὶ σὺ δὲ ἡγοῦ με ἐν τοῖς εὐνούστατον

---

d 4 οὗτοι Badham : οὗτοι τι BT : οὗτοι τι W   d 5 ἡλίκοι B : ἡλίκοι καὶ TW   e 2 ἀεὶ B : αἱ T : αἰεὶ Wt   e 4 περιφέρει] περιέρρει Badham   e 6 διαλεγόμενοι BTW : διαλεγόμενα t   θαμὰ TW : ἅμα B   a 2 Σωκράτης secl. Badham   ἐμέμνησθε BTW : μέμνησθε scr. Ven. 189   a 5 καὶ ἄλλως secl. Badham   a 6 τε Bekker : γε BTW   b 2 εἰ οἱ Vat. 1029 : εἰ BT : οἱ W (fort. εἰ ἄλλοι fuit)   b 3 ἡμῶν extra versum T   b 8 εὐδοκιμεῖς T : εὐδοκιμεῖ W : εὐδοκίμως B   ἡγοῦ με BW : ἡγοῦμαι T   εὐνούστατον scripsi : γ' εὐνούστατον Schanz : εὐνουστάτοις TW : γ' εὐνουστάτοις B

吕西马科斯：真的，苏格拉底、尼基阿斯和拉刻斯啊，我和我这 180d5
个年纪的人[44]都不再同年轻人相熟识了，因为，由于年纪的原因我们
多半[45]在家里[46]打发时间。而你，索佛洛尼斯科斯的孩子啊[47]，如果有
什么好的主意建议给你这里的这位同乡[48]，那么你就应当〈对之〉进行 180e1
建议。而你〈那样做〉才是正当的。你其实因你父亲的原因也就已然是
我们的朋友；因为我和你的父亲，我俩始终是伙伴和友人，并且直到他
去世[49]，他都未曾同我发生过任何的争执。而就在这里的〈这两人〉讲
话时[50]，我刚好想起了某件事[51]；因为，这里的这两个年青人，当他 180e5
们在家里互相交谈时，他们时常提起苏格拉底[52]，并且对之赞美有加。
然而，我却从未曾询问过他们，他们是否在说索佛洛尼斯科斯的儿子。 181a1
那么，孩子们啊，你们告诉我，这位就是你们每次提到的那个苏格拉
底吗？

孩子们：当然，父亲，就是这位。

吕西马科斯：〈你做得〉太好了，赫拉在上，苏格拉底啊，因为你
彰显了〈你的〉父亲，这位人中最优秀的[53]；而且尤其因为[54]〈从现在 181a5
起〉你自家的事情又将属于我们了，而我们自家的事情也将属于你。

拉刻斯：确实[55]，吕西马科斯啊，你一定不要让这个人离开；因
为，我甚至在其他地方也曾看到过，他不仅在彰显其父亲，而且也在彰 181b1
显他的祖国。因为，在从德里翁那里的溃退中[56]，他同我一起后撤；并
且我还要告诉你，假如其他人愿意是〈他〉这个样子的，那么，我们的
城邦也就会一直是傲然屹立的[57]，并且那时也就不会陷入到如此这般的
灾难中。

吕西马科斯：苏格拉底啊，这当然是一个美好的赞扬，在那里，你 181b5
现在被那些值得信任的人所赞扬，而且也恰好是在这些人赞扬〈你〉的
那些事情上〈被赞扬〉。因此，你得清楚[58]，当我听到这些后，我很高
兴，因为你有着好的名声；并且也请你一定要把我算在那些对你怀有最

ΛΑΧΗΣ

σοι εἶναι. χρῆν μὲν οὖν καὶ πρότερόν γε φοιτᾶν αὐτὸν παρ' ἡμᾶς καὶ οἰκείους ἡγεῖσθαι, ὥσπερ τὸ δίκαιον· νῦν δ' οὖν ἀπὸ τῆσδε τῆς ἡμέρας, ἐπειδὴ ἀνεγνωρίσαμεν ἀλλήλους, μὴ ἄλλως ποίει, ἀλλὰ σύνισθί τε καὶ γνώριζε καὶ ἡμᾶς καὶ τούσδε τοὺς νεωτέρους, ὅπως ἂν διασῴζητε καὶ ὑμεῖς τὴν ἡμετέραν φιλίαν. ταῦτα μὲν οὖν καὶ σὺ ποιήσεις καὶ ἡμεῖς σε καὶ αὖθις ὑπομνήσομεν· περὶ δὲ ὧν ἠρξάμεθα τί φατε; τί δοκεῖ; τὸ μάθημα τοῖς μειρακίοις ἐπιτήδειον εἶναι ἢ οὔ, τὸ μαθεῖν ἐν ὅπλοις μάχεσθαι;

ΣΩ. Ἀλλὰ καὶ τούτων πέρι, ὦ Λυσίμαχε, ἔγωγε πειράσομαι συμβουλεύειν ἄν τι δύνωμαι, καὶ αὖ ἃ προκαλῇ πάντα ποιεῖν. δικαιότατον μέντοι μοι δοκεῖ εἶναι ἐμὲ νεώτερον ὄντα τῶνδε καὶ ἀπειρότερον τούτων ἀκούειν πρότερον τί λέγουσιν καὶ μανθάνειν παρ' αὐτῶν· ἐὰν δ' ἔχω τι ἄλλο παρὰ τὰ ὑπὸ τούτων λεγόμενα, τότ' ἤδη διδάσκειν καὶ πείθειν καὶ σὲ καὶ τούτους. ἀλλ', ὦ Νικία, τί οὐ λέγει πότερος ὑμῶν;

ΝΙ. Ἀλλ' οὐδὲν κωλύει, ὦ Σώκρατες. δοκεῖ γὰρ καὶ ἐμοὶ τοῦτο τὸ μάθημα τοῖς νέοις ὠφέλιμον εἶναι ἐπίστασθαι πολλαχῇ. καὶ γὰρ τὸ μὴ ἄλλοθι διατρίβειν, ἐν οἷς δὴ φιλοῦσιν οἱ νέοι τὰς διατριβὰς ποιεῖσθαι ὅταν σχολὴν ἄγωσιν, ἀλλ' ἐν τούτῳ, εὖ ἔχει, ὅθεν καὶ τὸ σῶμα βέλτιον ἴσχειν ἀνάγκη—οὐδενὸς γὰρ τῶν γυμνασίων φαυλότερον οὐδ' ἐλάττω πόνον ἔχει—καὶ ἅμα προσήκει μάλιστ' ἐλευθέρῳ τοῦτό τε τὸ γυμνάσιον καὶ ἡ ἱππική· οὗ γὰρ ἀγῶνος ἀθληταί ἐσμεν καὶ ἐν οἷς ἡμῖν ὁ ἀγὼν πρόκειται, μόνοι οὗτοι γυμνάζονται οἱ ἐν τούτοις τοῖς [τὸν] περὶ τὸν πόλεμον ὀργάνοις γυμναζόμενοι. ἔπειτα ὀνήσει μέν τι τοῦτο τὸ μάθημα καὶ ἐν τῇ μάχῃ αὐτῇ, ὅταν ἐν τάξει δέῃ μάχεσθαι μετὰ πολλῶν ἄλλων· μέγιστον μέντοι αὐτοῦ ὄφελος, ὅταν λυθῶσιν αἱ

---

c 1 γε] σε corr. Coisl.   c 3 ἀπὸ τῆσδε τῆς TW : ἀπόδε τῆς B
d 7 πότερος BT : πρότερος W   d 8 καὶ ἐμοὶ T : ἐμοὶ καὶ W :
ἐμοὶ B   e 4 ἔχει BW : ἔχειν T   a 2 οὗ BT : οὐ W   ἀγῶνος
addubitat Schanz   a 3 οὗτοι] ὀρθῶς ci. A. T. Christ   γυμνάζονται]
ἀγωνίζονται ci. Wotke   a 4 τὸν BTW : om. recc.

好的心意的人中。其实你自己早前就应当经常来我们这儿[59]，并且把我们视为自家人，像〈那样做才是〉正当的事情。而现在，那么就从这天起，既然我们已经彼此重新结识了，那你就不要拒绝[60]，而是既要结交[61]和熟识我们，也要〈结交和熟识〉这儿的这两个年轻人，以便[62]你们[63]也能够继续保持我们的友谊[64]。因此，你自己要这样做，而我们也将不断地提醒你。但是，就我们开始〈提出〉的那些事情，你们主张什么呢[65]？〈对你们来说〉它看来怎样？这门学问对年青人来说是合适的呢，还是不合适的，即学习全副武装地进行格斗？

苏格拉底：那么就这些事情，吕西马科斯啊，我也肯定将尽力给出建议，如果我能够的话；并且也会做你吩咐的所有事情。然而，对我来说，似乎下面这样才是最正当的——因为我比这里的这两个人都更年轻，并且对这些事也是更没有经验的——，那就是：我首先听听他们怎么说，并且从他们那里进行学习。但如果除了这两人所说的那些之外[66]我还有其他什么〈要说〉，只有到了那时[67]，我才来教导和说服[68]你和这些人。那么，尼基阿斯啊，你们两人，为何其中一个不〈先来〉说说呢？

尼基阿斯：当然没有什么会妨碍这点，苏格拉底啊。因为在我看来，知道这门学问，这在许多方面对年轻人来说也都是有益的。其实[69]，不在其他地方消磨时间——每当年轻人有闲暇时[70]，他们就喜欢在那里打发时间——，而在这门学问那里消磨时间，这已经是很好的了[71]；而他们的身体由此也必然是更棒的[72]——因为同各种体育锻炼中的任何一样相比，它既不是比较低劣的，也并不有着较少的艰辛——；此外[73]，这项体育锻炼和马术也都特别适合于一个自由人[74]。因为，无论是就我们是其参赛者的那种竞赛来说[75]，还是在该竞赛摆在了我们面前的各种场合那里[76]，都唯有下面这些人被训练，那就是，他们在这些同战斗相关的装备中被训练[77]。进而，这门学问在实战中[78]也能给人带来某种帮

ΠΛΑΤΩΝΟΣ

τάξεις καὶ ἤδη τι δέῃ μόνον πρὸς μόνον ἢ διώκοντα ἀμυνο-
μένῳ τινὶ ἐπιθέσθαι ἢ καὶ ἐν φυγῇ ἐπιτιθεμένου ἄλλου
ἀμύνασθαι αὐτόν· οὔτ' ἂν ὑπό γε ἑνὸς εἷς ὁ τοῦτ' ἐπιστά-
μενος οὐδὲν ἂν πάθοι, ἴσως δ' οὐδὲ ὑπὸ πλειόνων, ἀλλὰ
πανταχῇ ἂν ταύτῃ πλεονεκτοῖ. ἔτι δὲ καὶ εἰς ἄλλου καλοῦ
μαθήματος ἐπιθυμίαν παρακαλεῖ τὸ τοιοῦτον· πᾶς γὰρ ἂν
μαθὼν ἐν ὅπλοις μάχεσθαι ἐπιθυμήσειε καὶ τοῦ ἑξῆς μαθή-
ματος τοῦ περὶ τὰς τάξεις, καὶ ταῦτα λαβὼν καὶ φιλοτιμηθεὶς
ἐν αὐτοῖς ἐπὶ πᾶν ἂν τὸ περὶ τὰς στρατηγίας ὁρμήσειε· καὶ
ἤδη δῆλον ὅτι τὰ τούτων ἐχόμενα καὶ μαθήματα πάντα
καὶ ἐπιτηδεύματα καὶ καλὰ καὶ πολλοῦ ἄξια ἀνδρὶ μαθεῖν
τε καὶ ἐπιτηδεῦσαι, ὧν καθηγήσαιτ' ἂν τοῦτο τὸ μάθημα.
προσθήσομεν δ' αὐτῷ οὐ σμικρὰν προσθήκην, ὅτι πάντα
ἄνδρα ἐν πολέμῳ καὶ θαρραλεώτερον καὶ ἀνδρειότερον ἂν
ποιήσειεν αὐτὸν αὑτοῦ οὐκ ὀλίγῳ αὕτη ἡ ἐπιστήμη. μὴ
ἀτιμάσωμεν δὲ εἰπεῖν, εἰ καί τῳ σμικρότερον δοκεῖ εἶναι, ὅτι
καὶ εὐσχημονέστερον ἐνταῦθα οὗ χρὴ τὸν ἄνδρα εὐσχημονέ-
στερον φαίνεσθαι, οὗ ἅμα καὶ δεινότερος τοῖς ἐχθροῖς φανεῖται
διὰ τὴν εὐσχημοσύνην. ἐμοὶ μὲν οὖν, ὦ Λυσίμαχε, ὥσπερ
λέγω, δοκεῖ τε χρῆναι διδάσκειν τοὺς νεανίσκους ταῦτα καὶ
δι' ἃ δοκεῖ εἴρηκα· Λάχητος δ', εἴ τι παρὰ ταῦτα λέγει, κἂν
αὐτὸς ἡδέως ἀκούσαιμι.

ΛΑ. Ἀλλ' ἔστι μέν, ὦ Νικία, χαλεπὸν λέγειν περὶ
ὁτουοῦν μαθήματος ὡς οὐ χρὴ μανθάνειν· πάντα γὰρ ἐπί-
στασθαι ἀγαθὸν δοκεῖ εἶναι. καὶ δὴ καὶ τὸ ὁπλιτικὸν τοῦτο,
εἰ μέν ἐστιν μάθημα, ὅπερ φασὶν οἱ διδάσκοντες, καὶ οἷον
Νικίας λέγει, χρὴ αὐτὸ μανθάνειν· εἰ δ' ἔστιν μὲν μὴ μάθημα,
ἀλλ' ἐξαπατῶσιν οἱ ὑπισχνούμενοι, ἢ μάθημα μὲν τυγχάνει

a 8 τι] τινὰ Badham: που Král   b 1 ἐπιτιθεμένου BT: ἐπι-
θεμένου W   b 2 οὔτ' ἂν T: ὅτ' ἂν BW: οὐ τὰν Hermann: οὔτ' ἄρ'
Badham: secl. Gitlbauer et mox γὰρ pro γε   c 3 ἐπιτηδεύματα
T: ἐπιτηδεύματα πάντα BW   c 8 εἰπεῖν secl. A. T. Christ
d 1 οὗ TW: οὖν B: δι' οὗ scr. susp. Schanz (secl. mox διὰ τὴν
εὐσχημοσύνην)   e 2 αὐτὸ T: αὐτὸν BW   μὴ om. B,
suprascr. b

助，每当必须以战斗队形的方式同许多其他人一起战斗时。然而，它的最大用处在于，当队形溃散并且已经必须单个人对单个人时——或者通过追逐来攻击某个负隅顽抗的人，或者在逃跑中，当另外某个人进行攻击时保卫自己——；那知道这门学问的人，当他一个人面对某一单个的人时，他肯定不会遭受任何伤害[79]，甚或面对许多人时，也不会，而是会在各方面都由此[80]而占尽便宜。此外，诸如此类的东西还将唤起对其他美好学问的渴望。因为，每个学习了全副武装地进行格斗的人，也都会渴望那紧接着的关乎各种排兵布阵的学问[81]；而当他把握了这些并且在其中感到自豪之后，他就会汲汲追求同各种统兵相关的每样事情。而下面这点已经是显而易见的，那就是：所有与这些相联系的[82]学问和事业——它们不仅是美好的，而且对人来说也是非常值得学习和追求的[83]——，这门学问都会是它们的起点[84]。但对此我们还将加上一个不小的补充，即就在战斗中的每个人来说，正是这门知识[85]会使得他在不小的程度上比他自己〈惯常所表现出来的〉更加自信和更为勇敢。让我们不要羞于说出下面这点——即使它在有的人看来是比较微不足道的——，那就是：在一个人应当显得更为优雅的地方，也〈正是这门知识〉会使得他在那里是更为优雅的，而在那里，他也由于这种优雅而同时对敌人们显得是愈发可怕的。因此，一方面，在我看来，吕西马科斯啊，就像我说的那样，必须教导年轻人这些东西，并且我也已经说了为何〈我这么〉认为；另一方面，如果除了这些之外拉刻斯还有别的什么要说，那我也会乐于听听。

拉刻斯：其实，尼基阿斯啊，就任何一门学问来说，都难以宣称〈一个人〉不必学习它；因为，无所不知看起来是件好事。当然[86]，就这门使用重装武器的技艺来说[87]，一方面，如果它真是一门学问，就像那些传授者所宣称的那样，以及如尼基阿斯所说的那样，那么就必须学习它；另一方面，如果它其实并不是一门学问，而那些许诺〈传授

ΛΑΧΗΣ

ὄν, μὴ μέντοι πάνυ σπουδαῖον, τί καὶ δέοι ἂν αὐτὸ μανθάνειν;
λέγω δὲ ταῦτα περὶ αὐτοῦ εἰς τάδε ἀποβλέψας, ὅτι οἶμαι
ἐγὼ τοῦτο, εἰ τὶ ἦν, οὐκ ἂν λεληθέναι Λακεδαιμονίους, οἷς
οὐδὲν ἄλλο μέλει ἐν τῷ βίῳ ἢ τοῦτο ζητεῖν καὶ ἐπιτηδεύειν,
ὅτι ἂν μαθόντες καὶ ἐπιτηδεύσαντες πλεονεκτοῖεν τῶν ἄλλων
περὶ τὸν πόλεμον. εἰ δ' ἐκείνους λέληθεν, ἀλλ' οὐ τούτους
γε τοὺς διδασκάλους αὐτοῦ λέληθεν αὐτὸ τοῦτο, ὅτι ἐκεῖνοι
μάλιστα τῶν Ἑλλήνων σπουδάζουσιν ἐπὶ τοῖς τοιούτοις καὶ
ὅτι παρ' ἐκείνοις ἄν τις τιμηθεὶς εἰς ταῦτα καὶ παρὰ τῶν
ἄλλων πλεῖστ' ἂν ἐργάζοιτο χρήματα, ὥσπερ γε καὶ τρα-
γῳδίας ποιητὴς παρ' ἡμῖν τιμηθείς. τοιγάρτοι ὅς ἂν οἴηται
τραγῳδίαν καλῶς ποιεῖν, οὐκ ἔξωθεν κύκλῳ περὶ τὴν Ἀττικὴν
κατὰ τὰς ἄλλας πόλεις ἐπιδεικνύμενος περιέρχεται, ἀλλ' εὐθὺς
δεῦρο φέρεται καὶ τοῖσδ' ἐπιδείκνυσιν εἰκότως· τοὺς δὲ ἐν
ὅπλοις μαχομένους ἐγὼ τούτους ὁρῶ τὴν μὲν Λακεδαίμονα
ἡγουμένους εἶναι ἄβατον ἱερὸν καὶ οὐδὲ ἄκρῳ ποδὶ ἐπι-
βαίνοντας, κύκλῳ δὲ περιιόντας αὐτὴν καὶ πᾶσι μᾶλλον
ἐπιδεικνυμένους, καὶ μάλιστα τούτοις οἳ κἂν αὐτοὶ ὁμολογή-
σειαν πολλοὺς σφῶν προτέρους εἶναι πρὸς τὰ τοῦ πολέμου.
ἔπειτα, ὦ Λυσίμαχε, οὐ πάνυ ὀλίγοις ἐγὼ τούτων παρα-
γέγονα ἐν αὐτῷ τῷ ἔργῳ, καὶ ὁρῶ οἷοί εἰσιν. ἔξεστι δὲ καὶ
αὐτόθεν ἡμῖν σκέψασθαι. ὥσπερ γὰρ ἐπίτηδες οὐδεὶς πώποτ'
εὐδόκιμος γέγονεν ἐν τῷ πολέμῳ ἀνὴρ τῶν τὰ ὁπλιτικὰ
ἐπιτηδευσάντων. καίτοι εἴς γε τἆλλα πάντα ἐκ τούτων οἱ
ὀνομαστοὶ γίγνονται, ἐκ τῶν ἐπιτηδευσάντων ἕκαστα· οὗτοι
δ', ὡς ἔοικε, παρὰ τοὺς ἄλλους οὕτω σφόδρα εἰς τοῦτο
δεδυστυχήκασιν. ἐπεὶ καὶ τοῦτον τὸν Στησίλεων, ὃν ὑμεῖς
μετ' ἐμοῦ ἐν τοσούτῳ ὄχλῳ ἐθεάσασθε ἐπιδεικνύμενον καὶ τὰ
μεγάλα περὶ αὐτοῦ λέγοντα ἃ ἔλεγεν, ἑτέρωθι ἐγὼ κάλλιον

e 4 μὴ μέντοι scr. recc. : μὴ μέντοι τι TW : μηδέν τοι τί B   τί
καὶ W : καὶ BT   e 7 μέλει B (sed ει in ras. b) Wt : μέλλει T
a 2 λέληθεν Král: ἐλελήθει BTW   a 3 αὐτοῦ λέληθεν] αὐτοῦ
'λελήθειν Schanz : ἂν ἐλελήθει A. T. Christ   b 2 ἐπιδείκνυσιν]
ἐπιδείκνυται Badham : ἐπιδείκνυτ' Schanz   b 3 ὁρῶ TW : ἐρῶ B
b 6 οἳ κἂν TW : οὐκ ἂν B   c 7 οὕτω BT : om. W

它〉的人只是在进行欺骗，或者它虽然碰巧是一门学问，然而根本不是一种要认真对待的，那么，一个人为何还会应当学习它呢？而我就它说 182e5
这些，乃是鉴于下面这点，那就是：我认为这门学问，如果它真还有那么点价值[88]，那么它就不会逃脱拉栖岱蒙人[89]的注意，他们在一生中根本就不关心别的什么[90]，除了寻找和致力于下面这种事情，即他们会 183a1
通过学习和致力于它而在战斗中胜过其他人[91]。即使它真的已经逃脱了那些人的注意，但至少下面这点无论如何都不会不被它的那些传授者注意到，那就是：在希腊人中，那些〈拉栖岱蒙〉人最为热衷于诸如此类的事情，并且在那些人那里，任何人，一旦他在这些事情上受到了尊 183a5
敬，那他也就会从其他人那里挣得最多的钱[92]，恰如在我们这里受到尊敬的一位悲剧诗人那样。所以，那认为〈自己能够〉很好地创作悲剧的人，他无论如何都不会通过从外面绕着阿提卡在其他城邦展示自己而四 183b1
处转悠，而是直接来到这里并向这里的这些人进行展示，这才是合情合理的。而这些全副武装地进行格斗的人，我看到，一方面，他们把拉栖岱蒙视为一个不可践踏的圣地[93]，甚至用脚尖都不敢踏足进去；另一方 183b5
面，他们绕着它转悠，并且宁愿向〈其他〉所有人展示自己，尤其是向下面这些人，那就是甚至连他们自己都会承认就战争方面的事情许多人是远远胜过他们的。此外，吕西马科斯啊，就这些人来说，我在这种事 183c1
情中[94]已经遇到过的，远不在少数，并且看到他们是怎么个样子。而我们甚至能够立即从这里出发[95]进行考察[96]。仿佛是有意为之似的，在那些投身于使用重装武器的技艺的人中，尚未有任何人已经在战斗中变得声名显赫过。然而，在其他所有领域，那些声名卓著的人却恰好都来自 183c5
这些人，即来自那些汲汲追求每样特殊技艺的人；而这些〈投身于使用重装武器的技艺的〉人，如看起来的那样，同其他人相比在这方面已经是如此非常的不幸。比如说[97]这位斯忒西勒俄斯——你们和我一起观 183d1
看了他在如此的大庭广众之下展示他自己，并且〈也听到了〉他就他自

ἐθεασάμην ἐν τῇ ἀληθείᾳ ὡς ἀληθῶς ἐπιδεικνύμενον οὐχ
ἑκόντα. προσβαλούσης γὰρ τῆς νεὼς ἐφ᾽ ᾗ ἐπεβάτευεν
πρὸς ὁλκάδα τινά, ἐμάχετο ἔχων δορυδρέπανον, διαφέρον δὴ
ὅπλον ἅτε καὶ αὐτὸς τῶν ἄλλων διαφέρων. τὰ μὲν οὖν ἄλλα
οὐκ ἄξια λέγειν περὶ τἀνδρός, τὸ δὲ σόφισμα τὸ τοῦ δρεπάνου
τοῦ πρὸς τῇ λόγχῃ οἷον ἀπέβη. μαχομένου γὰρ αὐτοῦ
ἐνέσχετό που ἐν τοῖς τῆς νεὼς σκεύεσιν καὶ ἀντελάβετο·
εἷλκεν οὖν ὁ Στησίλεως βουλόμενος ἀπολῦσαι, καὶ οὐχ οἷός
τ᾽ ἦν, ἡ δὲ ναῦς τὴν ναῦν παρῄει. τέως μὲν οὖν παρέθει
ἐν τῇ νηὶ ἀντεχόμενος τοῦ δόρατος· ἐπεὶ δὲ δὴ παρημείβετο
ἡ ναῦς τὴν ναῦν καὶ ἐπέσπα αὐτὸν τοῦ δόρατος ἐχόμενον,
ἐφίει τὸ δόρυ διὰ τῆς χειρός, ἕως ἄκρου τοῦ στύρακος ἀντε-
λάβετο. ἦν δὲ γέλως καὶ κρότος ὑπὸ τῶν ἐκ τῆς ὁλκάδος
ἐπί τε τῷ σχήματι αὐτοῦ, καὶ ἐπειδὴ βαλόντος τινὸς λίθῳ
παρὰ τοὺς πόδας αὐτοῦ ἐπὶ τὸ κατάστρωμα ἀφίεται τοῦ
δόρατος, τότ᾽ ἤδη καὶ οἱ ἐκ τῆς τριήρους οὐκέτι οἷοί τ᾽ ἦσαν
τὸν γέλωτα κατέχειν, ὁρῶντες αἰωρούμενον ἐκ τῆς ὁλκάδος
τὸ δορυδρέπανον ἐκεῖνο. ἴσως μὲν οὖν εἴη ἂν τὶ ταῦτα,
ὥσπερ Νικίας λέγει· οἷς δ᾽ οὖν ἐγὼ ἐντετύχηκα, τοιαῦτ᾽
ἄττα ἐστίν. ὃ οὖν καὶ ἐξ ἀρχῆς εἶπον, εἴτε οὕτω σμικρὰς
ὠφελίας ἔχει μάθημα ὄν, εἴτε μὴ ὂν φασὶ καὶ προσποιοῦνται
αὐτὸ εἶναι μάθημα, οὐκ ἄξιον ἐπιχειρεῖν μανθάνειν. καὶ γὰρ
οὖν μοι δοκεῖ, εἰ μὲν δειλός τις ὢν οἴοιτο αὐτὸ ἐπίστασθαι,
θρασύτερος ἂν δι᾽ αὐτὸ γενόμενος ἐπιφανέστερος γένοιτο
οἷος ἦν, εἰ δὲ ἀνδρεῖος, φυλαττόμενος ἂν ὑπὸ τῶν ἀνθρώπων,
εἰ καὶ σμικρὸν ἐξαμάρτοι, μεγάλας ἂν διαβολὰς ἴσχειν·
ἐπίφθονος γὰρ ἡ προσποίησις τῆς τοιαύτης ἐπιστήμης, ὥστ᾽

d 3 ἐν τῇ ἀληθείᾳ om. Vat. 1029 : secl. Schanz : ὡς ἀληθῶς secl.
A. T. Christ   e 4 παρῄει. τέως W rec. t : παρῄει τε· ὡς B : παρείη
τέως T   e 5 ἐπεὶ δὲ δὴ B : ἐπειδὴ δὲ T W   a 1 ἐφίει B T W :
ἠφίει vel κατηφίει scr. recc.   a 7 ἐκεῖνο scr. recc. : ἐκείνῳ B T W
b 1 εἴτε Gitlbauer : ὅτι εἴτε B W : ὅτι T   b 4 οἴοιτο αὐτὸ scripsi :
οἴοιτο αὐτὸν B : οἴοιτο αὐτὸν δεῖν W : οἴοιτο αὐτὸν δεῖν T   b 5 ἐπι-
φανέστερος] καταφανέστερος Badham   b 6 οἷος Schleiermacher :
ἢ οἷος B W : ἡ οἷος T   ἦν] εἴη ci. H. Richards   b 7 ἴσχειν]
σχοι Schanz

己夸海口 [98] 所说的那些话——，我曾在别处更美地看到过 [99] 他非常真实地、真真切切地 [100] 展示他自己，尽管那非他所愿。因为，当一艘他在其上作为士兵 [101] 的船进攻一艘商船时，他拿着一支镰刀矛 [102] 进行战斗，这的确是一件与众不同的武器，就像他本人不同于其他人一样。关于这个人的其他那些事情不值得一说，〈值得说的是〉那个巧计，即把镰刀加在长矛上，结局如何。因为，当他战斗时，那个武器不知怎的被缠在了〈那艘商〉船的索具上 [103]，并且被缠得很死。于是，斯忒西勒俄斯用力拽，因为他想解开它，然而他没能做到；而那两艘船却在相错而过。而在那时，他紧握着矛杆 [104] 在船上沿着〈船舷〉跑；但当〈那艘商〉船终究驶过〈他自己的〉船并拖着他跟在后面——因为他握着矛杆——他〈只好一点一点地〉让矛杆从手上滑去，直至他〈仅仅〉握住杆子的末端。针对他的这副模样，一阵笑声和鼓掌声从商船上的那些人那儿生起，而当有人用一块石头向着他脚边的甲板扔去时，他松开了矛杆，那时甚至连在三列桨战船上的那些人也立即不再能够忍住不笑，因为他们看到那支镰刀矛悬挂在那艘商船上。因此，或许这还真有那么点价值 [105]，就像尼基阿斯所说的那样；但无论如何 [106] 我自己已经遇见的 [107]，就是如此这般的样子。所以，也正如我开始时所说那样：或者，它有着如此小的益处，即使它是一门学问；或者，尽管它不是，但一些人主张和伪称它是一门学问，〈无论是哪种情形〉它都不值得尝试去学习。因此，事实上在我看来，一方面，如果一个人，由于他是怯懦的，于是就以为〈自己〉要知道它，那么，一旦他因它而变得比较鲁莽后，就愈发清楚地表明他向来是个什么样的人；另一方面，〈如果他是〉一个勇敢的人，那么他就会被人们所提防，即使他犯下一个小小的错误，那他也将招致各种巨大的诽谤。因为，对这样一种知识的自吹自擂是容易遭猜忌的，以至于，任何一个人，如果他并没有因德性胜过其他

ΛΑΧΗΣ

εἰ μή τι θαυμαστὸν ὅσον διαφέρει τῇ ἀρετῇ τῶν ἄλλων, οὐκ
ἔσθ' ὅπως ἄν τις φύγοι τὸ καταγέλαστος γενέσθαι φάσκων
ἔχειν ταύτην τὴν ἐπιστήμην. τοιαύτη τις ἔμοιγε δοκεῖ, ὦ
Λυσίμαχε, ἡ περὶ τοῦτο τὸ μάθημα εἶναι σπουδή· χρὴ
δ' ὅπερ σοι ἐξ ἀρχῆς ἔλεγον, καὶ Σωκράτη τόνδε μὴ
ἀφιέναι, ἀλλὰ δεῖσθαι συμβουλεύειν ὅπῃ δοκεῖ αὐτῷ περὶ
τοῦ προκειμένου.

ΛΥ. Ἀλλὰ δέομαι ἔγωγε, ὦ Σώκρατες· καὶ γὰρ ὥσπερ
τοῦ ἐπιδιακρινοῦντος δοκεῖ μοι δεῖν ἡμῖν ἡ βουλή. εἰ μὲν
γὰρ συνεφερέσθην τώδε, ἧττον ἂν τοῦ τοιούτου ἔδει· νῦν
δὲ τὴν ἐναντίαν γάρ, ὡς ὁρᾷς, Λάχης Νικίᾳ ἔθετο, εὖ δὴ
ἔχει ἀκοῦσαι καὶ σοῦ ποτέρῳ τοῖν ἀνδροῖν σύμψηφος εἶ.

ΣΩ. Τί δέ, ὦ Λυσίμαχε; ὁπότερ' ἂν οἱ πλείους ἐπαι-
νῶσιν ἡμῶν, τούτοις μέλλεις χρῆσθαι;

ΛΥ. Τί γὰρ ἄν τις καὶ ποιοῖ, ὦ Σώκρατες;

ΣΩ. Ἦ καὶ σύ, ὦ Μελησία, οὕτως ἂν ποιοῖς; κἂν εἴ
τις περὶ ἀγωνίας τοῦ ὑέος σοι βουλὴ εἴη τί χρὴ ἀσκεῖν, ἆρα
τοῖς πλείοσιν ἂν ἡμῶν πείθοιο, ἢ 'κείνῳ ὅστις τυγχάνει ὑπὸ
παιδοτρίβῃ ἀγαθῷ πεπαιδευμένος καὶ ἠσκηκώς;

ΜΕ. Ἐκείνῳ εἰκός γε, ὦ Σώκρατες.

ΣΩ. Αὐτῷ ἄρ' ἂν μᾶλλον πείθοιο ἢ τέτταρσιν οὖσιν
ἡμῖν;

ΜΕ. Ἴσως.

ΣΩ. Ἐπιστήμῃ γὰρ οἶμαι δεῖ κρίνεσθαι ἀλλ' οὐ πλήθει
τὸ μέλλον καλῶς κριθήσεσθαι.

ΜΕ. Πῶς γὰρ οὔ;

ΣΩ. Οὐκοῦν καὶ νῦν χρὴ πρῶτον αὐτὸ τοῦτο σκέψασθαι,
εἰ ἔστιν τις ἡμῶν τεχνικὸς περὶ οὗ βουλευόμεθα ἢ οὔ· καὶ εἰ

---

c 3 φύγοι BTW : φύγῃ t   c 9 ὥσπερ τοῦ ἐπιδιακρινοῦντος Ast :
ὥσπερ ἐπὶ τοῦ διακρινοῦντος BTW : ὥσπερ ἔτι τοῦ διακρινοῦντος Hein-
dorf   d 1 δεῖν BWt : δεῖ T   d 5 ὁπότερ' Schleiermacher :
ὁπότε BTW   d 8 μελησία TW : μιλησία B   e 1 ἀγωνίας
τοῦ T : ἀγωνιστοῦ BW   e 2 τυγχάνοι Bekker   e 3 παιδοτρίβει
pr. T   καὶ Θ : ἢ καὶ BTW   e 5 ἢ TW : om. B   e 9 κρι-
θήσεσθαι BW Stobaeus et in marg. T : κρίνεσθαι T

人而到了某种令人惊讶的程度，那么，这将是不可能的，即他会以某种方式避免成为笑料，当他声称他具有这种知识时。的确在我看来，吕西马科斯啊，对这门学问的热衷就是诸如此类的情形。但正如我开始时所说的，一定不要让这里的这位苏格拉底离开[108]，而是必须要求他给出建议，即关于摆在面前的事情他本人是如何看待的。

吕西马科斯：我当然会进行要求，苏格拉底啊。真的，在我看来，我们的建议似乎还需要一个人作为仲裁者来给出裁决[109]。因为，如果这里的这两人已经达成了一致，那就不那么需要这样一种人；而现在，正如你所看到的，事实上拉刻斯投出了同尼基阿斯相反的〈票〉[110]，因此这样做才是好的，那就是也听听你会投票支持这两人中的哪位[111]。

苏格拉底：怎么回事，吕西马科斯啊？我们中多数人赞同两者中的哪一个，你就打算把这些人当作同道吗？

吕西马科斯：一个人难道还能做别的什么吗[112]，苏格拉底？

苏格拉底：而你，墨勒西阿斯啊，也会这样做吗？并且如果你有一个关乎你儿子的体育训练的咨询，即他应当操练什么，那你是会听从我们中多数人的意见呢，还是听从那位恰好已经在一个优秀的体育教练〈的指导〉下得到教导和操练的人的意见？

墨勒西阿斯：肯定〈听从〉后者才是合理的，苏格拉底啊。

苏格拉底：那么，你会宁愿听从他，而不是听从我们，即使我们是四个人。

墨勒西阿斯：也许吧。

苏格拉底：因为应当根据知识，我认为，而不是凭人多势众，来做出决定，〈假如〉要正确地做出决定的话。

墨勒西阿斯：为何不呢？

苏格拉底：那么现在必须首先考察的，恰恰是下面这件事，那就是在我们当中，有着关乎我们所咨询的事情的某位有技艺的人呢，还是没有。并且如果有这么个人，那我们就必须听从他，即使他是一个人，而

ΠΛΑΤΩΝΟΣ

μὲν ἔστιν, ἐκείνῳ πείθεσθαι ἑνὶ ὄντι, τοὺς δ' ἄλλους ἐᾶν, εἰ
δὲ μή, ἄλλον τινὰ ζητεῖν. ἢ περὶ σμικροῦ οἴεσθε νυνὶ
κινδυνεύειν καὶ σὺ καὶ Λυσίμαχος ἀλλ' οὐ περὶ τούτου τοῦ
κτήματος ὃ τῶν ὑμετέρων μέγιστον ὂν τυγχάνει; νέων γάρ
που ἢ χρηστῶν ἢ τἀναντία γενομένων καὶ πᾶς ὁ οἶκος ὁ τοῦ
πατρὸς οὕτως οἰκήσεται, ὁποῖοι ἄν τινες οἱ παῖδες γένωνται.

ΜΕ. Ἀληθῆ λέγεις.
ΣΩ. Πολλὴν ἄρα δεῖ προμηθίαν αὐτοῦ ἔχειν.
ΜΕ. Πάνυ γε.
ΣΩ. Πῶς οὖν, ὃ ἐγὼ ἄρτι ἔλεγον, ἐσκοποῦμεν ἄν, εἰ
ἐβουλόμεθα σκέψασθαι τίς ἡμῶν περὶ ἀγωνίαν τεχνικώτατος;
ἆρ' οὐχ ὁ μαθὼν καὶ ἐπιτηδεύσας, ᾧ καὶ διδάσκαλοι ἀγαθοὶ
γεγονότες ἦσαν αὐτοῦ τούτου;
ΜΕ. Ἔμοιγε δοκεῖ.
ΣΩ. Οὐκοῦν ἔτι πρότερον, τίνος ὄντος τούτου [οὗ] ζητοῦ-
μεν τοὺς διδασκάλους;
ΜΕ. Πῶς λέγεις;
ΣΩ. Ὧδε ἴσως μᾶλλον κατάδηλον ἔσται. οὔ μοι δοκεῖ
ἐξ ἀρχῆς ἡμῖν ὡμολογῆσθαι τί ποτ' ἔστιν περὶ οὗ βουλευό-
μεθα [καὶ σκεπτόμεθα], ὅστις ἡμῶν τεχνικὸς καὶ τούτου
ἕνεκα διδασκάλους ἐκτήσατο, καὶ ὅστις μή.
ΝΙ. Οὐ γάρ, ὦ Σώκρατες, περὶ τοῦ ἐν ὅπλοις μάχε-
σθαι σκοποῦμεν, εἴτε χρὴ αὐτὸ τοὺς νεανίσκους μανθάνειν
εἴτε μή;
ΣΩ. Πάνυ μὲν οὖν, ὦ Νικία. ἀλλ' ὅταν περὶ φαρμάκου
τίς του πρὸς ὀφθαλμοὺς σκοπῆται, εἴτε χρὴ αὐτὸ ὑπαλεί-
φεσθαι εἴτε μή, πότερον οἴει τότε εἶναι τὴν βουλὴν περὶ
τοῦ φαρμάκου ἢ περὶ τῶν ὀφθαλμῶν;
ΝΙ. Περὶ τῶν ὀφθαλμῶν.
ΣΩ. Οὐκοῦν καὶ ὅταν ἵππῳ χαλινὸν σκοπῆταί τις εἰ

a 3 οἴεσθε Stobaeus : οἴεσθαι BTW   a 6 ὁ ante τοῦ TW
Stobaeus : om. B in fine paginae   b 6 οὗ secl. Jacobs   b 11 καὶ
σκεπτόμεθα secl. Ast   c 6 τίς του Cron : τις τοῦ BW : τὶς τοῦ b
vel αὐτῷ vel ἐπαλείφεσθαι ci. H. Richards

不必理会其他人；但如果没有，那我们就必须寻找另外某个人。或者，你们竟认为——无论是你，还是吕西马科斯——，现在拿来冒险的只是一件微不足道的事情[113]，而非那件恰恰是你们的各种所有物中最重要的东西？因为，无论如何，当儿子们变得有用或者变得与之相反后，父亲的整个家庭都将以孩子们已经变成的那些方式而被管理。

墨勒西阿斯：你说得对。

苏格拉底：因此，对之必须具有深谋远虑[114]。

墨勒西阿斯：当然。

苏格拉底：那么，依照我刚才所说的，我们会如何进行考察呢，如果我们想检查我们中谁才是对体育锻炼最有技艺的人？难道不是已经学习并从事过〈它〉，并且恰恰在这方面的一些优秀者已经成为了[115]其老师的那个人吗？

墨勒西阿斯：我肯定这么认为。

苏格拉底：那么，岂不还得事先〈考察〉，这种东西究竟是什么，〈以便〉我们〈为之〉寻找老师[116]？

墨勒西阿斯：你为何这么说呢？

苏格拉底：或许以下面这种方式〈来说〉将是更为清楚的。在我看来，我们开始并未就下面这点达成一致，那就是：我们对之进行商量和考察[117]的那种东西究竟是什么，我们中究竟谁是〈对之〉有技艺的，并且为此已经得到过老师，以及谁没有。

尼基阿斯：难道，苏格拉底啊，我们不是在考察全副武装地进行格斗〈这门技艺〉，〈看看〉年轻人是应当学习它呢，还是不？

苏格拉底：完全如此，尼基阿斯啊。但是，每当一个人为了眼睛而考察某种药物时，即考察应当把它涂抹〈在眼睛上〉呢，还是不应当把它涂抹〈在眼睛上〉，那时你认为，建议是关乎药物呢，还是关乎眼睛？

尼基阿斯：关乎眼睛。

苏格拉底：那么，当一个人考察一匹马是必须被加上一具辔头呢

ΛΑΧΗΣ

προσοιστέον ἢ μή, καὶ ὁπότε, τότε που περὶ τοῦ ἵππου βουλεύεται ἀλλ' οὐ περὶ τοῦ χαλινοῦ;

ΝΙ. Ἀληθῆ.

ΣΩ. Οὐκοῦν ἑνὶ λόγῳ, ὅταν τίς τι ἕνεκά του σκοπῇ, περὶ ἐκείνου ἡ βουλὴ τυγχάνει οὖσα οὗ ἕνεκα ἐσκόπει, ἀλλ' οὐ περὶ τοῦ ὃ ἕνεκα ἄλλου ἐζήτει.

ΝΙ. Ἀνάγκη.

ΣΩ. Δεῖ ἄρα καὶ τὸν σύμβουλον σκοπεῖν ἆρα τεχνικός ἐστιν εἰς ἐκείνου θεραπείαν, οὗ ἕνεκα σκοπούμενοι σκοποῦμεν.

ΝΙ. Πάνυ γε.

ΣΩ. Οὐκοῦν νῦν φαμεν περὶ μαθήματος σκοπεῖν τῆς ψυχῆς ἕνεκα τῆς τῶν νεανίσκων;

ΝΙ. Ναί.

ΣΩ. Εἴ τις ἄρα ἡμῶν τεχνικὸς περὶ ψυχῆς θεραπείαν καὶ οἷός τε καλῶς τοῦτο θεραπεῦσαι, καὶ ὅτῳ διδάσκαλοι ἀγαθοὶ γεγόνασιν, τοῦτο σκεπτέον.

ΛΑ. Τί δέ, ὦ Σώκρατες; οὔπω ἑώρακας ἄνευ διδασκάλων τεχνικωτέρους γεγονότας εἰς ἔνια ἢ μετὰ διδασκάλων;

ΣΩ. Ἔγωγε, ὦ Λάχης· οἷς γε σὺ οὐκ ἂν ἐθέλοις πιστεῦσαι, εἰ φαῖεν ἀγαθοὶ εἶναι δημιουργοί, εἰ μή τί σοι τῆς αὐτῶν τέχνης ἔργον ἔχοιεν ἐπιδεῖξαι εὖ εἰργασμένον, καὶ ἓν καὶ πλείω.

ΛΑ. Τοῦτο μὲν ἀληθῆ λέγεις.

ΣΩ. Καὶ ἡμᾶς ἄρα δεῖ, ὦ Λάχης τε καὶ Νικία—ἐπειδὴ Λυσίμαχος καὶ Μελησίας εἰς συμβουλὴν παρεκαλεσάτην ἡμᾶς περὶ τοῖν νέοιν, προθυμούμενοι αὐτοῖν ὅτι ἀρίστας γενέσθαι τὰς ψυχάς—εἰ μέν φαμεν ἔχειν, ἐπιδεῖξαι αὐτοῖς

d 7 ὃ ἕνεκα ἄλλου Cornarius: οὗ ἕνεκα ἄλλο BTW   d 10 σκοπούμενοι] σκοποῦμεν à Matthiae : σκοποῦμεν ὃ Cron   d 12 πάνυ γε ... 191 b 3 εἶπεν αὐτὸν tria folia manu recenti scripta in W   e 4 εἴ τις] ὅστις Schanz   e 6 τοῦτο Θ : τοῦτον BT : τούτου Apelt   a 2 τοῦτο ... ἀληθῆ BT: τοῦτο ... ἀληθὲς vel ταῦτα ... ἀληθῆ scr. recc.   a 5 αὐτοῖν B rec. t : αὐτὴν T

还是不加上，以及究竟在何时〈被那么做〉，那时他无论如何都岂不是关于马提出建议，而不是关于辔头？

尼基阿斯：正确。

苏格拉底：那么一言以蔽之[118]，当一个人为了某种东西而考察某种东西时，建议恰恰是关于他为之而进行考察的那种东西，而不是关于他为了其他东西而寻找的那种东西。

尼基阿斯：必然。

苏格拉底：于是，也就应当考察建议者，就对我们为之才进行考察——当我们进行考察时——的那种东西的照护来说[119]，他到底是不是一个有技艺的人。

尼基阿斯：当然。

苏格拉底：那么，我们现在岂不宣称，我们正为了年轻人的灵魂而考察一门学问？

尼基阿斯：是的。

苏格拉底：于是，我们中是否有人关于灵魂的照护是一个有技艺的人，并且也能够正确地照护它[120]，以及一些优秀者已经对〈我们中的〉谁成为过老师[121]，这才是必须被考察的[122]。

拉刻斯：那又怎么样，苏格拉底啊？难道你从未曾看见过，那些没有老师的人在一些事情上已经变得比那些有老师的人是更有技艺的？

苏格拉底：我当然〈看见过〉，拉刻斯啊。但你肯定不会愿意相信他们，如果他们宣称他们是优秀的匠人的话，除非他们能够向你展示通过他们的技艺而已经很好地被做出来了的作品，一件，甚至是多件[123]。

拉刻斯：这点，你确实说得对。

苏格拉底：并且我们，拉刻斯和尼基阿斯啊——既然吕西马科斯和墨勒西阿斯邀请我们来是就〈他们的〉那两个儿子给出建议，因为他们一心要那两个〈孩子〉的灵魂变得尽可能的优秀[124]——，如果我们

ΠΛΑΤΩΝΟΣ

καὶ διδασκάλους οἵτινες [ἡμῶν γεγόνασιν] αὐτοὶ πρῶτον
ἀγαθοὶ ὄντες καὶ πολλῶν νέων τεθεραπευκότες ψυχὰς ἔπειτα
b καὶ ἡμᾶς διδάξαντες φαίνονται· ἢ εἴ τις ἡμῶν αὐτῶν ἑαυτῷ
διδάσκαλον μὲν οὔ φησι γεγονέναι, ἀλλ' οὖν ἔργα αὐτὸν
αὑτοῦ ἔχειν εἰπεῖν καὶ ἐπιδεῖξαι τίνες Ἀθηναίων ἢ τῶν
ξένων, ἢ δοῦλοι ἢ ἐλεύθεροι, δι' ἐκεῖνον ὁμολογουμένως ἀγα-
5 θοὶ γεγόνασιν· εἰ δὲ μηδὲν ἡμῖν τούτων ὑπάρχει, ἄλλους
κελεύειν ζητεῖν καὶ μὴ ἐν ἑταίρων ἀνδρῶν ὑέσιν κινδυνεύειν
διαφθείροντας τὴν μεγίστην αἰτίαν ἔχειν ὑπὸ τῶν οἰκειοτά-
των. ἐγὼ μὲν οὖν, ὦ Λυσίμαχέ τε καὶ Μελησία, πρῶτος
c περὶ ἐμαυτοῦ λέγω ὅτι διδάσκαλός μοι οὐ γέγονε τούτου πέρι.
καίτοι ἐπιθυμῶ γε τοῦ πράγματος ἐκ νέου ἀρξάμενος. ἀλλὰ
τοῖς μὲν σοφισταῖς οὐκ ἔχω τελεῖν μισθούς, οἵπερ μόνοι
ἐπηγγέλλοντό με οἷοί τ' εἶναι ποιῆσαι καλόν τε κἀγαθόν·
5 αὐτὸς δ' αὖ εὑρεῖν τὴν τέχνην ἀδυνατῶ ἔτι νυνί. εἰ δὲ
Νικίας ἢ Λάχης ηὕρηκεν ἢ μεμάθηκεν, οὐκ ἂν θαυμάσαιμι·
καὶ γὰρ χρήμασιν ἐμοῦ δυνατώτεροι, ὥστε μαθεῖν παρ' ἄλ-
λων, καὶ ἅμα πρεσβύτεροι, ὥστε ἤδη ηὑρηκέναι. δοκοῦσι
d δή μοι δυνατοὶ εἶναι παιδεῦσαι ἄνθρωπον· οὐ γὰρ ἄν ποτε
ἀδεῶς ἀπεφαίνοντο περὶ ἐπιτηδευμάτων νέῳ χρηστῶν τε καὶ
πονηρῶν, εἰ μὴ αὑτοῖς ἐπίστευον ἱκανῶς εἰδέναι. τὰ μὲν οὖν
ἄλλα ἔγωγε τούτοις πιστεύω· ὅτι δὲ διαφέρεσθον ἀλλήλοιν,
5 ἐθαύμασα. τοῦτο οὖν σου ἐγὼ ἀντιδέομαι, ὦ Λυσίμαχε·
καθάπερ ἄρτι Λάχης μὴ ἀφίεσθαί σε ἐμοῦ διεκελεύετο ἀλλὰ
ἐρωτᾶν, καὶ ἐγὼ νῦν παρακελεύομαί σοι μὴ ἀφίεσθαι Λάχητος
μηδὲ Νικίου, ἀλλ' ἐρωτᾶν λέγοντα ὅτι ὁ μὲν Σωκράτης οὔ
e φησιν ἐπαΐειν περὶ τοῦ πράγματος οὐδ' ἱκανὸς εἶναι δια-
κρῖναι ὁπότερος ὑμῶν ἀληθῆ λέγει—οὔτε γὰρ εὑρετὴς οὔτε
μαθητὴς οὐδενὸς περὶ τῶν τοιούτων γεγονέναι—σὺ δ', ὦ

a 7 ἡμῶν γεγόνασιν secl. Badham : ἡμῶν γεγόνασιν, οἵ Bekker
πρῶτον ci. Stephanus : πρῶτοι BT   b 2 αὐτὸν ci. olim Stallbaum :
αὑτὸς BT   b 3 ἔχειν scr. recc. : ἔχει BT   b 4 ἐκείνων corr.
Coisl. : ἐκείνων BT   b 6 κελεύειν corr. Coisl. : κελεύει BT
c 5 εὑρεῖν T : ἐρεῖν B   d 2 νέῳ T : μὲν B   e 3 πέρι B

宣称我们能够〈进行展示〉，也就应当向他们展示我们中究竟哪些人已经成为了老师 [125]，首先，因为他们自己是优秀的 [126]，并且已经照护过许多年轻人的灵魂，其次，他们显然也教导过我们。或者，一方面，如果我们中任何人都否认他自己曾有过一位老师，那么，他本人无论如何 [127] 都应当能够说出他自己的作品，并且能够展示哪些雅典人或者异邦人——无论是奴隶，还是自由人——，公开承认由于他而已经变得优秀了；另一方面，如果〈以上〉这些中没有任何一样发生在我们这里 [128]，那么〈我们就必须〉敦促〈这两人去〉寻找其他人，而不能拿作为朋友的这两人的儿子去冒险，因毁掉〈他们〉而从〈我们〉最亲近的朋友那里 [129] 招致最严厉的责备 [130]。当然，我，吕西马科斯和墨勒西阿斯啊，关于我自己，我首先得说，在这方面我未曾有过任何老师；尽管我从年轻时开始就的确在渴望这件事。然而，一方面，我不可能付酬金给那些智者们，虽然唯有他们宣称他们能够使我成为一个高贵且优秀的人；另一方面，甚至到现在我自己也依然没有能力发现这门技艺。但如果尼基阿斯或拉刻斯已经发现或学习过它，那我也不会感到吃惊；因为在钱财方面他们比我有能力得多，由此他们能够从其他人那里进行学习，而与此同时他们也比我年长得多，因此他们有〈可能自己〉已经发现了〈这门技艺〉 [131]。的确在我看来，他们是能够教育一个人的；因为他们从不会〈如此〉毫无畏惧地就那些对一个年轻人来说有益或有害的事务发表意见 [132]，除非他们本人确信他们自己已经充分地知道了它们。当然，在其他方面 [133] 我也肯定相信这两人；只不过他们彼此〈意见竟然〉不一致，我对这点倒是感到吃惊。因此，轮到我来恳求你下面这件事了，吕西马科斯啊。正如刚才拉刻斯要求你不要让我离开 [134]，而是要询问我，我现在也要建议你既不要放拉刻斯走，也不要放尼基阿斯走，而是要通过说下面这些来询问他们，那就是：一方面，苏格拉底既否认他懂得这件事，也否认他有能力辨别你们两人中究竟谁说得正确——因为关于诸如此类的事情，他既没有成为过发现者，也没有成为过任何人的学

ΛΑΧΗΣ

Λάχης καὶ Νικία, εἴπετον ἡμῖν ἑκάτερος τίνι δὴ δεινοτάτῳ συγγεγόνατον περὶ τῆς τῶν νέων τροφῆς, καὶ πότερα μαθόντε παρά του ἐπίστασθον ἢ αὐτὼ ἐξευρόντε, καὶ εἰ μὲν μαθόντε, τίς ὁ διδάσκαλος ἑκατέρῳ καὶ τίνες ἄλλοι ὁμότεχνοι αὐτοῖς, ἵν᾽, ἂν μὴ ὑμῖν σχολὴ ᾖ ὑπὸ τῶν τῆς πόλεως πραγμάτων, ἐπ᾽ ἐκείνους ἴωμεν καὶ πείθωμεν ἢ δώροις ἢ χάρισιν ἢ ἀμφότερα ἐπιμεληθῆναι καὶ τῶν ἡμετέρων καὶ τῶν ὑμετέρων παίδων, ὅπως μὴ καταισχύνωσι τοὺς αὑτῶν προγόνους φαῦλοι γενόμενοι· εἰ δ᾽ αὐτοὶ εὑρεταὶ γεγονότε τοῦ τοιούτου, δότε παράδειγμα τίνων ἤδη ἄλλων ἐπιμεληθέντες ἐκ φαύλων καλούς τε κἀγαθοὺς ἐποιήσατε. εἰ γὰρ νῦν πρῶτον ἄρξεσθε παιδεύειν, σκοπεῖν χρὴ μὴ οὐκ ἐν τῷ Καρὶ ὑμῖν ὁ κίνδυνος κινδυνεύηται, ἀλλ᾽ ἐν τοῖς ὑέσι τε καὶ ἐν τοῖς τῶν φίλων παισί, καὶ ἀτεχνῶς τὸ λεγόμενον κατὰ τὴν παροιμίαν ὑμῖν συμβαίνῃ ἐν πίθῳ ἡ κεραμεία γιγνομένη. λέγετε οὖν τί τούτων ἢ φατὲ ὑμῖν ὑπάρχειν τε καὶ προσήκειν ἢ οὔ φατε. ταῦτ᾽, ὦ Λυσίμαχε, παρ᾽ αὐτῶν πυνθάνου τε καὶ μὴ μεθίει τοὺς ἄνδρας.

ΛΥ. Καλῶς μὲν ἔμοιγε δοκεῖ, ὦ ἄνδρες, Σωκράτης λέγειν· εἰ δὲ βουλομένοις ὑμῖν ἐστι περὶ τῶν τοιούτων ἐρωτᾶσθαί τε καὶ διδόναι λόγον, αὐτοὺς δὴ χρὴ γιγνώσκειν, ὦ Νικία τε καὶ Λάχης. ἐμοὶ μὲν γὰρ καὶ Μελησίᾳ τῷδε δῆλον ὅτι ἡδομένοις ἂν εἴη εἰ πάντα ἃ Σωκράτης ἐρωτᾷ ἐθέλοιτε λόγῳ διεξιέναι· καὶ γὰρ ἐξ ἀρχῆς ἐντεῦθεν ἠρχόμην λέγων, ὅτι εἰς συμβουλὴν διὰ ταῦτα ὑμᾶς παρακαλέσαιμεν, ὅτι μεμεληκέναι ὑμῖν ἡγούμεθα, ὡς εἰκός, περὶ τῶν τοιούτων, καὶ ἄλλως καὶ ἐπειδὴ οἱ παῖδες ὑμῖν ὀλίγου ὥσπερ οἱ ἡμέτεροι ἡλικίαν ἔχουσι παιδεύεσθαι. εἰ οὖν ὑμῖν μή τι διαφέρει, εἴπατε καὶ κοινῇ μετὰ Σωκράτους σκέψασθε, διδόντες τε καὶ δεχόμενοι

---

e 7 αὐτοῖς ἵν᾽ T: αὐτοῖσιν B   a 6 γεγονότε B: γεγόνατε T
a 8 πρῶτον ἄρξασθαι (sic) B sed ασ puncto notata: ἄρξεσθε πρῶτον T
b 2 ὑέσι] ὑμετέροις Schanz   b 4 συμβαίνῃ Bekker: συμβαίνει BT
κεραμεία] κεραμία BT   λέγετε T: λέγεται B   c 3 καὶ
μελησίᾳ T: ὦ μελησία B   c 4 ἃ T: ὧν B²: ὧι B   c 5 ἐντεῦθεν
ἠρχόμην B: ἠρχόμην ἐντεῦθεν T

生——。另一方面，你，拉刻斯啊，以及你，尼基阿斯啊[135]，你们两人中的每个都必须告诉我们，在对年轻人的教育方面[136]，你俩究竟已经同哪位最擅长的人[137]相处过[138]；并且你俩是通过从某人那里进行学习而知道〈它〉的呢，还是你俩自己发现〈它〉的；而如果你俩曾学习过〈它〉，那么谁是你俩各自的老师，并且其他哪些人是与他们[139]有同样技艺的，以便，假如你们因城邦的各种事务而没有任何闲暇的话，我们能够前往那些人那里，并且劝说——或者通过一些礼物，或者通过各种感谢，或者通过双管齐下——他们也要关心我们的以及你们的孩子们，免得他们由于变得平庸而辱没了他们的祖先。但是，如果你俩自己就已经成为了诸如此类的事情的发现者，那就请你们提供关于下面这点的一个例子，那就是，其他哪些人，由于你们关心他们而已经使得他们从平庸变成了高贵和优秀的。但如果你们现在才第一次将开始从事教育，那么，你们就必须留意，拿来冒险的不是卡里亚人[140]，而是你们的儿子们以及朋友们的孩子们，并且完完全全[141]正如谚语所说的那样[142]，对你们来说结果就可能是，还没有学会走，就尝试跑[143]。因此，请你们说说，〈以上〉这些情形中的何者，你们宣称它是属于和适合于你们的，或者否认。吕西马科斯啊，你要向他们询问这点，并且不要让这两人走。

吕西马科斯：至少在我看来，诸位，苏格拉底说得很好。至于你们是否愿意就诸如此类的事情被询问并且进行回答，你们当然必须为你们自己做出决定[144]，尼基阿斯和拉刻斯啊。但下面这点对我和这里的这位墨勒西阿斯来说，无疑是显而易见的，那就是：如果你们愿意通过讨论来详述苏格拉底所询问的所有那些事情，那么，我们会感到高兴。其实从一开始[145]，我就从下面这点开始了〈我的〉讲话，即正是由于下面这些我们才邀请你们来进行商量，那就是：我们认为你们已经在关心——像〈那样做也才是〉合情合理的——诸如此类的事情，尤其是既然你们的孩子们，就像我们的孩子们一样，差不多[146]都到了被教育的年纪。因此，如果你们不反对的话[147]，就请你们来说一说，并且同苏格拉底一

ΠΛΑΤΩΝΟΣ

λόγον παρ' ἀλλήλων· εὖ γὰρ καὶ τοῦτο λέγει ὅδε, ὅτι περὶ
τοῦ μεγίστου νῦν βουλευόμεθα τῶν ἡμετέρων. ἀλλ' ὁρᾶτε
εἰ δοκεῖ χρῆναι οὕτω ποιεῖν.

ΝΙ. Ὦ Λυσίμαχε, δοκεῖς μοι ὡς ἀληθῶς Σωκράτη πατρό-
θεν γιγνώσκειν μόνον, αὐτῷ δ' οὐ συγγεγονέναι ἀλλ' ἢ
παιδὶ ὄντι, εἴ που ἐν τοῖς δημόταις μετὰ τοῦ πατρὸς ἀκολου-
θῶν ἐπλησίασέν σοι ἢ ἐν ἱερῷ ἢ ἐν ἄλλῳ τῳ συλλόγῳ τῶν
δημοτῶν· ἐπειδὴ δὲ πρεσβύτερος γέγονεν, οὐκ ἐντετυχηκὼς
τῷ ἀνδρὶ δῆλος ἔτι εἶ.

ΛΥ. Τί μάλιστα, ὦ Νικία;

ΝΙ. Οὔ μοι δοκεῖς εἰδέναι ὅτι ὃς ἂν ἐγγύτατα Σωκράτους
ᾖ [λόγῳ ὥσπερ γένει] καὶ πλησιάζῃ διαλεγόμενος, ἀνάγκη
αὐτῷ, ἐὰν ἄρα καὶ περὶ ἄλλου του πρότερον ἄρξηται διαλέ-
γεσθαι, μὴ παύεσθαι ὑπὸ τούτου περιαγόμενον τῷ λόγῳ,
πρὶν ⟨ἂν⟩ ἐμπέσῃ εἰς τὸ διδόναι περὶ αὑτοῦ λόγον, ὅντινα
τρόπον νῦν τε ζῇ καὶ ὅντινα τὸν παρεληλυθότα βίον βεβί-
ωκεν· ἐπειδὰν δ' ἐμπέσῃ, ὅτι οὐ πρότερον αὐτὸν ἀφήσει
Σωκράτης, πρὶν ἂν βασανίσῃ ταῦτα εὖ τε καὶ καλῶς ἅπαντα.
ἐγὼ δὲ συνήθης τέ εἰμι τῷδε καὶ οἶδ' ὅτι ἀνάγκη ὑπὸ τούτου
πάσχειν ταῦτα, καὶ ἔτι γε αὐτὸς ὅτι πείσομαι ταῦτα εὖ οἶδα·
χαίρω γάρ, ὦ Λυσίμαχε, τῷ ἀνδρὶ πλησιάζων, καὶ οὐδὲν
οἶμαι κακὸν εἶναι τὸ ὑπομιμνῄσκεσθαι ὅτι μὴ καλῶς ἢ πεποιή-
καμεν ἢ ποιοῦμεν, ἀλλ' εἰς τὸν ἔπειτα βίον προμηθέστερον
ἀνάγκη εἶναι τὸν ταῦτα μὴ φεύγοντα ἀλλ' ἐθέλοντα κατὰ
τὸ τοῦ Σόλωνος καὶ ἀξιοῦντα μανθάνειν ἕωσπερ ἂν ζῇ, καὶ
μὴ οἰόμενον αὐτῷ τὸ γῆρας νοῦν ἔχον προσιέναι. ἐμοὶ μὲν
οὖν οὐδὲν ἄηθες οὐδ' αὖ ἀηδὲς ὑπὸ Σωκράτους βασανίζεσθαι,
ἀλλὰ καὶ πάλαι σχεδόν τι ἠπιστάμην ὅτι οὐ περὶ τῶν μει-

d 6 σωκράτη B² T : σωκράτει B   e 4 ἔτι εἶ T : εἶ B   e 7 ᾖ
B T : ἴῃ Sauppe   λόγῳ ὥσπερ γένει secl. Cron : ὥσπερ γένει secl.
Schleiermacher   καὶ ... διαλεγόμενος fort. secludenda   e 9 παύ-
εσθαι B : παύσεσθαι T   e 10 ἂν ἐμπέσῃ scr. recc. (ἂν add. vet. t) :
ἐμπέσει B T (πρὶν ἐμπεσεῖν Gitlbauer)   a 5 ἔτι T : ὅτι B   a 7 ὅτι
B T Stobaeus : εἴ τι Ast   b 3 τὸ τοῦ Stobaeus : τοῦ B : τοὺς T
b 4 αὐτῷ B T Stobaeus : αὐτὸ W : αὐτῷ αὐτὸ Orelli

起来共同进行考察，通过互相给出以及接受〈彼此的〉理据¹⁴⁸。因为，他其实很好地说出了下面这点，那就是：我们现在正在商量我们各种事情中那最重大的。那就请你们看看，是否看起来必须这样做。 187d5

尼基阿斯：吕西马科斯啊，在我看来你确确实实只是从〈其〉父亲那里认识苏格拉底，而并没有同他本人打过交道，除了¹⁴⁹他还是一个孩子时，假如他曾在某个地方因跟随〈他的〉父亲而在〈他的〉一些同 187e1
乡人中间靠近过你的话——或者在某个神庙那里，或者在〈他的〉同乡人的某一其他集会那里——。但当他变老后，你显然就再也没有遇到过这个人。

吕西马科斯：究竟为什么呢¹⁵⁰，尼基阿斯啊？ 187e5

尼基阿斯：在我看来你并不知道下面这些，那就是：一个人，一旦他离苏格拉底很近¹⁵¹，并且通过谈话而与之结交，那他就必然——即使他起先开始〈与之〉交谈的是关于某件别的事情——不停地被这个人在谈话中领着绕圈子¹⁵²，直到¹⁵³他落入到就他自己给出一种说明为止， 187e10
〈诸如〉他现在究竟在以何种方式进行生活，以及他究竟又以何种方式 188a1
度过了那过往的生活；而当他落入其中之后，苏格拉底不会事先就放他走，直到他通过盘问很好且正确地检查了所有这些事情为止。而我既和这里的这个人¹⁵⁴是熟识的，也知道一个人必然会因此人而遭受这些；此外，我自己也肯定将遭受这些，这点我也很清楚。其实我很高兴，吕 188a5
西马科斯啊，同这个人结交，并且我认为：这点被提醒，那也不是一件坏事，即我们已经糟糕地做了或者正在做什么；而且一个人要对将来的 188b1
生活更有先见之明，下面这些对他来说就是必然的，那就是，他不逃避这些，而是愿意——按照梭伦所说的那样——以及认为值得〈继续〉进行学习，只要他还活着¹⁵⁵，并且不会以为单纯年龄就将〈给他〉带来有头脑¹⁵⁶。当然，对我来说，被苏格拉底盘问，这既不是不寻常的，也不 188b5
是不愉快的，而且我甚至早已差不多知道，我们的讨论将不会是关乎那

ρακίων ἡμῖν ὁ λόγος ἔσοιτο Σωκράτους παρόντος, ἀλλὰ περὶ
ἡμῶν αὐτῶν. ὅπερ οὖν λέγω, τὸ μὲν ἐμὸν οὐδὲν κωλύει c
Σωκράτει συνδιατρίβειν ὅπως οὗτος βούλεται· Λάχητα δὲ
τόνδε ὅρα ὅπως ἔχει περὶ τοῦ τοιούτου.

ΛΑ. Ἁπλοῦν τό γ᾽ ἐμόν, ὦ Νικία, περὶ λόγων ἐστίν, εἰ
δὲ βούλει, οὐχ ἁπλοῦν ἀλλὰ διπλοῦν· καὶ γὰρ ἂν δόξαιμί 5
τῳ φιλόλογος εἶναι καὶ αὖ μισόλογος. ὅταν μὲν γὰρ
ἀκούω ἀνδρὸς περὶ ἀρετῆς διαλεγομένου ἢ περί τινος σοφίας
ὡς ἀληθῶς ὄντος ἀνδρὸς καὶ ἀξίου τῶν λόγων ὧν λέγει,
χαίρω ὑπερφυῶς, θεώμενος ἅμα τόν τε λέγοντα καὶ τὰ d
λεγόμενα ὅτι πρέποντα ἀλλήλοις καὶ ἁρμόττοντά ἐστι. καὶ
κομιδῇ μοι δοκεῖ μουσικὸς ὁ τοιοῦτος εἶναι, ἁρμονίαν καλ-
λίστην ἡρμοσμένος οὐ λύραν οὐδὲ παιδιᾶς ὄργανα, ἀλλὰ τῷ
ὄντι [ζῆν ἡρμοσμένος οὗ] αὐτὸς αὐτοῦ τὸν βίον σύμφωνον 5
τοῖς λόγοις πρὸς τὰ ἔργα, ἀτεχνῶς δωριστὶ ἀλλ᾽ οὐκ ἰαστί,
οἴομαι δὲ οὐδὲ φρυγιστὶ οὐδὲ λυδιστί, ἀλλ᾽ ἥπερ μόνη Ἑλ-
ληνική ἐστιν ἁρμονία. ὁ μὲν οὖν τοιοῦτος χαίρειν με ποιεῖ
φθεγγόμενος καὶ δοκεῖν ὁτῳοῦν φιλόλογον εἶναι—οὕτω σφό- e
δρα ἀποδέχομαι παρ᾽ αὐτοῦ τὰ λεγόμενα—ὁ δὲ τἀναντία
τούτου πράττων λυπεῖ με, ὅσῳ ἂν δοκῇ ἄμεινον λέγειν,
τοσούτῳ μᾶλλον, καὶ ποιεῖ αὖ δοκεῖν εἶναι μισόλογον.
Σωκράτους δ᾽ ἐγὼ τῶν μὲν λόγων οὐκ ἔμπειρός εἰμι, ἀλλὰ 5
πρότερον, ὡς ἔοικε, τῶν ἔργων ἐπειράθην, καὶ ἐκεῖ αὐτὸν
ηὗρον ἄξιον ὄντα λόγων καλῶν καὶ πάσης παρρησίας. εἰ 189
οὖν καὶ τοῦτο ἔχει, συμβούλομαι τἀνδρί, καὶ ἥδιστ᾽ ἂν
ἐξεταζοίμην ὑπὸ τοῦ τοιούτου, καὶ οὐκ ἂν ἀχθοίμην μανθά-
νων, ἀλλὰ καὶ ἐγὼ τῷ Σόλωνι, ἓν μόνον προσλαβών, συγ-
χωρῶ· γηράσκων γὰρ πολλὰ διδάσκεσθαι ἐθέλω ὑπὸ χρηστῶν 5
μόνον. τοῦτο γάρ μοι συγχωρείτω, ἀγαθὸν καὶ αὐτὸν εἶναι

---

c 2 οὗτος] αὐτὸς Hoenebeek Hissink   c 6 αὖ μισολόγος (sic) T :
οὐ μισθολόγος B   d 1 τὰ λεγόμενα T : τὸν λεγόμενον B et suprascr. T
d 2 πρέποντα ἀλλήλοις T : πρέπον· τὰ δ᾽ ἀλλήλοις B   d 4 παιδιᾶς T² :
παιδείας BT   d 5 ζῆν ἡρμοσμένος οὗ secl. Badham : ἡρμοσμένος οὗ
secl. Schanz   e 4 μισόλογον BT   a 6 μόνον BT : μόνων Par.
1809   τοῦτο BT : τούτῳ T²   συγχωρεῖ τῷ B

些年青人的,只要苏格拉底在场,而是关乎我们自己。所以,正如我所说的,一方面,就我这方来说[157],没有什么能妨碍〈我〉同苏格拉底一道消磨时光——以这个人所愿意的那种方式;另一方面,就这里的这位拉刻斯,请你看看,关于诸如此类的事情他是怎么个态度[158]。

188c1

188c5

拉刻斯:肯定就我这方来说,尼基阿斯啊,关于讨论〈我的态度〉是直截了当的,但如果你愿意,则不是简单的[159],而是双重的。因为对有的人来说,我看起来既是一个热爱讨论的人[160],也复又是一个憎恶讨论的人[161]。因为,每当我听到一个人在讨论德性,或者讨论某种智慧时,如果他真的是一个男子汉并且配得上他所说的那些言辞,那时我就特别地感到高兴,因为我在下面这点上同时看到了说话者和被说出来的话,那就是两者彼此之间是相适的以及和谐的。并且在我看来,这样一个人全然就是一位音乐家,因为他调配出了最美的和音,但不是在七弦琴上或者〈其他〉某种消遣之乐器上,相反,事实上[162]他本人通过言行一致而把他自己的生命调配得和谐[163],它完完全全就是多立斯调的,而非伊奥尼亚调的,而我也认为既不是弗里基亚调,也不是吕底亚调的;而唯有那〈多立斯调的〉才是希腊人的曲调[164]。因此,一方面,这样一个人,只要他一说话,他就会使我感到愉悦,并且使我对任何人都显得是一个热爱讨论的人——我如此急切地接受被他说出的事情——;另一方面,那做与此相反的事情的人[165],则让我感到痛苦,他看起来越是说得天花乱坠[166],也就越是如此多地〈让我感到痛苦〉,并且复又使我看起来是一个憎恶讨论的人。而对于苏格拉底的各种言论,我诚然是没有经验的,但以前,如看起来的那样,对他的各种行为则有所检验,并且在那里我发现他既是一个配得上〈他所说出的〉那些漂亮言辞的人,也是一个配得上完全开诚布公〈地进行讨论〉的人[167]。因此,如果他拥有〈上面〉这点[168],那我就会与这个人抱有同样的愿望,并且我既会非常乐于被这样一个人盘问,我也不会厌恶〈从他那里〉进行学习;而我虽然也赞同梭伦所说的,只不过还要加上一点,那就是:随着我〈慢慢〉变老,我希望学习许多的东西,但只从那些有益的人那里[169]。

188d1

188d5

188e1

188e5

189a1

189a5

ΠΛΑΤΩΝΟΣ

τὸν διδάσκαλον, ἵνα μὴ δυσμαθὴς φαίνωμαι ἀηδῶς μανθάνων·
εἰ δὲ νεώτερος ὁ διδάσκων ἔσται ἢ μήπω ἐν δόξῃ ὢν ἤ τι
b ἄλλο τῶν τοιούτων ἔχων, οὐδέν μοι μέλει. σοὶ οὖν, ὦ
Σώκρατες, ἐγὼ ἐπαγγέλλομαι καὶ διδάσκειν καὶ ἐλέγχειν
ἐμὲ ὅτι ἂν βούλῃ, καὶ μανθάνειν γε ὅτι αὖ ἐγὼ οἶδα· οὕτω
σὺ παρ' ἐμοὶ διάκεισαι ἀπ' ἐκείνης τῆς ἡμέρας ᾗ μετ' ἐμοῦ
5 συνδιεκινδύνευσας καὶ ἔδωκας σαυτοῦ πεῖραν ἀρετῆς ἣν χρὴ
διδόναι τὸν μέλλοντα δικαίως δώσειν. λέγ' οὖν ὅτι σοι
φίλον, μηδὲν τὴν ἡμετέραν ἡλικίαν ὑπόλογον ποιούμενος.
c ΣΩ. Οὐ τὰ ὑμέτερα, ὡς ἔοικεν, αἰτιασόμεθα μὴ οὐχ
ἕτοιμα εἶναι καὶ συμβουλεύειν καὶ συσκοπεῖν.

ΛΥ. Ἀλλ' ἡμέτερον δὴ ἔργον, ὦ Σώκρατες—ἕνα γάρ σε
ἔγωγε ἡμῶν τίθημι—σκόπει οὖν ἀντ' ἐμοῦ ὑπὲρ τῶν νεανί-
5 σκων ὅτι δεόμεθα παρὰ τῶνδε πυνθάνεσθαι, καὶ συμβούλευε
διαλεγόμενος τούτοις. ἐγὼ μὲν γὰρ καὶ ἐπιλανθάνομαι ἤδη
τὰ πολλὰ διὰ τὴν ἡλικίαν ὧν ἂν διανοηθῶ ἐρέσθαι καὶ αὖ ἃ
ἂν ἀκούσω· ἐὰν δὲ μεταξὺ ἄλλοι λόγοι γένωνται, οὐ πάνυ
d μέμνημαι. ὑμεῖς οὖν λέγετε καὶ διέξιτε πρὸς ὑμᾶς αὐτοὺς
περὶ ὧν προυθέμεθα· ἐγὼ δ' ἀκούσομαι καὶ ἀκούσας αὖ μετὰ
Μελησίου τοῦδε ποιήσω τοῦτο ὅτι ἂν καὶ ὑμῖν δοκῇ.

ΣΩ. Πειστέον, ὦ Νικία τε καὶ Λάχης, Λυσιμάχῳ καὶ
5 Μελησίᾳ. ἃ μὲν οὖν νυνδὴ ἐπεχειρήσαμεν σκοπεῖν, τίνες
οἱ διδάσκαλοι ἡμῖν τῆς τοιαύτης παιδείας γεγόνασιν ἢ τίνας
ἄλλους βελτίους πεποιήκαμεν, ἴσως μὲν οὐ κακῶς εἶχεν
e ἐξετάζειν καὶ τὰ τοιαῦτα ἡμᾶς αὐτούς· ἀλλ' οἶμαι καὶ ἡ
τοιάδε σκέψις εἰς ταὐτὸν φέρει, σχεδὸν δέ τι καὶ μᾶλλον ἐξ
ἀρχῆς εἴη ἄν. εἰ γὰρ τυγχάνομεν ἐπιστάμενοι ὁτουοῦν πέρι
ὅτι παραγενόμενόν τῳ βέλτιον ποιεῖ ἐκεῖνο ᾧ παρεγένετο,

b 7 ὑπόλογον Stephanus : ὑπὸ λόγον B T   c 8 ἐὰν δὲ] ἐὰν corr.
Coisl. : ἐάν γε Schanz   d 3 καὶ B T: om. Ars.   d 4 πιστέον
pr. T   ὦ νικία τε καὶ λάχης B T : ****οι Ars. (μέντοι ci. Smyly)
λυσιμάχῳ T Ars. : λυσίμαχος B   καὶ μελησίᾳ B T : ****ι Ars. (τούτῳ
ci. Smyly)   d 6 οἱ B T : η Ars.   d 7 εἶχε Ars. : ἔχει B T
e 2 σχεδὸν δέ] και(ι σ)χεδο(ν) Ars.   e 3 εἴη ἄν secl. Badham
τυγχάνομεν ci. Stephanus : ἐτυγχάνομεν B T   e 4 ᾧ παρεγένετο T :
ὧν παρεγένοντο B

但愿这个人会赞同我，即老师本人也得是一个优秀的人，免得我由于不愉快地学习而显得是一个不敏于学的人。至于老师是否是比较年轻的，或者还是没有什么名望的[170]，或者任何其他诸如此类的，我对之丝毫不关心。因此，苏格拉底啊，我也要公开恳求[171]，〈请你〉如你所愿意的那样来教导我和驳斥我，另一方面，你也肯定会〈从我这里〉学到我所知道的事情；从那天起我就对你抱有如此的态度[172]，在那天，你既和我一起共同面临危险[173]，你也给出了关于你自己的德性的一种证明——就像[174]一个人必须给出的那样，假如他打算正当地进行给出的话——。因此，你喜欢什么，就请你说什么[175]，根本不用考虑我们〈之间〉年龄的〈差距〉[176]。

苏格拉底：就你们俩[177]，如看起来的那样，我们不可能责备还没有准备好提出建议和一起进行考察。

吕西马科斯：但这毕竟是我们〈共同的〉任务，苏格拉底啊——因为我确实把你当作我们中的一员——，因此，请你替我代表年轻人们考察一下，我们需要从这里的这两个人那里[178]了解什么，并且请你通过同这两人进行交谈而给出建议。因为，一方面，由于年龄的缘故，我甚至已经多半忘记了我想询问的事情，此外还有我曾听到过的东西；另一方面，一旦中间还出现了其他一些谈话，那我就完全不记得了。所以，关于我们所摆出来的那些事情，请你们说一说，并且也请你们互相[179]进行仔细检查；而我将听，并且当我听后，我，连同这里的这位墨勒西阿斯，将做你们有可能决定的任何事情[180]。

苏格拉底：〈我们〉必须听从，尼基阿斯和拉刻斯啊，吕西马科斯以及墨勒西阿斯。那么，我们刚才尝试进行考察的那些，即哪些人在这样一种教育上成为过我们的老师，或者我们已经使得另外哪些人变得更优秀了，即使就诸如此类的事情仔细检查我们自己，或许这根本就不是一件坏事[181]。但是，我认为下面这样一种考察也会〈把我们〉引向同样的〈目的〉，甚至差不多会是更加从本源处出发〈来把我们引向目的〉[182]。因为，如果我们关于任何事情恰好知道下面这点，那就是，由

ΛΑΧΗΣ 189 e

καὶ προσέτι οἷοί τέ ἐσμεν αὐτὸ ποιεῖν παραγίγνεσθαι ἐκείνῳ, 5
δῆλον ὅτι αὐτό γε ἴσμεν τοῦτο οὗ πέρι σύμβουλοι ἂν γενοί-
μεθα ὡς ἄν τις αὐτὸ ῥᾷστα καὶ ἄριστ' ἂν κτήσαιτο. ἴσως
οὖν οὐ μανθάνετέ μου ὅτι λέγω, ἀλλ' ὧδε ῥᾷον μαθήσεσθε.
εἰ τυγχάνομεν ἐπιστάμενοι ὅτι ὄψις παραγενομένη ὀφθαλ- 190
μοῖς βελτίους ποιεῖ ἐκείνους οἷς παρεγένετο, καὶ προσέτι
οἷοί τ' ἐσμὲν ποιεῖν αὐτὴν παραγίγνεσθαι ὄμμασι, δῆλον
ὅτι ὄψιν γε ἴσμεν αὐτὴν ὅτι ποτ' ἔστιν, ἧς πέρι σύμβουλοι
ἂν γενοίμεθα ὡς ἄν τις αὐτὴν ῥᾷστα καὶ ἄριστα κτήσαιτο. 5
εἰ γὰρ μηδ' αὐτὸ τοῦτο εἰδεῖμεν, ὅτι ποτ' ἔστιν ὄψις ἢ ὅτι
ἔστιν ἀκοή, σχολῇ ἂν σύμβουλοί γε ἄξιοι λόγου γενοίμεθα
καὶ ἰατροὶ ἢ περὶ ὀφθαλμῶν ἢ περὶ ὤτων, ὅντινα τρόπον
ἀκοὴν ἢ ὄψιν κάλλιστ' ἂν κτήσαιτό τις. b

ΛΑ. Ἀληθῆ λέγεις, ὦ Σώκρατες.

ΣΩ. Οὐκοῦν, ὦ Λάχης, καὶ νῦν ἡμᾶς τώδε παρακαλεῖτον
εἰς συμβουλήν, τίν' ἂν τρόπον τοῖς ὑέσιν αὐτῶν ἀρετὴ
παραγενομένη ταῖς ψυχαῖς ἀμείνους ποιήσειε; 5

ΛΑ. Πάνυ γε.

ΣΩ. Ἆρ' οὖν ἡμῖν τοῦτό γ' ὑπάρχειν δεῖ, τὸ εἰδέναι ὅτι
ποτ' ἔστιν ἀρετή; εἰ γάρ που μηδ' ἀρετὴν εἰδεῖμεν τὸ
παράπαν ὅτι ποτε τυγχάνει ὄν, τίν' ἂν τρόπον τούτου
σύμβουλοι γενοίμεθ' ἂν ὁτῳοῦν, ὅπως ἂν αὐτὸ κάλλιστα c
κτήσαιτο;

ΛΑ. Οὐδένα, ἔμοιγε δοκεῖ, ὦ Σώκρατες.

ΣΩ. Φαμὲν ἄρα, ὦ Λάχης, εἰδέναι αὐτὸ ὅτι ἔστιν.

ΛΑ. Φαμὲν μέντοι. 5

ΣΩ. Οὐκοῦν ὅ γε ἴσμεν, κἂν εἴποιμεν δήπου τί ἐστιν.

e 7 ἄριστ' ἂν BT: ἄριστα scr. recc.   e 8 μαθήσεσθε BT²:
μαθήσεσθαι T   a 1 εἰ T: om. B   a 4 ὅ τί ποτ' T: πότ' B:
τί suprascr. B²   a 6 εἰδείημεν B²T: εἰδείη μὲν B   a 7 σχολῇ
BT   a 8 καὶ ἰατροὶ secl. Badham   b 5 ταῖς ψυχαῖς BT: τὰς
ψυχὰς Vat. 1029   b 7 ἡμῖν Ars.: om. BT   ὅτι BT: τί Ars.
b 9 τίν' ἂν Ars.: τίνα BT   c 1 γενοίμεθ' ἂν Ars.: γενοίμεθα BT
ἂν post ὅπως BT: post κάλλιστα Ars.   αὐτὸ Ars.: αὐτῷ BT
c 3 οὐδένα] οὐδὲν Ars.   c 4 ὦ λάχης εἰδέναι αὐτὸ] αὐτὸ ὦ λάχης
εἰδέναι Ars.   c 5 φαμὲν μέντοι om. Ars.

于它的在场，它使得它曾于之在场的那种东西变得更好了，并且除此之外我们还能够使得它在场于那个东西那里，那么，显然我们肯定已经知道，恰恰就我们或许会成为其建议者的那件事来说，一个人如何能够以最容易和最好的方式取得它。或许你们还没有理解我究竟在说什么，但以下面这种方式你们就将比较容易理解了。如果我们恰好知道，由于视力在场于一些眼睛那里，它使得它曾于之在场的那些眼睛变得更好了，并且除此之外我们还能够使得它在场于眼睛那里，那么，显然我们肯定已经知道视力究竟是什么，关于它我们有可能会成为建议者，〈建议〉一个人如何能够以最容易和最好的方式取得它。因为，如果我们恰恰不知道这件事，即视力究竟是什么，或者听力究竟是什么，那么，我们将根本不[183]可能成为值得一提的建议者和医生[184]，无论是关于眼睛还是关于耳朵，〈告诉〉一个人究竟能够以何种方式最好地取得听觉或视力。

189e5

190a1

190a5

190b1

拉刻斯：你说得正确，苏格拉底啊。

苏格拉底：那么，拉刻斯啊，甚至现在[185]，这里的这两人岂不是邀请我们〈对下面这点给出〉建议，那就是：以何种方式，一种德性通过它的在场而会使得他们的儿子们的灵魂变得更好？

190b5

拉刻斯：完全如此。

苏格拉底：因此，下面这点岂不就肯定应当属于我们的〈任务〉，即知道德性究竟是什么？因为，就德性来说，如果我们真的完全[186]不知道它恰好究竟是什么，那么，我们会以何种方式对任何人成为下面这点的建议者呢，〈即建议他〉如何能够最好地取得它？

190c1

拉刻斯：没有任何方式，我肯定认为，苏格拉底啊。

苏格拉底：那么我宣称，拉刻斯啊，知道它是什么。

拉刻斯：我们当然宣称。

190c5

苏格拉底：那么，我们所知道的，我们岂不无疑也能说出它是什么？

ΛΑ. Πῶς γὰρ οὔ;

ΣΩ. Μὴ τοίνυν, ὦ ἄριστε, περὶ ὅλης ἀρετῆς εὐθέως σκοπώμεθα—πλέον γὰρ ἴσως ἔργον—ἀλλὰ μέρους τινὸς πέρι πρῶτον ἴδωμεν εἰ ἱκανῶς ἔχομεν πρὸς τὸ εἰδέναι· καὶ ἡμῖν, ὡς τὸ εἰκός, ῥᾴων ἡ σκέψις ἔσται.

ΛΑ. Ἀλλ' οὕτω ποιῶμεν, ὦ Σώκρατες, ὡς σὺ βούλει.

ΣΩ. Τί οὖν ἂν προελοίμεθα τῶν τῆς ἀρετῆς μερῶν; ἢ δῆλον δὴ ὅτι τοῦτο εἰς ὃ τείνειν δοκεῖ ἡ ἐν τοῖς ὅπλοις μάθησις; δοκεῖ δέ που τοῖς πολλοῖς εἰς ἀνδρείαν. ἢ γάρ;

ΛΑ. Καὶ μάλα δὴ οὕτω δοκεῖ.

ΣΩ. Τοῦτο τοίνυν πρῶτον ἐπιχειρήσωμεν, ὦ Λάχης, εἰπεῖν, ἀνδρεία τί ποτ' ἐστίν· ἔπειτα μετὰ τοῦτο σκεψόμεθα καὶ ὅτῳ ἂν τρόπῳ τοῖς νεανίσκοις παραγένοιτο, καθ' ὅσον οἷόν τε ἐξ ἐπιτηδευμάτων τε καὶ μαθημάτων παραγενέσθαι. ἀλλὰ πειρῶ εἰπεῖν ὃ λέγω, τί ἐστιν ἀνδρεία.

ΛΑ. Οὐ μὰ τὸν Δία, ὦ Σώκρατες, οὐ χαλεπὸν εἰπεῖν· εἰ γάρ τις ἐθέλοι ἐν τῇ τάξει μένων ἀμύνεσθαι τοὺς πολεμίους καὶ μὴ φεύγοι, εὖ ἴσθι ὅτι ἀνδρεῖος ἂν εἴη.

ΣΩ. Εὖ μὲν λέγεις, ὦ Λάχης· ἀλλ' ἴσως ἐγὼ αἴτιος, οὐ σαφῶς εἰπών, τὸ σὲ ἀποκρίνασθαι μὴ τοῦτο ὃ διανοούμενος ἠρόμην, ἀλλ' ἕτερον.

ΛΑ. Πῶς τοῦτο λέγεις, ὦ Σώκρατες;

ΣΩ. Ἐγὼ φράσω, ἐὰν οἷός τε γένωμαι. ἀνδρεῖός που οὗτος, ὃν καὶ σὺ λέγεις, ὃς ἂν ἐν τῇ τάξει μένων μάχηται τοῖς πολεμίοις.

ΛΑ. Ἐγὼ γοῦν φημι.

ΣΩ. Καὶ γὰρ ἐγώ. ἀλλὰ τί αὖ ὅδε, ὃς ἂν φεύγων μάχηται τοῖς πολεμίοις ἀλλὰ μὴ μένων;

ΛΑ. Πῶς φεύγων;

---

c 10 ἴδωμεν BT Ars.: εἰδῶμεν B²   d 2 ἀλλ'] ἀ**ι Ars.   ὡς σὺ] ὅπως σὺ (teste Blass) Ars.   d 8 μετά] τὸ μετὰ Ars.   e 3 τί ἐστιν ἀνδρεία] τὸν ἀνδρεῖον Ars.   e 5 τοὺς] τος Ars.   e 7 εὖ BT: καλως Ars.   a 2 ταξει Ars.   a 4 ἐγώ γ' οὖν B: ἔγωγ' οὖν T   a 6 μάχηται τοῖς πολεμίοις] τοῖς πολεμίοις μάχηται Ars.

拉刻斯：为何不呢？

苏格拉底：那么，最优秀的人啊，让我们不要径直就去考察整个德性——因为那或许是一件更重要的任务——，而是让我们首先看看〈它的〉某个部分，是否我们能够充分地知道它。并且对我们来说，〈由此〉考察才将是比较容易的，而这才是合情合理的。

拉刻斯：那就让我们这样做，苏格拉底啊，如你所希望的那样。

苏格拉底：那么，我们应当首先选择德性的诸部分中的哪个呢？抑或显然它就是关于武装格斗的教导看起来所涉及[187]的那个部分？而在大多数人看来，它肯定涉及勇敢。是这样吗？

拉刻斯：看起来完完全全[188]就是这样。

苏格拉底：那好，就让我们首先尝试，拉刻斯啊，说一说，勇敢究竟是什么；接下来，在此之后再让我们考察，它会以何种方式出现在年轻人那里，以及在多大程度上[189]它能够基于追求和学习而〈出现在年轻人那里〉。只不过还是请你试着讲一下我所说的，那就是，勇敢是什么。

拉刻斯：宙斯在上，苏格拉底啊，说一说〈它〉，这并不困难。因为，如果一个人愿意通过坚守在队形中抵御敌人，并且不逃跑，那么，你肯定就知道，他会是一个勇敢的人。

苏格拉底：你确实说得很好[190]，拉刻斯啊。但或许我要对下面这点负责[191]，因为我讲得不清楚，那就是你没有回答我想问的那种东西，而是回答了别的。

拉刻斯：你为何这么说呢，苏格拉底？

苏格拉底：我将〈向你〉解释的[192]，如果我能够的话。你所说的那个人，当然也会是勇敢的，〈因为〉他通过坚守在队形中同敌人进行战斗。

拉刻斯：至少我是这么主张的。

苏格拉底：其实我也一样。但下面这种人复又会如何呢，他通过逃跑来同敌人进行战斗，而不是通过坚守〈在队形中〉？

拉刻斯：如何通过逃跑〈来同敌人进行战斗〉？

ΛΑΧΗΣ   191 a

ΣΩ. Ὥσπερ που καὶ Σκύθαι λέγονται οὐχ ἧττον φεύγοντες ἢ διώκοντες μάχεσθαι, καὶ Ὅμηρός που ἐπαινῶν τοὺς τοῦ Αἰνείου ἵππους κραιπνὰ μάλ' ἔνθα καὶ ἔνθα ἔφη αὐτοὺς ἐπίστασθαι διώκειν ἠδὲ φέβεσθαι· καὶ αὐτὸν τὸν Αἰνείαν κατὰ τοῦτ' ἐνεκωμίασε, κατὰ τὴν τοῦ φόβου ἐπιστήμην, καὶ εἶπεν αὐτὸν εἶναι μήστωρα φόβοιο.

ΛΑ. Καὶ καλῶς γε, ὦ Σώκρατες· περὶ ἁρμάτων γὰρ ἔλεγε. καὶ σὺ τὸ τῶν Σκυθῶν ἱππέων πέρι λέγεις· τὸ μὲν γὰρ ἱππικὸν [τὸ ἐκείνων] οὕτω μάχεται, τὸ δὲ ὁπλιτικὸν [τό γε τῶν Ἑλλήνων], ὡς ἐγὼ λέγω.

ΣΩ. Πλήν γ' ἴσως, ὦ Λάχης, τὸ Λακεδαιμονίων. Λακεδαιμονίους γάρ φασιν ἐν Πλαταιαῖς, ἐπειδὴ πρὸς τοῖς γερροφόροις ἐγένοντο, οὐκ ἐθέλειν μένοντας πρὸς αὐτοὺς μάχεσθαι, ἀλλὰ φεύγειν, ἐπειδὴ δ' ἐλύθησαν αἱ τάξεις τῶν Περσῶν, ἀναστρεφομένους ὥσπερ ἱππέας μάχεσθαι καὶ οὕτω νικῆσαι τὴν ἐκεῖ μάχην.

ΛΑ. Ἀληθῆ λέγεις.

ΣΩ. Τοῦτο τοίνυν ὃ ἄρτι ἔλεγον, ὅτι ἐγὼ αἴτιος μὴ καλῶς σε ἀποκρίνασθαι, ὅτι οὐ καλῶς ἠρόμην—βουλόμενος γάρ σου πυθέσθαι μὴ μόνον τοὺς ἐν τῷ ὁπλιτικῷ ἀνδρείους, ἀλλὰ καὶ τοὺς ἐν τῷ ἱππικῷ καὶ ἐν σύμπαντι τῷ πολεμικῷ εἴδει, καὶ μὴ μόνον τοὺς ἐν τῷ πολέμῳ, ἀλλὰ καὶ τοὺς ἐν τοῖς πρὸς τὴν θάλατταν κινδύνοις ἀνδρείους ὄντας, καὶ ὅσοι γε πρὸς νόσους καὶ ὅσοι πρὸς πενίας ἢ καὶ πρὸς τὰ πολιτικὰ ἀνδρεῖοί εἰσιν, καὶ ἔτι αὖ μὴ μόνον ὅσοι πρὸς λύπας ἀνδρεῖοί

---

a 8 που] ποτε Ars.   b 3 εἶναι] in hac voce redit W   b 5 σὺ τὸ B T W Ars. : σὺ αὖ τὸ ci. Stallbaum   b 6 τὸ ἐκείνων om. Ars. (secluserat Badham)   τό γε τῶν Ἑλλήνων om. Ars.   b 8 Λακεδαιμονίους B T W : τούτους Ars.   c 1 φασιν B W : φησιν compendio T   ἐν πλαταιαῖς B T W : και πλατει |.... Ars. (καὶ Πλαταιᾶσι ci. Diels)   c 2 αὐτοὺς b : αὐτοῖς B T W   c 3 ἐλύθησαν B T : ἐληλύθεισαν W   c 7 ο αρτι Ars. (ἄρτι coniecerat Ast : αἴτιον B T W   c 8 ἠρόμην] σε ηρομην Ars.   d 1 γάρ σου B W Ars. : γὰρ T   τοὺς] τος Ars.   d 2 καὶ ἐν] εν τωι Ars.   d 4 κινδύνοις B² T W : κινδύνους B : κινδυνεύουσι Ars.   d 5 γε] τε Ars.   d 6 ἔτι W Ars. : ὅτι B T   ἀνδρεῖοί εἰσιν ἢ φόβους] ἢ φόβους ἀνδρεῖοί εἰσιν Ars.

苏格拉底：肯定就像说西徐亚人 [193] 那样，他们在逃跑时，比在追击时丝毫不差地进行战斗 [194]；而荷马在称赞埃涅阿斯 [195] 的马非常迅猛地到处 [196]〈跑来跑去〉时无疑也说道，它们知道既要追击，也要逃跑 [197]。并且正是基于下面这点，他也赞扬埃涅阿斯本人，即基于〈他知道〉关于逃跑的知识，说他是逃跑的谋划者 [198]。

拉刻斯：也确实〈说得〉很恰当，苏格拉底啊；因为他在谈论战车。并且你也在说关于西徐亚人骑兵的事情。只不过，一方面，骑兵就是这样战斗的 [199]，另一方面，重装步兵，则如我所说的那样〈进行战斗〉[200]。

苏格拉底：或许有例外，拉刻斯啊，那就是拉栖岱蒙人的〈重装步兵〉。因为，就拉栖岱蒙人，人们说，在普拉泰阿 [201]，当他们遇到〈波斯人〉持柳条盾的部队时，他们不愿意通过坚守〈队形〉来同那些人战斗，而是宁愿逃跑；但当波斯人的队形已经散开后，他们返回来像骑兵一样战斗，并由此在那里赢得了战斗。

拉刻斯：你说得正确。

苏格拉底：因此，这就是我刚才所说的，那就是我要对你没有正确地进行回答负责任，因为我未曾正确地进行询问——其实我希望向你了解的，不仅仅是那些在重装步兵作战中勇敢的人，而且还有那些在骑兵作战以及在〈其他〉每一种战争形式中勇敢的人；不仅仅是那些在战争中是勇敢的人，而且还有那些在面对大海的各种危险中是勇敢的人；以及所有那些面对各种疾病和所有那些面对各种贫困，甚或面对各种城邦事务是勇敢的人；进而还有，不仅仅是所有那些面对各种痛苦或各种恐惧是勇敢的人，而且还有那些强有力地同各种欲望或各种快乐进行斗争

εἰσιν ἢ φόβους, ἀλλὰ καὶ πρὸς ἐπιθυμίας ἢ ἡδονὰς δεινοὶ
e μάχεσθαι, καὶ μένοντες καὶ ἀναστρέφοντες—εἰσὶ γάρ πού
τινες, ὦ Λάχης, καὶ ἐν τοῖς τοιούτοις ἀνδρεῖοι—

ΛΑ. Καὶ σφόδρα, ὦ Σώκρατες.

ΣΩ. Οὐκοῦν ἀνδρεῖοι μὲν πάντες οὗτοί εἰσιν, ἀλλ' οἱ
5 μὲν ἐν ἡδοναῖς, οἱ δ' ἐν λύπαις, οἱ δ' ἐν ἐπιθυμίαις, οἱ δ' ἐν
φόβοις τὴν ἀνδρείαν κέκτηνται· οἱ δέ γ' οἶμαι δειλίαν ἐν
τοῖς αὐτοῖς τούτοις.

ΛΑ. Πάνυ γε.

ΣΩ. Τί ποτε ὂν ἑκάτερον τούτων; τοῦτο ἐπυνθανόμην.
10 πάλιν οὖν πειρῶ εἰπεῖν ἀνδρείαν πρῶτον τί ὂν ἐν πᾶσι
τούτοις ταὐτόν ἐστιν· ἢ οὔπω καταμανθάνεις ὃ λέγω;

ΛΑ. Οὐ πάνυ τι.

192 ΣΩ. Ἀλλ' ὧδε λέγω, ὥσπερ ἂν εἰ τάχος ἠρώτων τί ποτ'
ἐστίν, ὃ καὶ ἐν τῷ τρέχειν τυγχάνει ὂν ἡμῖν καὶ ἐν τῷ
κιθαρίζειν καὶ ἐν τῷ λέγειν καὶ ἐν τῷ μανθάνειν καὶ ἐν
ἄλλοις πολλοῖς, καὶ σχεδόν τι αὐτὸ κεκτήμεθα, οὗ καὶ πέρι
5 ἄξιον λέγειν, ἢ ἐν ταῖς τῶν χειρῶν πράξεσιν ἢ σκελῶν ἢ
στόματός τε καὶ φωνῆς ἢ διανοίας· ἢ οὐχ οὕτω καὶ σὺ λέγεις;

ΛΑ. Πάνυ γε.

ΣΩ. Εἰ τοίνυν τίς με ἔροιτο· "Ὦ Σώκρατες, τί λέγεις
10 τοῦτο ὃ ἐν πᾶσιν ὀνομάζεις ταχυτῆτα εἶναι;" εἴποιμ' ἂν
b αὐτῷ ὅτι τὴν ἐν ὀλίγῳ χρόνῳ πολλὰ διαπραττομένην δύναμιν
ταχυτῆτα ἔγωγε καλῶ καὶ περὶ φωνὴν καὶ περὶ δρόμον καὶ
περὶ τἆλλα πάντα.

ΛΑ. Ὀρθῶς γε σὺ λέγων.

5 ΣΩ. Πειρῶ δὴ καὶ σύ, ὦ Λάχης, τὴν ἀνδρείαν οὕτως

---

e 1 καὶ ante μένοντες om. Schanz (sed habet Ars.)   καὶ post
μένοντες Král (et sic Ars. ut videtur): ἢ BTW   e 3 καὶ σφόδρα]
σφόδρα γε Ars.   e 4 ἀνδρεῖοι μὲν πάντες οὗτοι] ανδρειαι μεν παντες
ουτοι ανδρειοι Ars.   e 6 ἔκτηνται Schanz (sed κέκτηνται Ars. cum
BTW)   δειλίαν TW : δειλιᾶν B   e 9 ὂν] ουν Ars. (et mox e 10)
ἐπυνθανόμην] πυνθαν⟨ομαι⟩ Ars.   e 10 ἀνδρείαν] τὴν ἀνδρείαν Ars.
a 2 τρέχειν] τρεχε Ars.   a 3 εν τε τωι μανθανε⟨ιν⟩ Ars.   a 6 ἢ
διανοίας om. ut videtur Ars. (ἢ νοήματός τε ἅμα pro ἢ στόματός τε ci.
Diels)

的人，无论他们是通过坚守〈在那里〉还是转身〈逃跑〉——因为，无 191e1
论如何都有着这样一些，拉刻斯啊，甚至在诸如此类的事情中也是勇敢
的人——。

拉刻斯：完完全全就是这样[202]，苏格拉底啊。

苏格拉底：因此，虽然所有这些人都是勇敢的，但一些在各种快乐
中，一些在各种痛苦中，一些在各种欲望中，一些在各种恐惧中，取得 191e5
了勇敢；但是，我无论如何都认为，一些人却恰恰在同样这些事情中取
得了怯懦。

拉刻斯：当然。

苏格拉底：这两者中的每一个究竟是什么？这是我在打听的。因 191e10
此，请你再次试着首先说说，勇敢——它在所有这些情形中是同一
的——是什么；或者你尚未理解我所说的？

拉刻斯：还没有完全理解。

苏格拉底：那我就用下面这种方式来讲一讲：就像，如果我问速 192a1
度究竟是什么——对我们而言，它其实既出现在奔跑中，也出现在弹
琴、说话、学习以及其他许多的情形中，并且我们差不多在任何值得一
说的东西那里都取得了它，〈它出现〉在各种行动那里，无论它们是属 192a5
于双手的，还是属于双脚的，还是属于嘴巴和声音的，还是属于思想
的——；或者你不这样说？

拉刻斯：我肯定这样说。

苏格拉底：因此，如果有人问我："苏格拉底啊，你在所有事情中 192a10
将之命名为迅速的那种东西，你说它是什么？"那么，我就会告诉他， 192b1
我肯定把在短时间内完成许多事情的那种能力称作迅速，无论是在声音
那里，还是在奔跑那里，还是在所有其他的事情那里。

拉刻斯：你的确说得正确[203]。

苏格拉底：因此，也请你，拉刻斯啊，以这种方式来尝试说说勇 192b5

ΛΑΧΗΣ

εἰπεῖν τίς οὖσα δύναμις ἡ αὐτὴ ἐν ἡδονῇ καὶ ἐν λύπῃ καὶ ἐν ἅπασιν οἷς νυνδὴ ἐλέγομεν αὐτὴν εἶναι, ἔπειτα ἀνδρεία κέκληται.

ΛΑ. Δοκεῖ τοίνυν μοι καρτερία τις εἶναι τῆς ψυχῆς, εἰ τό γε διὰ πάντων [περὶ ἀνδρείας] πεφυκὸς δεῖ εἰπεῖν.

ΣΩ. Ἀλλὰ μὴν δεῖ, εἴ γε τὸ ἐρωτώμενον ἀποκρινούμεθα ἡμῖν αὐτοῖς. τοῦτο τοίνυν ἔμοιγε φαίνεται· οὔτι πᾶσά γε, ὡς ἐγᾦμαι, καρτερία ἀνδρεία σοι φαίνεται. τεκμαίρομαι δὲ ἐνθένδε· σχεδὸν γάρ τι οἶδα, ὦ Λάχης, ὅτι τῶν πάνυ καλῶν πραγμάτων ἡγῇ σὺ ἀνδρείαν εἶναι.

ΛΑ. Εὖ μὲν οὖν ἴσθι ὅτι τῶν καλλίστων.

ΣΩ. Οὐκοῦν ἡ μὲν μετὰ φρονήσεως καρτερία καλὴ κἀγαθή;

ΛΑ. Πάνυ γε.

ΣΩ. Τί δ' ἡ μετ' ἀφροσύνης; οὐ τοὐναντίον ταύτῃ βλαβερὰ καὶ κακοῦργος;

ΛΑ. Ναί.

ΣΩ. Καλὸν οὖν τι φήσεις σὺ εἶναι τὸ τοιοῦτον, ὃν κακοῦργόν τε καὶ βλαβερόν;

ΛΑ. Οὔκουν δίκαιόν γε, ὦ Σώκρατες.

ΣΩ. Οὐκ ἄρα τήν γε τοιαύτην καρτερίαν ἀνδρείαν ὁμολογήσεις εἶναι, ἐπειδήπερ οὐ καλή ἐστιν, ἡ δὲ ἀνδρεία καλόν ἐστιν.

ΛΑ. Ἀληθῆ λέγεις.

ΣΩ. Ἡ φρόνιμος ἄρα καρτερία κατὰ τὸν σὸν λόγον ἀνδρεία ἂν εἴη.

ΛΑ. Ἔοικεν.

ΣΩ. Ἴδωμεν δή, ἡ εἰς τί φρόνιμος; ἢ ἡ εἰς ἅπαντα καὶ τὰ μεγάλα καὶ τὰ σμικρά; οἷον εἴ τις καρτερεῖ ἀναλίσκων ἀργύριον φρονίμως, εἰδὼς ὅτι ἀναλώσας πλέον ἐκτήσεται, τοῦτον ἀνδρεῖον καλοῖς ἄν;

---

c 1 περὶ ἀνδρείας secl. Badham   c 2 γε post δεῖ fort. transponendum   c 3 οὔτι BTW : ὅτι οὐ scr. recc. : ὅτι οὔτι Schanz   e 1 ἢ ἡ BT : ἢ W   e 2 καρτερεῖ BTW : καρτεροῖ vulg.   e 3 πλέον ἐκτήσεται BW : πλεονεκτήσεται T

敢：下面这种能力是一种什么样的能力，它在快乐、痛苦以及在我们刚才说它是在其中的所有那些情形中[204]都是同一的，然后被称作为了勇敢。

拉刻斯：那么在我看来，它是灵魂的一种坚定，如果必须得说它贯穿所有〈这些情形〉生来所是的那种东西的话[205]。

苏格拉底：当然[206]必须〈得这么说〉，如果我真要回答被我们自己所问的那个问题的话。那么至少对我显得是这样，那就是，并非每一种坚定，如我所认为的那样，都对你显得是勇敢。而我是从下面这点做出推断的：因为我差不多知道，拉刻斯啊，你肯定会认为勇敢是属于那些特别美好的事情的。

拉刻斯：你当然得知道，它属于那些最美好的事情。

苏格拉底：那么，那同明智相伴随的坚定，它岂不是美好的和良善的？

拉刻斯：当然。

苏格拉底：但那同愚蠢相伴随[207]的坚定，又如何呢？它岂不与之相反而是有害的和邪恶的？

拉刻斯：是的。

苏格拉底：那么，你会主张这样一种东西是美好的吗，尽管它是邪恶的和有害的？

拉刻斯：〈这么主张〉肯定不是正当的，苏格拉底啊。

苏格拉底：因此，你无论如何都不会同意这样一种坚定是勇敢，既然它不是美好的；而勇敢是一种美好的东西。

拉刻斯：你说得对。

苏格拉底：那么，根据你的说法，明智的坚定有可能是勇敢。

拉刻斯：似乎是这样。

苏格拉底：那就让我们看看，它同何者相关是明智的？难道它同所有的事情相关——无论是那些重大的事情，还是各种细微的事情——？例如，如果一个人，当他明智地花银子时表现得坚定，因为他知道〈那样〉花费他将得到更多，你会把这个人称作是勇敢的吗？

ΛΑ. Μὰ Δί' οὐκ ἔγωγε.

ΣΩ. Ἀλλ' οἷον εἴ τις ἰατρὸς ὤν, περιπλευμονίᾳ τοῦ ὑέος ἐχομένου ἢ ἄλλου τινὸς καὶ δεομένου πιεῖν ἢ φαγεῖν δοῦναι, μὴ κάμπτοιτο ἀλλὰ καρτεροῖ;

ΛΑ. Οὐδ' ὁπωστιοῦν οὐδ' αὕτη.

ΣΩ. Ἀλλ' ἐν πολέμῳ καρτεροῦντα ἄνδρα καὶ ἐθέλοντα μάχεσθαι, φρονίμως λογιζόμενον, εἰδότα μὲν ὅτι βοηθήσουσιν ἄλλοι αὐτῷ, πρὸς ἐλάττους δὲ καὶ φαυλοτέρους μαχεῖται ἢ μεθ' ὧν αὐτός ἐστιν, ἔτι δὲ χωρία ἔχει κρείττω, τοῦτον τὸν μετὰ τῆς τοιαύτης φρονήσεως καὶ παρασκευῆς καρτεροῦντα ἀνδρειότερον ἂν φαίης ἢ τὸν ἐν τῷ ἐναντίῳ στρατοπέδῳ ἐθέλοντα ὑπομένειν τε καὶ καρτερεῖν;

ΛΑ. Τὸν ἐν τῷ ἐναντίῳ, ἔμοιγε δοκεῖ, ὦ Σώκρατες.

ΣΩ. Ἀλλὰ μὴν ἀφρονεστέρα γε ἡ τούτου ἢ ἡ τοῦ ἑτέρου καρτερία.

ΛΑ. Ἀληθῆ λέγεις.

ΣΩ. Καὶ τὸν μετ' ἐπιστήμης ἄρα ἱππικῆς καρτεροῦντα ἐν ἱππομαχίᾳ ἧττον φήσεις ἀνδρεῖον εἶναι ἢ τὸν ἄνευ ἐπιστήμης.

ΛΑ. Ἔμοιγε δοκεῖ.

ΣΩ. Καὶ τὸν μετὰ σφενδονητικῆς ἢ τοξικῆς ἢ ἄλλης τινὸς τέχνης καρτεροῦντα.

ΛΑ. Πάνυ γε.

ΣΩ. Καὶ ὅσοι ἂν ἐθέλωσιν εἰς φρέαρ καταβαίνοντες καὶ κολυμβῶντες καρτερεῖν ἐν τούτῳ τῷ ἔργῳ, μὴ ὄντες δεινοί, ἢ ἔν τινι ἄλλῳ τοιούτῳ, ἀνδρειοτέρους φήσεις τῶν ταῦτα δεινῶν.

ΛΑ. Τί γὰρ ἄν τις ἄλλο φαίη, ὦ Σώκρατες;

ΣΩ. Οὐδέν, εἴπερ οἴοιτό γε οὕτως.

ΛΑ. Ἀλλὰ μὴν οἶμαί γε.

ΣΩ. Καὶ μὴν πού ἀφρονεστέρως γε, ὦ Λάχης, οἱ τοιοῦτοι

a 2 αὕτη TW : αὐτή B   b 9 μετὰ W : μὲν μετὰ BT   c 2 ἂν B : ἐὰν TW : δὴ Schanz (qui mox ἐθέλουσιν)   ἐθέλωσιν W : ἐθέλουσιν BT

拉刻斯：宙斯在上，我肯定不会。 192e5

苏格拉底：再比如，如果一个人，他是一位医生，当他的儿子或其他某个人得了肺炎[208]并且请求〈他〉允许〈自己〉喝或吃时，他毫不心软[209]，而是坚定〈地加以拒绝〉，〈那这又如何〉？ 193a1

拉刻斯：这无论如何也不是勇敢。

苏格拉底：那么，在战斗中，一个人，如果他保持坚定并且愿意进行战斗，他通过明智地进行计算而知道，一方面，其他人将援助他[210]， 193a5
另一方面，同那些他自己与之在一起的人相比[211]，他将同一些更少且更弱的人进行战斗，而除此之外他还占据着更加有利的地形，那么，就这个带着如此这般的明智以及准备而保持坚定的人，你会主张，同在敌方阵营中的那个决意留下来并且保持坚定的人相比，他是更加勇敢的吗？

拉刻斯：那个在敌方〈军队中的人是更加勇敢的〉，我肯定认为， 193b1
苏格拉底啊。

苏格拉底：然而，〈后面〉这个人的坚定无疑比另外那个人的坚定是更加愚蠢的。

拉刻斯：你说得对。

苏格拉底：并且就那个凭借骑术的知识而在骑兵交战中保持坚定的 193b5
人，你也将主张，同那个没有这种知识〈而保持坚定〉的人相比，他是较少勇敢的吗？

拉刻斯：至少我是这么认为的。

苏格拉底：〈在你看来〉那凭借投掷技艺，或者射箭技艺，或者其 193b10
他某种技艺而保持坚定的人，也同样如此。

拉刻斯：当然。 193c1

苏格拉底：所有那些愿意下到水井里并且〈在里面〉潜水[212]而在这种任务中——或者在某一其他诸如此类的任务中——保持坚定的人，即使他们并不是擅长〈这种事情〉的，你也会主张他们比那些擅长这种 193c5
事情的人是更勇敢的。

拉刻斯：难道一个人还能主张别的什么吗，苏格拉底啊？

苏格拉底：〈不能主张别的〉什么，如果他确实如此认为的话。

拉刻斯：而我无疑就这么认为。

苏格拉底：这无论如何都是肯定的，拉刻斯啊，那就是，这样一些 193c10

ΛΑΧΗΣ

κινδυνεύουσίν τε καὶ καρτεροῦσιν ἢ οἱ μετὰ τέχνης αὐτὸ πράττοντες.

ΛΑ. Φαίνονται.

ΣΩ. Οὐκοῦν αἰσχρὰ ἡ ἄφρων τόλμα τε καὶ καρτέρησις ἐν τῷ πρόσθεν ἐφάνη ἡμῖν οὖσα καὶ βλαβερά;

ΛΑ. Πάνυ γε.

ΣΩ. Ἡ δέ γε ἀνδρεία ὡμολογεῖτο καλόν τι εἶναι.

ΛΑ. Ὡμολογεῖτο γάρ.

ΣΩ. Νῦν δ' αὖ πάλιν φαμὲν ἐκεῖνο τὸ αἰσχρόν, τὴν ἄφρονα καρτέρησιν, ἀνδρείαν εἶναι.

ΛΑ. Ἐοίκαμεν.

ΣΩ. Καλῶς οὖν σοι δοκοῦμεν λέγειν;

ΛΑ. Μὰ τὸν Δί', ὦ Σώκρατες, ἐμοὶ μὲν οὔ.

ΣΩ. Οὐκ ἄρα που κατὰ τὸν σὸν λόγον δωριστὶ ἡρμόσμεθα ἐγώ τε καὶ σύ, ὦ Λάχης· τὰ γὰρ ἔργα οὐ συμφωνεῖ ἡμῖν τοῖς λόγοις. ἔργῳ μὲν γάρ, ὡς ἔοικε, φαίη ἄν τις ἡμᾶς ἀνδρείας μετέχειν, λόγῳ δ', ὡς ἐγᾦμαι, οὐκ ἄν, εἰ νῦν ἡμῶν ἀκούσειε διαλεγομένων.

ΛΑ. Ἀληθέστατα λέγεις.

ΣΩ. Τί οὖν; δοκεῖ καλὸν εἶναι οὕτως ἡμᾶς διακεῖσθαι;

ΛΑ. Οὐδ' ὁπωστιοῦν.

ΣΩ. Βούλει οὖν ᾧ λέγομεν πειθώμεθα τό γε τοσοῦτον;

ΛΑ. Τὸ ποῖον δὴ τοῦτο, καὶ τίνι τούτῳ;

ΣΩ. Τῷ λόγῳ ὃς καρτερεῖν κελεύει. εἰ οὖν βούλει, καὶ ἡμεῖς ἐπὶ τῇ ζητήσει ἐπιμείνωμέν τε καὶ καρτερήσωμεν, ἵνα καὶ μὴ ἡμῶν αὐτὴ ἡ ἀνδρεία καταγελάσῃ, ὅτι οὐκ ἀνδρείως αὐτὴν ζητοῦμεν, εἰ ἄρα πολλάκις αὐτὴ ἡ καρτέρησίς ἐστιν ἀνδρεία.

ΛΑ. Ἐγὼ μὲν ἕτοιμος, ὦ Σώκρατες, μὴ προαφίστασθαι. καίτοι ἀήθης γ' εἰμὶ τῶν τοιούτων λόγων· ἀλλά τίς με καὶ

---

d 3 πάνυ γε B T : om. W   d 4, 5 ὡμολογεῖτο (bis) B : ὡμολόγητο T W   e 4 ἀκούσειε Jacobs : ἀκούσει B T W   e 8 πειθώμεθα B T : πειθόμεθα W   a 2 τῇ B T : om. W   a 3 αὐτὴ T : αὑτὴ W : αὕτη B   a 6 ἕτοιμος T W : ἑτοίμως B   a 7 ἀήθης γ' T : γ' ἀήθης W : ἀληθής γ' B

人更为愚蠢地在冒险和保持坚定,同那些凭借一种技艺而做同样事情的人相比。

拉刻斯:显然。

苏格拉底:那么,愚蠢的大胆和坚定,在前面岂不对我们曾显得是可耻的和有害的?

拉刻斯:完全如此。

苏格拉底:但勇敢曾被同意为是一种美好的东西。

拉刻斯:确实被同意过。

苏格拉底:但现在反过来[213],我们复又宣称那种可耻的事情,即愚蠢的坚定,是勇敢。

拉刻斯:我们似乎〈这样做了〉。

苏格拉底:那么,你认为我们说道正确吗?

拉刻斯:宙斯在上,苏格拉底啊,我当然不这么认为。

苏格拉底:因此,按照你自己的说法[214],我和你肯定还没有被调配成多立斯调的,拉刻斯啊;因为我们的行动还没有同我们的言辞达成和谐一致。因为,一方面,在行动上,如看起来的那样,一个人会宣称我们分得了勇敢[215];另一方面,在言辞上,如我所认为的那样,他不会〈那么宣称〉,如果他听到我们现在进行的交谈。

拉刻斯:你说得非常正确。

苏格拉底:然后呢?你认为,我们处在这种状态中,这是美好的吗?

拉刻斯:无论如何都不。

苏格拉底:那你愿意我们听从我们所说的到下面这个程度吗?

拉刻斯:究竟到何种程度,以及听从什么[216]?

苏格拉底:〈听从〉要求〈我们〉保持坚定的那个言辞。因此,如果你愿意,那就让我们继续进行探究[217],并且让我们保持坚定,免得勇敢自身会因下面这点而嘲笑我们,那就是我们恰恰没有勇敢地探究它,万一[218]坚定自身就是勇敢的话。

拉刻斯:我当然做好了准备,苏格拉底啊,不提前离开;尽管我确实不习惯诸如此类的谈话。然而,一种好胜[219],即对已经被说的那些事

ΠΛΑΤΩΝΟΣ

φιλονικία εἴληφεν πρὸς τὰ εἰρημένα, καὶ ὡς ἀληθῶς ἀγανακτῶ εἰ οὑτωσὶ ἃ νοῶ μὴ οἷός τ' εἰμὶ εἰπεῖν. νοεῖν μὲν γὰρ ἔμοιγε δοκῶ περὶ ἀνδρείας ὅτι ἔστιν, οὐκ οἶδα δ' ὅπῃ με ἄρτι διέφυγεν, ὥστε μὴ συλλαβεῖν τῷ λόγῳ αὐτὴν καὶ εἰπεῖν ὅτι ἔστιν.

ΣΩ. Οὐκοῦν, ὦ φίλε, τὸν ἀγαθὸν κυνηγέτην μεταθεῖν χρὴ καὶ μὴ ἀνιέναι.

ΛΑ. Παντάπασι μὲν οὖν.

ΣΩ. Βούλει οὖν καὶ Νικίαν τόνδε παρακαλῶμεν ἐπὶ τὸ κυνηγέσιον, εἴ τι ἡμῶν εὐπορώτερός ἐστιν;

ΛΑ. Βούλομαι· πῶς γὰρ οὔ;

ΣΩ. Ἴθι δή, ὦ Νικία, ἀνδράσι φίλοις χειμαζομένοις ἐν λόγῳ καὶ ἀποροῦσιν βοήθησον, εἴ τινα ἔχεις δύναμιν. τὰ μὲν γὰρ δὴ ἡμέτερα ὁρᾷς ὡς ἄπορα· σὺ δ' εἰπὼν ὅτι ἡγῇ ἀνδρείαν εἶναι, ἡμᾶς τε τῆς ἀπορίας ἔκλυσαι καὶ αὐτὸς ἃ νοεῖς τῷ λόγῳ βεβαιώσαι.

ΝΙ. Δοκεῖτε τοίνυν μοι πάλαι οὐ καλῶς, ὦ Σώκρατες, ὁρίζεσθαι τὴν ἀνδρείαν· ὃ γὰρ ἐγὼ σοῦ ἤδη καλῶς λέγοντος ἀκήκοα, τούτῳ οὐ χρῆσθε.

ΣΩ. Ποίῳ δή, ὦ Νικία;

ΝΙ. Πολλάκις ἀκήκοά σου λέγοντος ὅτι ταῦτα ἀγαθὸς ἕκαστος ἡμῶν ἅπερ σοφός, ἃ δὲ ἀμαθής, ταῦτα δὲ κακός.

ΣΩ. Ἀληθῆ μέντοι νὴ Δία λέγεις, ὦ Νικία.

ΝΙ. Οὐκοῦν εἴπερ ὁ ἀνδρεῖος ἀγαθός, δῆλον ὅτι σοφός ἐστιν.

ΣΩ. Ἤκουσας, ὦ Λάχης;

ΛΑ. Ἔγωγε, καὶ οὐ σφόδρα γε μανθάνω ὃ λέγει.

ΣΩ. Ἀλλ' ἐγὼ δοκῶ μανθάνειν, καί μοι δοκεῖ ἀνὴρ σοφίαν τινὰ τὴν ἀνδρείαν λέγειν.

ΛΑ. Ποίαν, ὦ Σώκρατες, σοφίαν;

ΣΩ. Οὐκοῦν τόνδε τοῦτο ἐρωτᾷς;

c 5 ἔκλυσαι TW: ἑλκύσαι B et γρ. t   c 6 βεβαιῶσαι TW: βεβαιῶσαι B   c 7 μοι BW: με T   d 8 ἀνήρ Bekker: ἀνὴρ BTW

情〈的好胜〉，抓住了我，并且我也真的对下面这点感到气恼[220]，那就是我如此地没有能力说出我所怀有的想法的话。因为，一方面，我无论如何都看起来对勇敢，即它是什么，怀有一种想法；另一方面，我又不知道它刚才如何从我这里溜掉了，以至于我不能够用言辞来抓住它，并说出它是什么。

苏格拉底：因此，朋友啊，优秀的猎人必定〈继续〉追踪，而不放弃。

拉刻斯：完全如此。

苏格拉底：那么，你也愿意我们邀请这里的这位尼基阿斯来〈一起〉狩猎吗，〈看看〉他是否比我们是更有办法的[221]？

拉刻斯：我愿意；为何不呢？

苏格拉底：来吧[222]！尼基阿斯啊，由于〈你的这些〉友人们在讨论中遭遇到了暴风雪[223]，并且走投无路[224]，请你帮助他们，如果你有某种能力的话。因为，一方面，你肯定看到了我们的情况是何等的无路可走；另一方面，请你通过告诉〈我们〉你认为勇敢是什么来把我们从走投无路中解救出来，并且用言辞来稳固你自己〈对之〉所怀有的想法[225]。

尼基阿斯：那好，〈我就说说我对之所怀有的想法〉，其实你们早已对我显得没有正确地，苏格拉底啊，定义勇敢。因为，我已经听你正确地说过的那种东西，你们并未使用它。

苏格拉底：究竟是何种东西，尼基阿斯啊？

尼基阿斯：我已经多次听你说，我们中的每个人，恰恰就那些对之是有智慧的事情，是优秀的；而就那些对之是无知的事情，是低劣的。

苏格拉底：宙斯在上，你确实说得对，尼基阿斯啊。

尼基阿斯：所以，如果勇敢的人是优秀的，那么，显然他也就是智慧的。

苏格拉底：你听到了吗，拉刻斯啊？

拉刻斯：我肯定听到了，但我不是非常明白他所说的。

苏格拉底：但我似乎明白了，其实在我看来，〈这个〉人在说勇敢是某种智慧。

拉刻斯：何种智慧呢，苏格拉底啊？

苏格拉底：难道你不愿意向这里的这个人问这件事？

ΛΑΧΗΣ

ΛΑ. Ἔγωγε.
ΣΩ. Ἴθι δή, αὐτῷ εἰπέ, ὦ Νικία, ποία σοφία ἀνδρεία ἂν εἴη κατὰ τὸν σὸν λόγον. οὐ γάρ που ἥ γε αὐλητική.
ΝΙ. Οὐδαμῶς.
ΣΩ. Οὐδὲ μὴν ἡ κιθαριστική.
ΝΙ. Οὐ δῆτα.
ΣΩ. Ἀλλὰ τίς δὴ αὕτη ἢ τίνος ἐπιστήμη;
ΛΑ. Πάνυ μὲν οὖν ὀρθῶς αὐτὸν ἐρωτᾷς, ὦ Σώκρατες, καὶ εἰπέτω γε τίνα φησὶν αὐτὴν εἶναι.
ΝΙ. Ταύτην ἔγωγε, ὦ Λάχης, τὴν τῶν δεινῶν καὶ θαρραλέων ἐπιστήμην καὶ ἐν πολέμῳ καὶ ἐν τοῖς ἄλλοις ἅπασιν.
ΛΑ. Ὡς ἄτοπα λέγει, ὦ Σώκρατες.
ΣΩ. Πρὸς τί τοῦτ᾽ εἶπες βλέψας, ὦ Λάχης;
ΛΑ. Πρὸς ὅτι; χωρὶς δήπου σοφία ἐστὶν ἀνδρείας.
ΣΩ. Οὔκουν φησί γε Νικίας.
ΛΑ. Οὐ μέντοι μὰ Δία· ταῦτά τοι καὶ ληρεῖ.
ΣΩ. Οὐκοῦν διδάσκωμεν αὐτὸν ἀλλὰ μὴ λοιδορῶμεν.
ΝΙ. Οὔκ, ἀλλά μοι δοκεῖ, ὦ Σώκρατες, Λάχης ἐπιθυμεῖν κἀμὲ φανῆναι μηδὲν λέγοντα, ὅτι καὶ αὐτὸς ἄρτι τοιοῦτός τις ἐφάνη.
ΛΑ. Πάνυ μὲν οὖν, ὦ Νικία, καὶ πειράσομαί γε ἀποφῆναι· οὐδὲν γὰρ λέγεις. ἐπεὶ αὐτίκα ἐν ταῖς νόσοις οὐχ οἱ ἰατροὶ τὰ δεινὰ ἐπίστανται; ἢ οἱ ἀνδρεῖοι δοκοῦσί σοι ἐπίστασθαι; ἢ τοὺς ἰατροὺς σὺ ἀνδρείους καλεῖς;
ΝΙ. Οὐδ᾽ ὁπωστιοῦν.
ΛΑ. Οὐδέ γε τοὺς γεωργοὺς οἶμαι. καίτοι τά γε ἐν τῇ γεωργίᾳ δεινὰ οὗτοι δήπου ἐπίστανται, καὶ οἱ ἄλλοι δημιουργοὶ ἅπαντες τὰ ἐν ταῖς αὑτῶν τέχναις δεινά τε καὶ θαρραλέα ἴσασιν· ἀλλ᾽ οὐδέν τι μᾶλλον οὗτοι ἀνδρεῖοί εἰσιν.

e8 ἢ W : ἢ B : ἡ T   a2 λέγει b : λέγεις BT (!) W   a4 ὅτι
Par. 1813 : τί BTW   a7 διδάσκωμεν t : διδάσκομεν BTW
b1 τις TW : om. B

拉刻斯：我肯定愿意。

苏格拉底：来吧！请你告诉他，尼基阿斯啊，按照你的说法，勇敢会是何种智慧。因为它无论如何都不会是〈关于〉吹笛术〈的智慧〉。

尼基阿斯：肯定不是。

苏格拉底：那也定然不是〈关于〉弹琴术〈的智慧〉。

尼基阿斯：当然不。

苏格拉底：那它究竟是何种知识，或者是关于何者的知识？

拉刻斯：你非常正确地询问了他，苏格拉底啊；并且你也一定要让他告诉〈我们〉，他主张〈勇敢〉是何种〈知识〉。

尼基阿斯：我肯定〈主张它是〉这种知识，拉刻斯啊，即关乎那些可怕的事情以及可以去冒险的事情[226]的知识，无论是在战斗中还是在其他所有事情中。

拉刻斯：他说得何等奇怪，苏格拉底啊。

苏格拉底：你着眼于什么而这样说呢，拉刻斯啊？

拉刻斯：着眼于什么？智慧无疑是同勇敢相分离的。

苏格拉底：尼基阿斯肯定不主张这点。

拉刻斯：他当然不，宙斯在上；真的[227]，对此他其实在胡说八道。

苏格拉底：那么，让我们教他，而不是指责他。

尼基阿斯：〈他才〉不〈愿意教我呢〉！相反，在我看来，苏格拉底啊，拉刻斯渴望我也显得在胡说八道[228]，因为他自己刚才就显得是这样一个人。

拉刻斯：完全如此，尼基阿斯啊，并且我也肯定将尝试显明这点；因为你的确在胡说八道。因为——例如[229]在各种疾病那里——，难道医生们不知道那些可怕的事情吗？或者，在你看来，那些勇敢的人知道这点？或者，你把医生们称作勇敢的？

尼基阿斯：无论如何都不会。

拉刻斯：我认为〈你也〉肯定不会〈这样说〉农民们；即使这些人无疑知道那些在耕作中可怕的事情，并且其他所有的匠人也都知道那些在他们自己的技艺中可怕的事情以及可以去冒险的事情。但是，这些人丝毫不[230]是勇敢的。

ΠΛΑΤΩΝΟΣ

ΣΩ. Τί δοκεῖ Λάχης λέγειν, ὦ Νικία; ἔοικεν μέντοι λέγειν τι.

ΝΙ. Καὶ γὰρ λέγει γέ τι, οὐ μέντοι ἀληθές γε.

ΣΩ. Πῶς δή;

ΝΙ. Ὅτι οἴεται τοὺς ἰατροὺς πλέον τι εἰδέναι περὶ τοὺς κάμνοντας ἢ τὸ ὑγιεινὸν †εἰπεῖν οἷόν τε καὶ νοσῶδες. οἱ δὲ δήπου τοσοῦτον μόνον ἴσασιν· εἰ δὲ δεινόν τῳ τοῦτό ἐστιν τὸ ὑγιαίνειν μᾶλλον ἢ τὸ κάμνειν, ἡγῇ σὺ τουτί, ὦ Λάχης, τοὺς ἰατροὺς ἐπίστασθαι; ἢ οὐ πολλοῖς οἴει ἐκ τῆς νόσου ἄμεινον εἶναι μὴ ἀναστῆναι ἢ ἀναστῆναι; τοῦτο γὰρ εἰπέ· σὺ πᾶσι φῂς ἄμεινον εἶναι ζῆν καὶ οὐ πολλοῖς κρεῖττον τεθνάναι;

ΛΑ. Οἶμαι ἔγωγε τοῦτό γε.

ΝΙ. Οἷς οὖν τεθνάναι λυσιτελεῖ, ταῦτα οἴει δεινὰ εἶναι καὶ οἷς ζῆν;

ΛΑ. Οὐκ ἔγωγε.

ΝΙ. Ἀλλὰ τοῦτο δὴ σὺ δίδως τοῖς ἰατροῖς γιγνώσκειν ἢ ἄλλῳ τινὶ δημιουργῷ πλὴν τῷ τῶν δεινῶν καὶ μὴ δεινῶν ἐπιστήμονι, ὃν ἐγὼ ἀνδρεῖον καλῶ;

ΣΩ. Κατανοεῖς, ὦ Λάχης, ὅτι λέγει;

ΛΑ. Ἔγωγε, ὅτι γε τοὺς μάντεις καλεῖ τοὺς ἀνδρείους· τίς γὰρ δὴ ἄλλος εἴσεται ὅτῳ ἄμεινον ζῆν ἢ τεθνάναι; καίτοι σύ, ὦ Νικία, πότερον ὁμολογεῖς μάντις εἶναι ἢ οὔτε μάντις οὔτε ἀνδρεῖος;

ΝΙ. Τί δέ; μάντει αὖ οἴει προσήκει τὰ δεινὰ γιγνώσκειν καὶ τὰ θαρραλέα;

ΛΑ. Ἔγωγε· τίνι γὰρ ἄλλῳ;

ΝΙ. Ὧι ἐγὼ λέγω πολὺ μᾶλλον, ὦ βέλτιστε· ἐπεὶ

---

c 8 εἰπεῖν] fort. ποιεῖν   εἰπεῖν οἷόν secl Badham   οἷόν τε] οἷόν τι ci. Stephanus   c 9 δήπου τοσοῦτον Hermann: δή τι τοσοῦτον δήπου BTW: δὴ τὸ τοσοῦτον δήπου ci. Madvig   δεινόν τῳ TW: δεινῷ τῷ B   d 3 οἶμαι BW: om. T   d 4 ταῦτὰ scr. recc.: ταῦτα BTW   d 7 τοῦτο TW: τοῦ B   d 8 καὶ μὴ δεινῶν BW: om. T   d 9 ὃν BW: οἷον T   e 5 προσήκει B: προσήκειν T: προσήκεν W

苏格拉底：你认为拉刻斯说得怎样，尼基阿斯啊？他肯定看起来说出了某种东西。

尼基阿斯：他确实说出了某种东西，然而说得根本不正确。 195c5

苏格拉底：究竟为何如此呢？

尼基阿斯：因为他认为，关于那些在患病的人，医生们除了能够说出[231]令人健康的东西和引起疾病的东西之外，还知道得更多。但他们其实只知道这么多。然而，是否对某个人来说〈有可能〉这才是更加可怕的，即处在健康状态，而不是处在患病状态，你认为，拉刻斯啊，医 195c10 生们知道这点吗？或者，你并不认为对许多人来说[232]，不从疾病中恢复比从疾病中恢复是更好的吗[233]？因为请你告诉〈我〉这点：你会主 195d1 张，对所有人来说活着都是更好的，以及对多数人来说死亡并不是更好的[234]？

拉刻斯：至少我认为是这样。

尼基阿斯：因此，对一些人来说死亡有好处[235]，对一些人来说活着有好处，你认为对两者来说可怕的东西是同样的吗？ 195d5

拉刻斯：我肯定不。

尼基阿斯：那么，你竟然会承认医生们或者其他某个匠人也认识这点吗，除了那知道那些可怕的事情和那些不可怕的事情人——我将之称作勇敢的——之外？

苏格拉底：你理解，拉刻斯啊，他所说的吗？ 195d10

拉刻斯：我肯定理解，他其实在把那些预言者称作勇敢的人。因 195e1 为，还有其他哪个人将知道对谁活着比死了更好？然而，尼基阿斯啊，你承认〈你自己〉是一个预言者呢，还是承认你既不是一个预言者，也不是一个勇敢的人？

尼基阿斯：怎么回事？你复又认为认识那些可怕的事情和可以去冒 195e5 险的事情，这是属于一个预言者的？

拉刻斯：我确实这么认为，难道属于其他某个人？

尼基阿斯：更多地[236]〈属于〉我所说的那个人，最优秀的人啊。因

ΛΑΧΗΣ

μάντιν γε τὰ σημεῖα μόνον δεῖ γιγνώσκειν τῶν ἐσομένων, εἴτε τῳ θάνατος εἴτε νόσος εἴτε ἀποβολὴ χρημάτων ἔσται, εἴτε νίκη εἴτε ἧττα ἢ πολέμου ἢ καὶ ἄλλης τινὸς ἀγωνίας· ὅτι δέ τῳ ἄμεινον τούτων ἢ παθεῖν ἢ μὴ παθεῖν, τί μᾶλλον μάντει προσήκει κρῖναι ἢ ἄλλῳ ὁτῳοῦν;

ΛΑ. Ἀλλ' ἐγὼ τούτου οὐ μανθάνω, ὦ Σώκρατες, ὅτι βούλεται λέγειν· οὔτε γὰρ μάντιν οὔτε ἰατρὸν οὔτε ἄλλον οὐδένα δηλοῖ ὅντινα λέγει τὸν ἀνδρεῖον, εἰ μὴ εἰ θεόν τινα λέγει αὐτὸν εἶναι. ἐμοὶ μὲν οὖν φαίνεται Νικίας οὐκ ἐθέλειν γενναίως ὁμολογεῖν ὅτι οὐδὲν λέγει, ἀλλὰ στρέφεται ἄνω καὶ κάτω ἐπικρυπτόμενος τὴν αὑτοῦ ἀπορίαν· καίτοι κἂν ἡμεῖς οἷοί τε ἦμεν ἄρτι ἐγώ τε καὶ σὺ τοιαῦτα στρέφεσθαι, εἰ ἐβουλόμεθα μὴ δοκεῖν ἐναντία ἡμῖν αὐτοῖς λέγειν. εἰ μὲν οὖν ἐν δικαστηρίῳ ἡμῖν οἱ λόγοι ἦσαν, εἶχεν ἄν τινα λόγον ταῦτα ποιεῖν· νῦν δὲ τί ἄν τις ἐν συνουσίᾳ τοιᾷδε μάτην κενοῖς λόγοις αὐτὸς αὑτὸν κοσμοῖ;

ΣΩ. Οὐδὲν οὐδ' ἐμοὶ δοκεῖ, ὦ Λάχης· ἀλλ' ὁρῶμεν μὴ Νικίας οἴεταί τι λέγειν καὶ οὐ λόγου ἕνεκα ταῦτα λέγει. αὐτοῦ οὖν σαφέστερον πυθώμεθα τί ποτε νοεῖ· καὶ ἐάν τι φαίνηται λέγων, συγχωρησόμεθα, εἰ δὲ μή, διδάξομεν.

ΛΑ. Σὺ τοίνυν, ὦ Σώκρατες, εἰ βούλει πυνθάνεσθαι, πυνθάνου· ἐγὼ δ' ἴσως ἱκανῶς πέπυσμαι.

ΣΩ. Ἀλλ' οὐδέν με κωλύει· κοινὴ γὰρ ἔσται ἡ πύστις ὑπὲρ ἐμοῦ τε καὶ σοῦ.

ΛΑ. Πάνυ μὲν οὖν.

ΣΩ. Λέγε δή μοι, ὦ Νικία—μᾶλλον δ' ἡμῖν· κοινούμεθα γὰρ ἐγώ τε καὶ Λάχης τὸν λόγον —τὴν ἀνδρείαν ἐπιστήμην φῂς δεινῶν τε καὶ θαρραλέων εἶναι;

ΝΙ. Ἔγωγε.

ΣΩ. Τοῦτο δὲ οὐ παντὸς δὴ εἶναι ἀνδρὸς γνῶναι, ὁπότε

---

a 4 τούτου Schanz: τοῦτο B T W: τοῦτον Bekker   a 5 μάντιν T W b: μιν B   b 6 δὲ τί T W: δέ τι B   c 1 οὐδ' ἐμοὶ T W: οὐδέ μοι B   c 2 οἴεταί T: οἴηταί W b: οἴοιταί B   οὐ T W: οὖ B

为，一个预言者肯定只需认识那些将要是着的东西之征兆，即对某个人来说，将〈要来临的〉是死亡呢，还是疾病，还是财产的丧失，是胜利呢，还是失败——或者是在战斗中，或者是在其他某种竞技中——。但是，对某个人来说，更好的是遭受这些事情呢，还是不遭受，对之做出剖判为何更多地属于一个预言者，而不属于其他任何人？

拉刻斯：而我确实没有理解这个人，苏格拉底啊，他想说什么[237]。因为，无论是就一个预言者，还是就一位医生，还是就其他某个人，他都没有将之揭示为他称之为勇敢者的那个人，除非他或许[238]在说某位神是勇敢者。所以，尼基阿斯的确对我显得不愿意高贵地承认，他在胡说，而是在来来回回地兜圈子[239]，以便掩饰他自己的走投无路。真的，其实刚才我们，我和你，也能够以如此这般的方式兜圈子，假如我们只是希望我们看起来没有在自相矛盾地说话。因此，如果我们的谈话是在某一法庭上，那么，他或许还有某种理由这么做；但现在，在这里的这样一种交往中[240]，一个人为何还要用一些空洞的言辞来徒劳地自己装扮自己呢？

苏格拉底：在我看来也没有任何理由〈这样做〉，拉刻斯啊。但让我们看看，免得尼基阿斯认为他说出了某种东西，并且不只是为了说才说这些[241]。因此，让我们更加清楚地询问他，他究竟怀有何种想法；并且如果他显得说出了某种东西，那我们就同意他，否则，就教导他。

拉刻斯：那好，你，苏格拉底啊，如果你想询问，那就请你询问吧！而我或许已经充分地询问过了。

苏格拉底：当然，没有什么会妨碍我〈这么做〉；因为询问将是共同的，既为了我，也为了你。

拉刻斯：当然。

苏格拉底：那就请你告诉我，尼基阿斯啊——毋宁是告诉我们；因为我和拉刻斯共同致力于[242]该讨论——，你主张勇敢是关于那些可怕的事情和可以去冒险的事情的知识吗？

尼基阿斯：我确实〈这么主张〉。

苏格拉底：但是，认识这点，这毕竟不是每个人的〈事情〉[243]，既

ΠΛΑΤΩΝΟΣ

γε μήτε ἰατρὸς μήτε μάντις αὐτὸ γνώσεται μηδὲ ἀνδρεῖος ἔσται, ἐὰν μὴ αὐτὴν ταύτην τὴν ἐπιστήμην προσλάβῃ· οὐχ οὕτως ἔλεγες;

ΝΙ. Οὕτω μὲν οὖν.

ΣΩ. Κατὰ τὴν παροιμίαν ἄρα τῷ ὄντι οὐκ ἂν πᾶσα ὗς γνοίη οὐδ᾽ ἂν ἀνδρεία γένοιτο.

ΝΙ. Οὔ μοι δοκεῖ.

ΣΩ. Δῆλον δή, ὦ Νικία, ὅτι οὐδὲ τὴν Κρομμυωνίαν ὗν πιστεύεις σύ γε ἀνδρείαν γεγονέναι. τοῦτο δὲ λέγω οὐ παίζων, ἀλλ᾽ ἀναγκαῖον οἶμαι τῷ ταῦτα λέγοντι μηδενὸς θηρίου ἀποδέχεσθαι ἀνδρείαν, ἢ συγχωρεῖν θηρίον τι οὕτω σοφὸν εἶναι, ὥστε ἃ ὀλίγοι ἀνθρώπων ἴσασι διὰ τὸ χαλεπὰ εἶναι γνῶναι, ταῦτα λέοντα ἢ πάρδαλιν ἤ τινα κάπρον φάναι εἰδέναι· ἀλλ᾽ ἀνάγκη ὁμοίως λέοντα καὶ ἔλαφον καὶ ταῦρον καὶ πίθηκον πρὸς ἀνδρείαν φάναι πεφυκέναι τὸν τιθέμενον ἀνδρείαν τοῦθ᾽ ὅπερ σὺ τίθεσαι.

ΛΑ. Νὴ τοὺς θεούς, καὶ εὖ γε λέγεις, ὦ Σώκρατες. καὶ ἡμῖν ὡς ἀληθῶς τοῦτο ἀπόκριναι, ὦ Νικία, πότερον σοφώτερα φῂς ἡμῶν ταῦτα εἶναι τὰ θηρία, ἃ πάντες ὁμολογοῦμεν ἀνδρεῖα εἶναι, ἢ πᾶσιν ἐναντιούμενος τολμᾷς μηδὲ ἀνδρεῖα αὐτὰ καλεῖν;

ΝΙ. Οὐ γάρ τι, ὦ Λάχης, ἔγωγε ἀνδρεῖα καλῶ οὔτε θηρία οὔτε ἄλλο οὐδὲν τὸ τὰ δεινὰ ὑπὸ ἀνοίας μὴ φοβούμενον, ἀλλ᾽ ἄφοβον καὶ μῶρον· ἢ καὶ τὰ παιδία πάντα οἴει με ἀνδρεῖα καλεῖν, ἃ δι᾽ ἄνοιαν οὐδὲν δέδοικεν; ἀλλ᾽ οἶμαι τὸ ἄφοβον καὶ τὸ ἀνδρεῖον οὐ ταὐτόν ἐστιν. ἐγὼ δὲ ἀνδρείας μὲν καὶ προμηθίας πάνυ τισὶν ὀλίγοις οἶμαι μετεῖναι, θρα-

---

e 1 κρομμυωνίαν BT: κρωμυονίαν W: Κρομυωνίαν ci. Stallbaum
e 2 σύ γε TW: εὖ γε B   a 1 καὶ εὖ] incipit papyrus Oxy.   γε om. Oxy.   a 2 πότερον] ⟨πο⟩τερα suprascr. ⟨ο⟩ν Oxy.   σοφώτερα . . . θηρία] σο⟨φωτερα ημω⟩ν ταυτα ⟨τα θηρια ειναι φ⟩ης Oxy.   a 6 ⟨ω⟩ λαχης post ἔγωγε ut videtur Oxy.   a 7 οὐδὲν om. ut videtur Oxy.   τά] τας Oxy.   ἀνοίας] ἀγνοίας Basileensis altera (lacuna in Oxy.)   a 8 καὶ μῶρον secl. Gitlbauer (sed και habet iam Oxy. in fine versus)   b 1 δι᾽ ἄνοιαν BTW: γρ. διαγνοιαν t (in Oxy. nihil praeter . . . νο . . αν)

然 [244] 无论是一个医生，还是一位预言者，都将不会认识它，甚至也都将不会是勇敢的，除非他此外还恰恰取得了这种知识。难道你不曾这样说吗？

尼基阿斯：肯定这样说过。

苏格拉底：那么，根据谚语，事实上每一头猪都不会认识它，也不会变得勇敢。

尼基阿斯：在我看来它不会。

苏格拉底：那么下面这点就是显而易见的，尼基阿斯啊，那就是，你肯定不相信克洛密翁的母猪已 [245] 经变得勇敢了。而我并不是因为开玩笑才这样说；相反，我认为，〈如你那样〉主张这点的人，对他来说下面这点就是必然的，那就是：〈他或者〉不承认任何野兽的勇敢，或者同意任何一头野兽都是如此的智慧，以至于只有少数人才知道的那种东西——由于它是难以认识的——，他宣称一头狮子或一只豹子，甚或 [246] 一头野猪知道它。而且，那如你所规定的那样来规定勇敢的人，他必然宣称一头狮子、一只鹿、一头公牛以及一只猴子，它们生来就同等地同勇敢相关 [247]。

拉刻斯：诸神在上，你的确说得很好，苏格拉底啊。而请你也真实地回答我们这点，尼基阿斯啊，那就是：你是主张这些野兽——我们所有人都同意它们是勇敢的——，比我们是更加智慧的呢，还是反对〈其他〉所有人〈的看法〉，敢于宣称它们绝不是勇敢的？

尼基阿斯：无论如何，拉刻斯啊，我都肯定既不会把那些野兽称作是勇敢的，也不会把其他任何由于缺乏理解力而不畏惧那些可怕的事情的〈生类〉称作是勇敢的，而是将之称作是不知畏惧的 [248] 和愚蠢的。或者，你竟然会认为我也把所有那些因缺乏理解力而无所害怕的孩子称作是勇敢的吗？相反，我认为不知畏惧和勇敢不是同一回事。而就勇敢和先见之明，我认为只有很少的人才分得它们；但伴随缺乏先见之明而

ΛΑΧΗΣ

σύτητος δὲ καὶ τόλμης καὶ τοῦ ἀφόβου μετὰ ἀπρομηθίας
πάνυ πολλοῖς καὶ ἀνδρῶν καὶ γυναικῶν καὶ παίδων καὶ
θηρίων. ταῦτ' οὖν ἃ σὺ καλεῖς ἀνδρεῖα καὶ οἱ πολλοί, ἐγὼ
θρασέα καλῶ, ἀνδρεῖα δὲ τὰ φρόνιμα περὶ ὧν λέγω.

ΛΑ. Θέασαι, ὦ Σώκρατες, ὡς εὖ ὅδε ἑαυτὸν δή, ὡς
οἴεται, κοσμεῖ τῷ λόγῳ· οὓς δὲ πάντες ὁμολογοῦσιν ἀν-
δρείους εἶναι, τούτους ἀποστερεῖν ἐπιχειρεῖ ταύτης τῆς τιμῆς.

ΝΙ. Οὔκουν σέ γε, ὦ Λάχης, ἀλλὰ θάρρει· φημὶ γὰρ
σε εἶναι σοφόν, καὶ Λάμαχόν γε, εἴπερ ἐστὲ ἀνδρεῖοι, καὶ
ἄλλους γε συχνοὺς Ἀθηναίων.

ΛΑ. Οὐδὲν ἐρῶ πρὸς ταῦτα, ἔχων εἰπεῖν, ἵνα μή με φῇς
ὡς ἀληθῶς Αἰξωνέα εἶναι.

ΣΩ. Μηδέ γε εἴπῃς, ὦ Λάχης· καὶ γάρ μοι δοκεῖς οὐδὲ
ᾐσθῆσθαι ὅτι ταύτην τὴν σοφίαν παρὰ Δάμωνος τοῦ ἡμετέ-
ρου ἑταίρου παρείληφεν, ὁ δὲ Δάμων τῷ Προδίκῳ πολλὰ
πλησιάζει, ὃς δὴ δοκεῖ τῶν σοφιστῶν κάλλιστα τὰ τοιαῦτα
ὀνόματα διαιρεῖν.

ΛΑ. Καὶ γὰρ πρέπει, ὦ Σώκρατες, σοφιστῇ τὰ τοι-
αῦτα μᾶλλον κομψεύεσθαι ἢ ἀνδρὶ ὃν ἡ πόλις ἀξιοῖ αὑτῆς
προεστάναι.

ΣΩ. Πρέπει μέν που, ὦ μακάριε, τῶν μεγίστων προ-
στατοῦντι μεγίστης φρονήσεως μετέχειν· δοκεῖ δέ μοι Νικίας
ἄξιος εἶναι ἐπισκέψεως, ὅποι ποτὲ βλέπων τοὔνομα τοῦτο
τίθησι τὴν ἀνδρείαν.

ΛΑ. Αὐτὸς τοίνυν σκόπει, ὦ Σώκρατες.

b 4 ἀπρομηθίας B T : ἀπρομηθείας B² Oxy. (sed ε puncto notatum in Oxy.)   c 2 ὡς εὖ ὅδε ἑαυτὸν δή] ως ε⟨υ ε⟩αυτον ⟨ο⟩ | δε Oxy.   c 3 οὓς] τους Oxy. (sed τ deletum et puncto notatum)   c 5 σε γε Oxy. : ἔγωγε B T W   c 6 λάμαχόν B T W : αμαχον Oxy. : ἄμαχόν corr. Ven. 189   c 7 γε om. Oxy.   c 9 αἰξωνέα B² T W Oxy. : ἐξωνέα B   d 1 γε] γ Oxy.   ουδε Oxy. : οὐδὲ μὴ B T W : τοῦδε μὴ ci. Keck   d 2 ὅτι] ὅτι δὴ Oxy.   d 3 παρείληφεν] παρείληφα Oxy.   πολλὰ] τὰ πολλὰ Oxy.   d 6 γὰρ om. Oxy.   d 7 ἀνδρὶ ὃν] ανδρειον Oxy. (sed ε deletum et puncto notatum)   αξ⟨ιοι η πολις⟩ ut videtur Oxy.   d 8 προεστάναι scr. Ven. 184 : ⟨προ⟩εσταν⟨αι⟩ Oxy. : προϊστάναι B T W   e 1 μέν που Stobaeus : . . . που Oxy. : μέντοι B T W

来的鲁莽、大胆和不知畏惧，很多人都分得了它们，无论是男人，还是 197b5
妇女和孩子，还是野兽。因此，你和许多人称之为是勇敢的那些行为， 197c1
我称之为是鲁莽的，而勇敢的行为是我正在谈论的那些明智的行为。

拉刻斯：你瞧！苏格拉底啊，这里的这个人，如他所以为的那样，他其实在何等漂亮地用言辞装扮他自己；而所有人都承认他们是勇敢的那些人，他却试图剥夺他们的这种尊荣[249]。

尼基阿斯：〈我〉至少没有对你〈那么做〉[250]，拉刻斯啊，所以请 197c5
放心[251]！因为，我宣称你是智慧的，拉马科斯[252]也肯定是，只要你们是勇敢的话，并且许多其他的雅典人[253]也肯定同样如此。

拉刻斯：对此我将无话可说了，尽管我还能够说，免得你说我真的是一个埃克索涅人[254]。

苏格拉底：你什么都别说了，拉刻斯啊。因为，其实在我看来你没 197d1
有注意到下面这点，那就是：他是从我们的一位朋友达蒙那里取得了这种智慧；而达蒙同普洛狄科斯有着许多的交往，〈普洛狄科斯〉这人确实看起来在那些智者中最擅长做这种事，即区分诸如此类的语词[255]。 197d5

拉刻斯：的确，苏格拉底啊，对诸如此类的东西精心构思[256]，这更适合于一位智者，而不适合这样一个人，即城邦认为适合指派他来管理它[257]。

苏格拉底：它无论如何都[258]适合于，有福的人啊，一个通过领导 197e1
各种最伟大的事情去分得最大明智的人；但在我看来，尼基阿斯是值得就下面这点儿〈来对之进行〉一种考察的，那就是，他究竟着眼于哪点来规定这个语词，即勇敢[259]。

拉刻斯：那就请你自己去考察吧，苏格拉底啊。 197e5

ΠΛΑΤΩΝΟΣ

ΣΩ. Τοῦτο μέλλω ποιεῖν, ὦ ἄριστε· μὴ μέντοι οἴου με ἀφήσειν σε τῆς κοινωνίας τοῦ λόγου, ἀλλὰ πρόσεχε τὸν νοῦν καὶ συσκόπει τὰ λεγόμενα.

ΛΑ. Ταῦτα δὴ ἔστω, εἰ δοκεῖ χρῆναι.

ΣΩ. Ἀλλὰ δοκεῖ. σὺ δέ, Νικία, λέγε ἡμῖν πάλιν ἐξ ἀρχῆς· οἶσθ' ὅτι τὴν ἀνδρείαν κατ' ἀρχὰς τοῦ λόγου ἐσκοποῦμεν ὡς μέρος ἀρετῆς σκοποῦντες;

ΝΙ. Πάνυ γε.

ΣΩ. Οὐκοῦν καὶ σὺ τοῦτο ἀπεκρίνω ὡς μόριον, ὄντων δὴ καὶ ἄλλων μερῶν, ἃ σύμπαντα ἀρετὴ κέκληται;

ΝΙ. Πῶς γὰρ οὔ;

ΣΩ. Ἆρ' οὖν ἅπερ ἐγὼ καὶ σὺ ταῦτα λέγεις; ἐγὼ δὲ καλῶ πρὸς ἀνδρείᾳ σωφροσύνην καὶ δικαιοσύνην καὶ ἄλλ' ἄττα τοιαῦτα. οὐ καὶ σύ;

ΝΙ. Πάνυ μὲν οὖν.

ΣΩ. Ἔχε δή. ταῦτα μὲν γὰρ ὁμολογοῦμεν, περὶ δὲ τῶν δεινῶν καὶ θαρραλέων σκεψώμεθα, ὅπως μὴ σὺ μὲν ἄλλ' ἄττα ἡγῇ, ἡμεῖς δὲ ἄλλα. ἃ μὲν οὖν ἡμεῖς ἡγούμεθα, φράσομέν σοι· σὺ δὲ ἂν μὴ ὁμολογῇς, διδάξεις. ἡγούμεθα δ' ἡμεῖς δεινὰ μὲν εἶναι ἃ καὶ δέος παρέχει, θαρραλέα δὲ ἃ μὴ δέος παρέχει—δέος δὲ παρέχει οὐ τὰ γεγονότα οὐδὲ τὰ παρόντα τῶν κακῶν, ἀλλὰ τὰ προσδοκώμενα· δέος γὰρ εἶναι προσδοκίαν μέλλοντος κακοῦ—ἢ οὐχ οὕτω καὶ συνδοκεῖ, ὦ Λάχης;

ΛΑ. Πάνυ γε σφόδρα, ὦ Σώκρατες.

ΣΩ. Τὰ μὲν ἡμέτερα τοίνυν, ὦ Νικία, ἀκούεις, ὅτι δεινὰ μὲν τὰ μέλλοντα κακά φαμεν εἶναι, θαρραλέα δὲ τὰ μὴ κακὰ ἢ ἀγαθὰ μέλλοντα· σὺ δὲ ταύτῃ ἢ ἄλλῃ περὶ τούτων λέγεις;

ΝΙ. Ταύτῃ ἔγωγε.

e 6 ⟨με ο⟩ιου αφ⟨ησειν⟩ Oxy.   e 9 δὴ Oxy. (coniecerat Schanz): δὲ BTW   b 4 ἡγῇ W: ἡγεῖ BT   b 7 δέος παρέχει secl. A. T. Christ   δὲ παρέχει] δὲ παρέχειν Ast   b 9 καὶ συν δοκεῖ scripsi: καὶ σὺ δοκεῖ BW: δοκεῖ καὶ σὺ T: καὶ σοὶ δοκεῖ B²: δοκεῖ καὶ σοί t: καὶ σὺ Schanz

苏格拉底：我打算做这件事，最优秀的人啊。然而，请你不要认为我将允许你不参与讨论，相反，请你集中注意力，并一起考察那些被所说出来的话。

拉刻斯：那只好照办[260]，如果看起来必须的话。

苏格拉底：当然看起来〈必须〉。而你，尼基阿斯[261]，请你再次从头告诉我们，你知道在讨论的开始我们考察勇敢，是通过将之作为德性的一个部分来考察的吗[262]？

尼基阿斯：当然。

苏格拉底：那你也是这样来回答的吗，即它〈是〉一个小部分，因为毕竟还有其他的部分是着，它们全部合在一起才被称作德性？

尼基阿斯：那还用说？

苏格拉底：那么，我〈将之称作德性之部分的〉那些东西，你也称它们〈为德性的部分〉吗？而除了勇敢之外[263]，我还称自制、正义以及其他诸如此类的〈为德性的部分〉。难道你不会吗？

尼基阿斯：当然会。

苏格拉底：现在请停一下[264]！因为，一方面，我们都同意这些；另一方面，让我们对那些可怕的事情和可以去冒险的事情进行考察，免得[265]你认为它们是一回事，而我们认为它们是另一回事。因此，我们所认为的，我们将对你做解释；而如果你不同意，那你就教导〈我们〉。而我们认为，那些引起害怕的东西是可怕的东西，而那些不引起害怕的东西则是可以去冒险的东西——但引起害怕的东西，既不是各种坏事中那些已经发生的，也不是那些正在场的，而是那些被预期到的；因为害怕是对某一将来的坏事的一种预期——，抑或你并不一同这样认为，拉刻斯啊？

拉刻斯：完完全全是这样，苏格拉底啊。

苏格拉底：那好，我们的〈看法〉，尼基阿斯啊，请你听听；我们主张，那些将来的坏事是可怕的，而那些将来的不坏的事情或者好事情[266]，则是可以去冒险的。对此你会这样说吗，还是有别的要说？

尼基阿斯：我肯定这样说。

ΛΑΧΗΣ

ΣΩ. Τούτων δέ γε τὴν ἐπιστήμην ἀνδρείαν προσαγορεύεις;

ΝΙ. Κομιδῇ γε.

ΣΩ. Ἔτι δὴ τὸ τρίτον σκεψώμεθα εἰ συνδοκεῖ σοί τε καὶ ἡμῖν.

ΝΙ. Τὸ ποῖον δὴ τοῦτο;

ΣΩ. Ἐγὼ δὴ φράσω. δοκεῖ γὰρ δὴ ἐμοί τε καὶ τῷδε, περὶ ὅσων ἐστὶν ἐπιστήμη, οὐκ ἄλλη μὲν εἶναι περὶ γεγονότος εἰδέναι ὅπῃ γέγονεν, ἄλλη δὲ περὶ γιγνομένων ὅπῃ γίγνεται, ἄλλη δὲ ὅπῃ ἂν κάλλιστα γένοιτο καὶ γενήσεται τὸ μήπω γεγονός, ἀλλ' ἡ αὐτή. οἷον περὶ τὸ ὑγιεινὸν εἰς ἅπαντας τοὺς χρόνους οὐκ ἄλλη τις ἢ ἰατρική, μία οὖσα, ἐφορᾷ καὶ γιγνόμενα καὶ γεγονότα καὶ γενησόμενα ὅπῃ γενήσεται· καὶ περὶ τὰ ἐκ τῆς γῆς αὖ φυόμενα ἡ γεωργία ὡσαύτως ἔχει· καὶ δήπου τὰ περὶ τὸν πόλεμον αὐτοὶ ἂν μαρτυρήσαιτε ὅτι ἡ στρατηγία κάλλιστα προμηθεῖται τά τε ἄλλα καὶ περὶ τὸ μέλλον ἔσεσθαι, οὐδὲ τῇ μαντικῇ οἴεται δεῖν ὑπηρετεῖν ἀλλὰ ἄρχειν, ὡς εἰδυῖα κάλλιον τὰ περὶ τὸν πόλεμον καὶ γιγνόμενα καὶ γενησόμενα· καὶ ὁ νόμος οὕτω τάττει, μὴ τὸν μάντιν τοῦ στρατηγοῦ ἄρχειν, ἀλλὰ τὸν στρατηγὸν τοῦ μάντεως. φήσομεν ταῦτα, ὦ Λάχης;

ΛΑ. Φήσομεν.

ΣΩ. Τί δέ; σὺ ἡμῖν, ὦ Νικία, σύμφῃς περὶ τῶν αὐτῶν τὴν αὐτὴν ἐπιστήμην καὶ ἐσομένων καὶ γιγνομένων καὶ γεγονότων ἐπαΐειν;

ΝΙ. Ἔγωγε· δοκεῖ γάρ μοι οὕτως, ὦ Σώκρατες.

ΣΩ. Οὐκοῦν, ὦ ἄριστε, καὶ ἡ ἀνδρεία τῶν δεινῶν ἐπιστήμη ἐστὶν καὶ θαρραλέων, ὡς φῄς· ἢ γάρ;

ΝΙ. Ναί.

d 2 γεγονότος TW: γεγονὸς B   d 4 καὶ γενήσεται secl. Schanz   d 6 ἢ BTW: ἢ ἡ corr. Coisl.   d 7 ὅπῃ γενήσεται secl. Hirschig   e 3 μαρτυρήσαιτε scr. recc.: μαρτυρήσετε BTW   e 4 ἔσεσθαι TW: ἔσεσθε B

苏格拉底：而关于这些事情的知识，你把它称作勇敢吗？

尼基阿斯：完全如此[267]。

拉刻斯：那让我们进一步考察第三点，〈看看〉是否你和我们持同样的看法。

尼基阿斯：这究竟是何种东西呢？

苏格拉底：我当然会〈向你〉解释。因为在我和这里的这个人[268]看来，关于任何东西[269]都的确有着某种知识，但不是一种知识关于那已经发生的知道它是如何已经发生，另一种知识关于那正在发生的知道它是如何正在发生的，还有一种知识关于那尚未发生的知道它最好能如何发生和将如何发生；相反，它是同一种知识。例如，关于健康，在所有的时间里，别无任何其他知识，除了医学知识[270]，虽然它是单一的，但它观察那些正在发生的东西和已经发生的东西，以及将要发生的东西将如何发生[271]。而关于那些从地里生长出来的东西，耕作的知识也复又同样如此。至于那些关乎战争的，你们自己无疑就会为下面这点作证，那就是：领兵的知识对各种其他事情，尤其是对那些将要是着的事情，最好地进行预见；它不认为[272]它应当服务于预言术[273]，而是应当统治它，因为它更好地知道那些关乎战争的事情——无论是正在发生的，还是将要发生的——。并且法律也这样进行安排，它不让预言家统治将军，而是让将军统治预言家。我们将这样主张吗，拉刻斯啊？

拉刻斯：我们将这样主张。

苏格拉底：然后呢？你，尼基阿斯啊，就下面这点你赞同我们吗，那就是：关于同样的事情，同一门知识既理解那些将是着的事情，也理解那些正在发生的事情以及已经发生的事情？

尼基阿斯：我肯定赞同；因为在我看来就是这样，苏格拉底啊。

苏格拉底：那么，最优秀的人啊，勇敢也就是关乎那些可怕的事情和可以去冒险的事情的知识，如你所说；是这样吗？

尼基阿斯：是。

ΠΛΑΤΩΝΟΣ

ΣΩ. Τὰ δὲ δεινὰ ὡμολόγηται καὶ τὰ θαρραλέα τὰ μὲν μέλλοντα ἀγαθά, τὰ δὲ μέλλοντα κακὰ εἶναι.

ΝΙ. Πάνυ γε.

ΣΩ. Ἡ δέ γ' αὐτὴ ἐπιστήμη τῶν αὐτῶν καὶ μελλόντων καὶ πάντως ἐχόντων εἶναι.

ΝΙ. Ἔστι ταῦτα.

ΣΩ. Οὐ μόνον ἄρα τῶν δεινῶν καὶ θαρραλέων ἡ ἀνδρεία ἐπιστήμη ἐστίν· οὐ γὰρ μελλόντων μόνον πέρι τῶν ἀγαθῶν τε καὶ κακῶν ἐπαΐει, ἀλλὰ καὶ γιγνομένων καὶ γεγονότων καὶ πάντως ἐχόντων, ὥσπερ αἱ ἄλλαι ἐπιστῆμαι.

ΝΙ. Ἔοικέν γε.

ΣΩ. Μέρος ἄρα ἀνδρείας ἡμῖν, ὦ Νικία, ἀπεκρίνω σχεδόν τι τρίτον· καίτοι ἡμεῖς ἠρωτῶμεν ὅλην ἀνδρείαν ὅτι εἴη. καὶ νῦν δή, ὡς ἔοικεν, κατὰ τὸν σὸν λόγον οὐ μόνον δεινῶν τε καὶ θαρραλέων ἐπιστήμη ἡ ἀνδρεία ἐστίν, ἀλλὰ σχεδόν τι ἡ περὶ πάντων ἀγαθῶν τε καὶ κακῶν καὶ πάντως ἐχόντων, ὡς νῦν αὖ ὁ σὸς λόγος, ἀνδρεία ἂν εἴη. οὕτως αὖ μετατίθεσθαι ἢ πῶς λέγεις, ὦ Νικία;

ΝΙ. Ἔμοιγε δοκεῖ, ὦ Σώκρατες.

ΣΩ. Δοκεῖ οὖν σοι, ὦ δαιμόνιε, ἀπολείπειν ἄν τι ὁ τοιοῦτος ἀρετῆς, εἴπερ εἰδείη τά τε ἀγαθὰ πάντα καὶ παντάπασιν ὡς γίγνεται καὶ γενήσεται καὶ γέγονε, καὶ τὰ κακὰ ὡσαύτως; καὶ τοῦτον οἴει ἂν σὺ ἐνδεᾶ εἶναι σωφροσύνης ἢ δικαιοσύνης τε καὶ ὁσιότητος, ᾧ γε μόνῳ προσήκει καὶ περὶ θεοὺς καὶ περὶ ἀνθρώπους ἐξευλαβεῖσθαί τε τὰ δεινὰ καὶ τὰ μή, καὶ τἀγαθὰ πορίζεσθαι, ἐπισταμένῳ ὀρθῶς προσομιλεῖν;

ΝΙ. Λέγειν τὶ ὦ Σώκρατές μοι δοκεῖς.

ΣΩ. Οὐκ ἄρα, ὦ Νικία, μόριον ἀρετῆς ἂν εἴη τὸ νῦν σοι λεγόμενον, ἀλλὰ σύμπασα ἀρετή.

---

b 3 τὰ δὲ TW: ταῦτα δὲ B   καὶ τὰ TW: καὶ revera B?
c 1 καὶ πάντως ἐχόντων secl. Stallbaum   c 4 ἀνδρείαν corr. Coisl.:
ἂν ἀνδρείαν BTW: δὴ ἀνδρείαν Schanz   d 1 ἀνδρία ἂν (sed l ex
emend.) B: ἀνδρειὰν TW   d 7 ἐνδεᾶι T   d 8 προσήκει]
προσήκοι ci. H. Richards   d 9 καὶ τὰ μή secl. Badham   e 1 καὶ
τἀγαθὰ secl. Gitlbauer

苏格拉底：而那些可怕的事情和可以去冒险的事情，已经被同意[274]，后者是那些将来的好事，而前者是那些将来的坏事。

尼基阿斯：当然。

苏格拉底：但是，同一门知识肯定是关乎同样事情的，既关乎那些将来的事情，也关乎那些处在所有〈其他〉状态下的事情[275]。

尼基阿斯：是这样。

苏格拉底：因此，勇敢就不仅仅是关乎那些可怕的事情和可以去冒险的事情的一门知识。因为，它不仅对那些将来的好事以及坏事有理解，而且理解那些正在发生的事情和已经发生的事情，以及处在所有〈其他〉状态下的事情[276]，如其他那些知识一样。

尼基阿斯：至少看起来如此。

苏格拉底：所以，尼基阿斯啊，你对我们回答了勇敢的一个部分，差不多是第三个部分；然而，我们在询问整个勇敢，〈问〉它是什么。因此，甚至现在，如看起来的那样，按照你的说法勇敢不仅仅是关乎那些可怕的事情和可以去冒险的事情的一门知识，而且勇敢差不多也会是关乎所有的好事和坏事，以及处在所有〈其他〉状态下的事情的知识，就像你的说法现在复又〈主张的〉那样。〈你说〉要再次这样进行修改吗？或者你如何说，尼基阿斯啊？

尼基阿斯：至少在我看来〈要进行修改〉，苏格拉底啊。

苏格拉底：那么在你看来，非凡的人啊[277]，如此这般的人还会在德性上欠缺某种东西吗，假如他真的已经在方方面面都知道所有的好事，〈知道〉它们正在如何产生、将要如何产生以及已经如何产生，并且关于那些坏事也同样如此？并且你会认为这个人是欠缺自制的，或者是欠缺正义和虔敬的吗——肯定唯有他适合去仔细防范在诸神那里和在世人那里的那些可怕的事情[278]，并且为自己取得[279]那些不可怕的事情和那些好的事情，通过知道如何正确地〈同诸神和世人〉交往——？

尼基阿斯：苏格拉底啊，在我看来你说得中肯。

苏格拉底：那么，尼基阿斯啊，现在被你说的那种东西，就不会是德性的一个小部分，而是整个德性。

ΛΑΧΗΣ

ΝΙ. Ἔοικεν.
ΣΩ. Καὶ μὴν ἔφαμέν γε τὴν ἀνδρείαν μόριον εἶναι ἓν τῶν τῆς ἀρετῆς.
ΝΙ. Ἔφαμεν γάρ.
ΣΩ. Τὸ δέ γε νῦν λεγόμενον οὐ φαίνεται.
ΝΙ. Οὐκ ἔοικεν.
ΣΩ. Οὐκ ἄρα ηὑρήκαμεν, ὦ Νικία, ἀνδρεία ὅτι ἔστιν.
ΝΙ. Οὐ φαινόμεθα.
ΛΑ. Καὶ μὴν ἔγωγε, ὦ φίλε Νικία, ᾤμην σε εὑρήσειν, ἐπειδὴ ἐμοῦ κατεφρόνησας Σωκράτει ἀποκριναμένου· πάνυ δὴ μεγάλην ἐλπίδα εἶχον, ὡς τῇ παρὰ τοῦ Δάμωνος σοφίᾳ αὐτὴν ἀνευρήσεις.
ΝΙ. Εὖ γε, ὦ Λάχης, ὅτι οὐδὲν οἴει σὺ ἔτι πρᾶγμα εἶναι ὅτι αὐτὸς ἄρτι ἐφάνης ἀνδρείας πέρι οὐδὲν εἰδώς, ἀλλ' εἰ καὶ ἐγὼ ἕτερος τοιοῦτος ἀναφανήσομαι, πρὸς τοῦτο βλέπεις, καὶ οὐδὲν ἔτι διοίσει, ὡς ἔοικε, σοὶ μετ' ἐμοῦ μηδὲν εἰδέναι ὧν προσήκει ἐπιστήμην ἔχειν ἀνδρὶ οἰομένῳ τὶ εἶναι. σὺ μὲν οὖν μοι δοκεῖς ὡς ἀληθῶς ἀνθρώπειον πρᾶγμα ἐργάζεσθαι οὐδὲ πρὸς σαυτὸν βλέπειν ἀλλὰ πρὸς τοὺς ἄλλους· ἐγὼ δ' οἶμαι ἐμοὶ περὶ ὧν ἐλέγομεν νῦν τε ἐπιεικῶς εἰρῆσθαι, καὶ εἴ τι αὐτῶν μὴ ἱκανῶς εἴρηται, ὕστερον ἐπανορθώσεσθαι καὶ μετὰ Δάμωνος—οὗ σύ που οἴει καταγελᾶν, καὶ ταῦτα οὐδ' ἰδὼν πώποτε τὸν Δάμωνα—καὶ μετ' ἄλλων· καὶ ἐπειδὰν βεβαιώσωμαι αὐτά, διδάξω καὶ σέ, καὶ οὐ φθονήσω· δοκεῖς γάρ μοι καὶ μάλα σφόδρα δεῖσθαι μαθεῖν.
ΛΑ. Σοφὸς γάρ τοι σὺ εἶ, ὦ Νικία. ἀλλ' ὅμως ἐγὼ Λυσιμάχῳ τῷδε καὶ Μελησίᾳ συμβουλεύω σὲ μὲν καὶ ἐμὲ περὶ τῆς παιδείας τῶν νεανίσκων χαίρειν ἐᾶν, Σωκράτη δὲ τουτονί, ὅπερ ἐξ ἀρχῆς ἔλεγον, μὴ ἀφιέναι· εἰ δὲ καὶ ἐμοὶ ἐν ἡλικίᾳ ἦσαν οἱ παῖδες, ταὐτὰ ἂν ταῦτ' ἐποίουν.

e 13 ᾤμην σε εὑρήσειν secl. Badham   a 7 σοὶ scr. recc. : σὺ BTW   b 1 ἀνθρώπειον B²TW : ἀνθρώπιον B   b 2 οὐδὲ ci. Gitlbauer : οὐδὲν BTW   σαυτὸν corr. Coisl. : αὐτὸν BT : αὑτὸν W   b 5 που οἴει] τι οἴει Schanz   c 6 ταὐτὰ TW : ταῦτα B

尼基阿斯：看起来是这样。 199e5

苏格拉底：但我们确实曾主张，勇敢是德性之诸部分中的一个小部分。

尼基阿斯：我们的确主张过。

苏格拉底：而现在说出来的，肯定显得不是这样。

尼基阿斯：看起来不是。 199e10

苏格拉底：因此，我们未曾发现，尼基阿斯啊，勇敢是什么。

尼基阿斯：我们显得没有。

拉刻斯：真的，亲爱的尼基阿斯啊，我的确以为你将会发现呢，既 200a1 然那时你曾鄙视我，当我回答苏格拉底的时候。其实我一直对下面这点满怀着很大的希望，那就是，你凭借从达蒙那里而来的智慧将找到它。

尼基阿斯：确实〈说得〉很好[280]，拉刻斯啊，因为，你不再认为下面这点是要紧的[281]，那就是你自己刚才显得关于勇敢一无所知；但 200a5 是，我是否也将显得是另外一个这样的人[282]，你盯住这点〈不放〉。其实就下面这点来说不再有任何的不同，如看起来的那样，那就是，你连同我，就那些对一个自以为自己还有那么点价值[283]人来说理应对之具有知识的事情，〈我俩都〉一无所知。因此，在我看来，你的确真正在 200b1 从事一件属人的事情，那就是从不看自己，而是盯住别人不放。而我认为，关于我们所谈论的那些东西，现在已经被我恰当地说了，并且如果其中还有什么说得不充分的，以后我再纠正我自己，既在达蒙的帮助 200b5 下[284]——你认为或许可以嘲笑此人，即使[285]你从未见过达蒙——也在其他的人的帮助下。并且一旦我确认了它们[286]，我就将教你，而不会吝惜；因为在我看来，你其实还非常需要进行学习。 200c1

拉刻斯：因为你真的是一个智慧的人[287]，尼基阿斯啊。然而，我依旧要建议这里的这位吕西马科斯和墨勒西阿斯，就年轻人的教育，一方面不用理会你和我[288]；另一方面，这位苏格拉底，就像我一开始就说 200c5 过的那样[289]，不要放他走。如果我的孩子们到了合适的年龄[290]，我也会做同样这些事情。

ΠΛΑΤΩΝΟΣ

ΝΙ. Ταῦτα μὲν κἀγὼ συγχωρῶ· ἐάνπερ ἐθέλῃ Σωκράτης τῶν μειρακίων ἐπιμελεῖσθαι, μηδένα ἄλλον ζητεῖν. ἐπεὶ κἂν
d ἐγὼ τὸν Νικήρατον τούτῳ ἥδιστα ἐπιτρέποιμι, εἰ ἐθέλοι οὗτος· ἀλλὰ γὰρ ἄλλους μοι ἑκάστοτε συνίστησιν, ὅταν τι αὐτῷ περὶ τούτου μνησθῶ, αὐτὸς δὲ οὐκ ἐθέλει. ἀλλ᾽ ὅρα, ὦ Λυσίμαχε, εἴ τι σοῦ ἂν μᾶλλον ὑπακούοι Σωκράτης.
5 ΛΥ. Δίκαιόν γέ τοι, ὦ Νικία, ἐπεὶ καὶ ἐγὼ τούτῳ πολλὰ ἂν ἐθελήσαιμι ποιεῖν, ἃ οὐκ ἂν ἄλλοις πάνυ πολλοῖς ἐθέλοιμι. πῶς οὖν φῄς, ὦ Σώκρατες; ὑπακούσῃ τι καὶ συμπροθυμήσῃ ὡς βελτίστοις γενέσθαι τοῖς μειρακίοις;
e ΣΩ. Καὶ γὰρ ἂν δεινὸν εἴη, ὦ Λυσίμαχε, τοῦτό γε, μὴ ἐθέλειν τῳ συμπροθυμεῖσθαι ὡς βελτίστῳ γενέσθαι. εἰ μὲν οὖν ἐν τοῖς διαλόγοις τοῖς ἄρτι ἐγὼ μὲν ἐφάνην εἰδώς, τώδε δὲ μὴ εἰδότε, δίκαιον ἂν ἦν ἐμὲ μάλιστα ἐπὶ τοῦτο τὸ ἔργον
5 παρακαλεῖν, νῦν δ᾽ ὁμοίως γὰρ πάντες ἐν ἀπορίᾳ ἐγενόμεθα· τί οὖν ἄν τις ἡμῶν τίνα προαιροῖτο; ἐμοὶ μὲν οὖν δὴ αὐτῷ
201 δοκεῖ οὐδένα· ἀλλ᾽ ἐπειδὴ ταῦτα οὕτως ἔχει, σκέψασθε ἄν τι δόξω συμβουλεύειν ὑμῖν. ἐγὼ γάρ φημι χρῆναι, ὦ ἄνδρες —οὐδεὶς γὰρ ἔκφορος λόγος—κοινῇ πάντας ἡμᾶς ζητεῖν μάλιστα μὲν ἡμῖν αὐτοῖς διδάσκαλον ὡς ἄριστον—δεόμεθα
5 γὰρ —ἔπειτα καὶ τοῖς μειρακίοις, μήτε χρημάτων φειδομένους μήτε ἄλλου μηδενός· ἐὰν δὲ ἡμᾶς αὐτοὺς ἔχειν ὡς νῦν ἔχομεν οὐ συμβουλεύω. εἰ δέ τις ἡμῶν καταγελάσεται, ὅτι
b τηλικοίδε ὄντες εἰς διδασκάλων ἀξιοῦμεν φοιτᾶν, τὸν Ὅμηρον δοκεῖ μοι χρῆναι προβάλλεσθαι, ὃς ἔφη οὐκ ἀγαθὴν εἶναι αἰδῶ κεχρημένῳ ἀνδρὶ παρεῖναι. καὶ ἡμεῖς οὖν ἐάσαντες χαίρειν εἴ τίς τι ἐρεῖ, κοινῇ ἡμῶν αὐτῶν καὶ τῶν
5 μειρακίων ἐπιμέλειαν ποιησώμεθα.

c 8 ἄλλον TWb : ἄλλο B   ἐπεὶ κἂν TW : ἐπειδ᾽ ἂν B   d 4 εἴ τι TW : οὔ τι B   d 7 συμπροθυμήσει BW : συμπροθυμηθήσει T   d 8 βελτίστοις TW : βέλτιστος B   e 6 τίνα BTW : τινὰ scr. recc.   προαιροῖτο TWb : προεροῖτο B   a 1 σκέψασθε W : σκέψασθαι (suprascr. ε) BT   a 3 λόγος] λόγου Heusde   a 6 ἐὰν TW : ἐὰν B   b 1 τηλικοίδε B²TW : ἡλικοίδε B   b 4 ἐρεῖ TWb : αἱρεῖ B

尼基阿斯：我当然也同意这点；只要苏格拉底愿意关心年青人，〈我就〉不会再去寻找其他人。因为我也会非常乐意地把尼刻刺托斯[291] 托付给这个人，如果这个人愿意的话。但事实上[292]，他每次都向我推荐一些其他的人，每当我就此事向他提及某种东西的时候，而他本人却并不愿意。那么，请你看看，吕西马科斯啊，是否苏格拉底会宁愿听从你[293]。

吕西马科斯：无论如何都是合理的，尼基阿斯啊，因为我也愿意为这个人做许多我根本不会愿意为其他许多人做的事情。因此，你怎么说呢，苏格拉底啊？你会有所听从吗，并热心帮助年青人们变得尽可能的优秀[294]？

苏格拉底：真的，这肯定会是一件可怕的事情，吕西马科斯啊，即不愿意热心帮助任何一个人变得尽可能的优秀。因此，如果在刚才的这些对话中我真的显得是一个知道者，而这里的这两个人[295]却显得是两个不知道者[296]，那么，特别地唤我来〈从事〉这项工作，这就是合情合理的；然而，现在我们所有人却都毕竟同样地陷入了困惑中[297]。所以，一个人为何还要首先选择我们中的某位呢？因此，在我看来，他其实不〈应选择我们中的〉任何一个。但是，既然事情是这个样子，那就请你们考虑一下，〈看看〉我是否将显得还能为你们建议点什么。因为，我说必须〈这样做〉，诸位啊——〈我们中〉任何人都不要把这话泄露出去[298]——那就是，我们所有人首先并且尤其要为我们自己共同去寻找尽可能优秀的老师——因为我们需要〈他〉——，然后[299]也为那些年青人〈寻找他〉，既不要吝惜钱财，也不要吝惜其他任何东西。而听任我们自己是我们现在所是的这个样子，我不建议这点。但如果有人嘲笑我们，〈说已经〉是如此这把年纪，我们竟然还认为值得经常前往老师们的〈家里〉[300]，那么，在我看来就必须援引荷马[301]，这个人说：对于一个处在贫困中的人来说，羞耻心并不是好的[302]。所以，我们无需理睬，如果有人说什么的话，让我们共同对我们自己以及对年青人们加以关心。

ΛΥ. Ἐμοὶ μὲν ἀρέσκει, ὦ Σώκρατες, ἃ λέγεις· καὶ ἐθέλω, ὅσῳπερ γεραίτατός εἰμι, τοσούτῳ προθυμότατα μανθάνειν μετὰ τῶν νεανίσκων. ἀλλά μοι οὑτωσὶ ποίησον· αὔριον ἕωθεν ἀφίκου οἴκαδε καὶ μὴ ἄλλως ποιήσῃς, ἵνα βουλευ- c σώμεθα περὶ αὐτῶν τούτων, τὸ δὲ νῦν εἶναι τὴν συνουσίαν διαλύσωμεν.

ΣΩ. Ἀλλὰ ποιήσω, ὦ Λυσίμαχε, ταῦτα, καὶ ἥξω παρὰ σὲ αὔριον, ἐὰν θεὸς ἐθέλῃ.

c 3 διαλύσωμεν W : διαλύσομεν B T

吕西马科斯：我确实感到满意，苏格拉底啊，对你所说的。并且我也愿意，〈在这儿〉我年龄是最大的，有多大，也就有多最热忱地同年轻人们一道进行学习[303]。但请你为我这样做：明天清晨就请你到〈我〉家里来，并且你不要拒绝[304]，以便我们就这些事情进行商量。而现在[305]，让〈我们今天的〉聚会就此结束吧。

201c1

苏格拉底：我当然会这样做的，吕西马科斯啊；并且我明天也将来你这里，如果神〈也如此〉希望的话。

201c5

注　　释

1 吕西马科斯（Λυσίμαχος, Lysimachos）是公元前 5 世纪早中期希波战争期间雅典杰出的政治家和军事家阿里斯忒得斯（Ἀριστείδης, Aristeides）的儿子。希罗多德在其《历史》（8. 79. 4-5）中曾这样称赞阿里斯忒得斯：τὸν ἐγὼ νενόμικα, πυνθανόμενος αὐτοῦ τὸν τρόπον, ἄριστον ἄνδρα γενέσθαι ἐν Ἀθήνῃσι καὶ δικαιότατον.[我已经深信，通过对他的品性的了解，他在雅典成为了一个最优秀和最正直的人。]

2 τὸν ἄνδρα μαχόμενον ἐν ὅπλοις[那个〈在表演〉全副武装地进行格斗的人]，也可以简单译为"那个〈在表演〉武装格斗的人"。ἐν ὅπλοις[全副武装]是词组，《牛津希－英词典》（*A Greek-English Lexicon*, H. G. Liddell and R. Scott, With a Revised Supplement. Charendon Press · Oxford, 1996）对之的解释是：in arms, under arms。在当时，这主要是对重装步兵的训练，基本装备是头盔、胸甲和盾牌。参见《高尔吉亚》（456d8-e1）：οὐ τούτου ἕνεκα δεῖ τοὺς παιδοτρίβας καὶ τοὺς ἐν τοῖς ὅπλοις διδάσκοντας μάχεσθαι μισεῖν τε καὶ ἐκβάλλειν ἐκ τῶν πόλεων.[不应为此就憎恶那些体育教练们和那些教授全副武装地进行格斗的人，并把他们逐出城邦。]

3 尼基阿斯（Νικίας, Nikias）是公元前 5 世纪伯罗奔尼撒战争期间雅典著名的政治家和将军，在公元前 421 年成功地促成了雅典同斯巴达的和谈。

4 拉刻斯（Λάχης, Laches）是公元前 5 世纪伯罗奔尼撒战争期间雅典的政治家和将军。

5 Μελησίας ὅδε[这里的这位墨勒西厄斯]是一个整体。墨勒西厄斯（Μελησίας, Melesias）生平不详。

ὅδε 除了是指示代词之外，还常作表地点或时间的副词使用，但与所修饰的名词同样变格。参见：

《斐德若》（257b3-5）：ἵνα καὶ ὁ ἐραστὴς ὅδε αὐτοῦ μηκέτι ἐπαμφοτερίζῃ καθάπερ νῦν, ἀλλ' ἁπλῶς πρὸς Ἔρωτα μετὰ φιλοσόφων λόγων τὸν βίον ποιῆται.［以便在这儿的他的这位爱慕者不再像现在这样踌躇于两种意见之间，而是单纯凭借热爱智慧的言语而向着爱塑造他自己的生活。］

《智者》(216a2)：τόνδε τινὰ ξένον ἄγομεν.［我们还带来了这儿的这位客人。］

《政治家》(257c4-5)：ἀλλὰ γὰρ περὶ Θεαιτήτου τοῦδε τί χρὴ δρᾶν με;［然而就这里的这位泰阿泰德，我该为他做点什么呢？］

6　副词 τότε 和 τοτέ 的意思有区别，前者指"那时""当时"，后者指"有时"。

7　παρρησιάζεσθαι 是动词 παρρησιάζομαι 的现在时不定式，παρρησιάζομαι 派生自 πᾶς［全部］和 ἐρῶ［将说］，意思是"直言不讳地说""开诚布公地讲"。

8　τῶν τοιούτων καταγελῶσι［他们嘲笑诸如此类的事情］。动词 καταγελάω［嘲笑/讥讽］，一般要求属格作宾语，所以这里后面出现的是中性复数属格 τῶν τοιούτων［诸如此类的事情］。

9　αὐτοῖς συμβουλεύσηται［咨询他们的意见］，也可以译为"同他们商量"。συμβουλεύσηται 在这里是动词 συμβουλεύω 的一次性过去时虚拟式中动态第三人称单数；συμβουλεύω 的基本意思是"劝告"，但其中动态则具有"同某人商量""向某人询问意见"等意思，并要求与格作宾语，所以这里出现的是指示代词的复数与格 αὐτοῖς［他们］。

10　στοχαζόμενοι τοῦ συμβουλευομένου［通过揣度咨询者的心思］。στοχαζόμενοι 是异态动词 στοχάζομαι 的现在时分词阳性主格复数；动词 στοχάζομαι［瞄准/以……为目标/猜测/揣度］要求属格，所以这里出现的是单数属格 τοῦ συμβουλευομένου［咨询者的心思］。《牛津希-英词典》举了柏拉图在这里的这个表达，对 στοχαζόμενοι τοῦ συμβουλευομένου 的解释是：guessing at the mind of their consultant。

11　παρὰ τὴν αὐτῶν δόξαν［同他们自己的意见相反］。介词 παρά / πάρ 跟宾格，具有"和……相反"的意思，如 παρὰ καιρόν［违反时机］，πὰρ μέλος［走调］。参见《斐德若》(262b2-3)：Οὐκοῦν τοῖς παρὰ τὰ ὄντα δοξάζουσι καὶ ἀπατωμένοις δῆλον ὡς τὸ πάθος τοῦτο δι' ὁμοιοτήτων τινῶν εἰσερρύη.［因此，对于那些形成同诸是者相违背的意见并且受到欺骗的人来说，显然这种遭受是由于一些相似性而悄悄溜进来的。］

12　这里的这位图库狄德斯（Θουκυδίδης, Thukydides）与撰写《伯罗奔尼撒战争史》的历史学家图库狄德斯（一般译为修昔底德）不是同一人，他本人后来成为了一位著名的政治家，伯利克里的政敌。

13　在当时，人们经常用祖父的名字来为孩子起名，以彰显其祖父的名声和对孩子的期盼。例如，苏格拉底有三个儿子，其二儿子名叫索佛洛尼斯科斯

（Σωφρονίσκος, Sophroniskos），而这也就是其祖父，即苏格拉底父亲的名字。

14 ἡμῖν ... δέδοκται［我们已经决心］是一个整体。δέδοκται 是动词 δοκέω 的完成时直陈式被动态第三人称单数，在这里的意思是"决定""决心"，而不是"看起来""认为"。

15 ὡς οἷόν τε μάλιστα［尽可能地］是固定搭配，也可以译为"最为可能地"。参见《斐洞》（77a3-5）：τὸ πάντα τὰ τοιαῦτ' εἶναι ὡς οἷόν τε μάλιστα, καλόν τε καὶ ἀγαθὸν καὶ τἆλλα πάντα ἃ σὺ νυνδὴ ἔλεγες·［所有这些东西，美〈本身〉、善〈本身〉以及你刚才说的其他所有的，都最为可能地是着。］

16 τούτων ... ἐπιμεληθῆναι［关心他们］。ἐπιμεληθῆναι 是动词 ἐπιμελέομαι［照料/关心］的一次性过去时不定式，该动词要求属格作宾语，所以前面出现的是复数属格 τούτων［他们/这两人］。

17 μειράκιον［小伙子/年青人］，一般指 14-21 岁的年青人。

18 ἀνεῖναι αὐτοὺς ὅτι βούλονται ποιεῖν［听任他们做他们想做的任何事情］，这句话在法国布德本希腊文中作 ἀνεῖναι αὐτοὺς ὅ τι βούλονται ποιεῖν，从布德本。

19 νῦν δή［尤其在现在］是固定表达。参见《斐洞》（107c1-5）：Ἀλλὰ τόδε γ', ἔφη, ὦ ἄνδρες, δίκαιον διανοηθῆναι, ὅτι, εἴπερ ἡ ψυχὴ ἀθάνατος, ἐπιμελείας δὴ δεῖται οὐχ ὑπὲρ τοῦ χρόνου τούτου μόνον ἐν ᾧ καλοῦμεν τὸ ζῆν, ἀλλ' ὑπὲρ τοῦ παντός, καὶ ὁ κίνδυνος νῦν δὴ καὶ δόξειεν ἂν δεινὸς εἶναι, εἴ τις αὐτῆς ἀμελήσει.［但是，苏格拉底说，诸位，无论如何都理应洞察到下面这点，那就是：假如灵魂真的是不死的，那么，它需要关心，就不仅仅是为了我们称活着于其中〈发生〉的这段时间，而且是为了所有的时间；并且如果有人不关心它，那么危险尤其在现在就会看起来是可怕的。］

20 εἴπερ τισὶν ἄλλοις［即使其他一些人也在这么做］，也可以转译为"比其他任何人都更"。

21 εἰ ἄρα πολλάκις［万一］是一个整体。πολλάκις 的通常意思是"经常""多次"，但在阿提卡方言中，它同 εἰ ἄρα 或 ἐὰν ἄρα 连用时的意思是"或许"，而 εἰ ἄρα πολλάκις 作为整体相当于拉丁文的 si forte，意思是"万一"。参见《斐洞》（60d8-e3）：Λέγε τοίνυν, ἔφη, αὐτῷ, ὦ Κέβης, τἀληθῆ, ὅτι οὐκ ἐκείνῳ βουλόμενος οὐδὲ τοῖς ποιήμασιν αὐτοῦ ἀντίτεχνος εἶναι ἐποίησα ταῦτα—ᾔδη γὰρ ὡς οὐ ῥᾴδιον εἴη—ἀλλ' ἐνυπνίων τινῶν ἀποπειρώμενος τί λέγοι, καὶ ἀφοσιούμενος εἰ ἄρα πολλάκις ταύτην τὴν μουσικήν μοι ἐπιτάττοι ποιεῖν.［苏格拉底说：刻贝斯啊，那就请你对他如实相告，即我创作这些不是想同他或他的那些诗作比技艺——因为我知道那会是不容易的——，而是为了测试〈我的〉一些梦，看它们究竟在说什么，以及洁净自己，万一它们是在命令我创作这类文艺。］

22 μὴ προσεσχήκατε τὸν νοῦν τῷ τοιούτῳ[你们还没有重视过这件事]。προσεσχήκατε 是动词 προσέχω 的完成时直陈式主动态第二人称复数。προσέχω 的基本意思是"带给""献上",同名词 νόος[思想/理智]构成词组,προσέχω τὸν νοῦν 的字面意思是"把思想转向……""把注意力集中到……",转义为"重视""专注于",要求与格作宾语,所以这里出现的是单数与格 τῷ τοιούτῳ[这件事]。
23 αὐτοῦ ἀμελεῖν[忽视它]。ἀμελεῖν 是动词 ἀμελέω[忽视/不关心]的现在时不定式;ἀμελέω 一般跟宾格,但也可以跟属格,所以这里出现的是单数属格 αὐτοῦ[它]。
24 κοινῇ 是由形容词 κοινός[共同的]的阴性与格派生而来的副词,意思是"共同地""一致地"。
25 副词 ὅθεν 的基本意思是"从何处",但也有"为何""基于何种理由"等意思。
26 这是当时的一种习惯,选择同朋友而不是同妻子一起进餐;在雅典是一种自愿的选择,而在斯巴达则为法律所要求。
27 ἔχει λέγειν[能够说]是一个整体。动词 ἔχω 跟不定式,表"能够……"。
28 ἡμέτερα αὐτῶν ἔργα[我们自己的事迹],等于 ἡμῶν αὐτῶν ἔργα。
29 ταῦτα ... ὑπαισχυνόμεθα ... τούσδε[我们在这儿的这〈两个年轻人〉面前对此感到有些羞愧]。ὑπαισχύνομαι τινά τι 是固定表达,意思是"在一个人面前对某事感到有些羞愧";《牛津希-英词典》举了柏拉图在这里的这个表达,对 ὑπαισχύνομαι τινά τι 的解释是:to be somewhat ashamed of a thing before a person。
30 καὶ τοῖσδε τοῖς νεανίσκοις αὐτὰ ταῦτα ἐνδεικνύμεθα[而我们也就把这些事情向这儿的这两个年轻人指出来]。αὐτὰ 在这里表强调,译出语气即可,而无需译为"本身""同样"等。
31 τάχ᾽ ἄν[有可能]。τάχ᾽ 即 τάχα;τάχα 是形容词 ταχύς[快的/迅速的]的副词,但 τάχ᾽ ἄν 是固定搭配,意思是"或许""大概""有可能"。
32 ἅμα μέν ... ἅμα δέ 是固定搭配,本意是"部分地……部分地",这里根据上下文将之译为"一方面……另一方面";《牛津希-英词典》对之的解释是:partly ... partly ...。

参见《斐洞》(180d6-9):καὶ ἅμα μὲν ἐγὼ ἴσως οὐδ᾽ ἂν οἷός τε εἴην, ἅμα δέ, εἰ καὶ ἠπιστάμην, ὁ βίος μοι δοκεῖ ὁ ἐμός, ὦ Σιμμία, τῷ μήκει τοῦ λόγου οὐκ ἐξαρκεῖν.[一方面我自己或许也不能〈做到〉,另一方面,即使我能够〈做到〉,但在我看来,西米阿斯啊,我〈余下〉的生命也够不上讨论的长度了。](115d5-6):παραμυθούμενος ἅμα μὲν ὑμᾶς, ἅμα δ᾽ ἐμαυτόν.[一方面劝

慰你们，另一方面劝慰我自己而已。]

33 ἤδη 在这里的意思不是"已经"，而是"此后""从现在起"。

34 ὑμέτερον μέρος[就你们来说]，也可以译为"至于你们"。μέρος 的本意是"部分""应得的一份"，而 ὑμέτερον μέρος 的意思则是"至于你们""就你们来说"。类似的表达参见《克里同》（45c9-d4）：πρὸς δὲ τούτοις καὶ τοὺς υἱεῖς τοὺς σαυτοῦ ἔμοιγε δοκεῖς προδιδόναι, οὕς σοι ἐξὸν καὶ ἐκθρέψαι καὶ ἐκπαιδεῦσαι οἰχήσῃ καταλιπών, καὶ τὸ σὸν μέρος ὅτι ἂν τύχωσι τοῦτο πράξουσιν· τεύξονται δέ, ὡς τὸ εἰκός, τοιούτων οἷάπερ εἴωθεν γίγνεσθαι ἐν ταῖς ὀρφανίαις περὶ τοὺς ὀρφανούς.[而除了这些之外，我也的确认为你背弃了你自己的儿子们，在你能够抚养和教育他们时却抛下他们一走了之，至于你，就任由他们碰巧遇到啥，就做啥；而他们将——这是有可能的——遇见在各种孤苦无依中对于孤儿们来说惯常所发生的那些事情。]

35 ἔχετε ἐπαινέσαι[你们能够推荐]。动词 ἐπαινέω 的基本意思是"称赞""赞美"，但也有"推荐""建议"等意思，等于动词 παραινέω。

36 σχεδόν τι[差不多]是词组。不定代词 τις / τι 常同形容词或副词连用，表示不那么确定，一般表弱化，也可以表加强。

37 τὰς διατριβὰς ποιούμενον[消磨时间]是一个整体。名词 διατριβή 由动词 διατρίβω 派生而来，而 διατρίβω 的词干是 τρίβω，其意思是"磨""揉"；因此，διατριβή 的原初意思就是"消磨时间"，转义为"娱乐""消遣""讨论""研究"，进而引申为专门从事哲学活动的"学校"。参见《欧悌弗戎》（2a1-3）：Τί νεώτερον, ὦ Σώκρατες, γέγονεν, ὅτι σὺ τὰς ἐν Λυκείῳ καταλιπὼν διατριβὰς ἐνθάδε νῦν διατρίβεις περὶ τὴν τοῦ βασιλέως στοάν;[嘿，苏格拉底，什么特别新奇的事情发生了，你放弃在吕克昂的溜达，此刻在这儿于国王执政官的门廊前徘徊？]

38 Σωκράτης γὰρ ὅδε τινὸς τῶν τοιούτων ἐπιμέλειαν πεποίηται;[这里的这位苏格拉底真的已经关心过诸如此类的事情中的某种吗？] ἐπιμέλειαν ποιέω 是词组，意思是"关心""热衷于""致力于"，并要求属格，所以这里出现的是单数属格 τινὸς τῶν τοιούτων[诸如此类的事情中的某种]。参见《泰阿泰德》（143d1-4）：{ΣΩ.} Εἰ μὲν τῶν ἐν Κυρήνῃ μᾶλλον ἐκηδόμην, ὦ Θεόδωρε, τὰ ἐκεῖ ἄν σε καὶ περὶ ἐκείνων ἀνηρώτων, εἴ τινες αὐτόθι περὶ γεωμετρίαν ἤ τινα ἄλλην φιλοσοφίαν εἰσὶ τῶν νέων ἐπιμέλειαν ποιούμενοι.[苏格拉底：如果我更为关心在库瑞涅的那些事，忒俄多洛斯啊，那么我就会向你询问在那里的情况，并且就那里的那些人我会问：在那儿的年轻人中，是否有一些在热衷于几何学或者其他某种哲学。]

39 οὐ χεῖρον 是固定表达，字面意思是"不少地""不差地"，转义为"同样地""也"。

40 阿伽托克勒厄斯（Ἀγάθοκλεης, Agathokles），生平不详。

41 达蒙（Δάμων, Damon），公元前 5 世纪雅典最著名的音乐家，也是伯利克里的老师。

42 关系词 ὁπόσου 在法国布德本希腊文中作 ὁπόσα，从布德本。

43 συνδιατρίβειν τηλικούτοις νεανίσκοις［同这个年纪的年轻人一同消磨时光］。συνδιατρίβειν 是动词 συνδιατρίβω［同……一起消磨时光］的现在时不定式主动态，συνδιατρίβω 要求与格，所以这里出现的是复数与格 τηλικούτοις νεανίσκοις［这个年纪的年轻人］；例如，οἱ τῷ Σωκράτει συνδιατρίβοντες 的字面意思是"那些同苏格拉底一起消磨时光的人"，转义为"苏格拉底的门徒们"。

44 οἱ ἡλίκοι ἐγώ［我和我这个年纪的人］，也可以简单译为"我这个年纪的人"。οἱ ἡλίκοι ἐγώ 等于 οἱ τηλικοῦτοι ἡλίκος ἐγώ εἰμι。

45 τὰ πολλά 是一个整体，作副词使用，意思是"通常""多半"。参见：

《斐洞》（59d6-7）：ἐπειδὴ δὲ ἀνοιχθείη, εἰσῇμεν παρὰ τὸν Σωκράτη καὶ τὰ πολλὰ διημερεύομεν μετ' αὐτοῦ.［但只要它一开门，我们就进去到苏格拉底那儿，并通常同他一起度过一整天。］

《泰阿泰德》（144a6-b1）：οἵ τε ὀξεῖς ὥσπερ οὗτος καὶ ἀγχίνοι καὶ μνήμονες ὡς τὰ πολλὰ καὶ πρὸς τὰς ὀργὰς ὀξύρροποί εἰσι, καὶ ἄττοντες φέρονται ὥσπερ τὰ ἀνερμάτιστα πλοῖα, καὶ μανικώτεροι ἢ ἀνδρειότεροι φύονται.［像这个人那样敏锐、机灵且记性好的那些人，多半是非常容易冲动的，猛冲乱窜，就像没有压舱物的船那样，他们也生来就比较放肆，而不是比较勇敢。］

46 κατ' οἰκίαν 是词组，意思是"在家里"；《牛津希-英词典》对它解释是：at home。

47 索佛洛尼斯科斯（Σωφρονίσκος, Sophroniskos）是苏格拉底的父亲，据说他是个雕刻匠。

48 τῷδε τῷ σαυτοῦ δημότῃ［你这里的这位同乡］，即吕西马科斯本人。

49 ἐτελεύτησε 是动词 τελευτάω 的一次性过去时直陈式主动态第三人称单数，τελευτάω 的本意是"完成""结束""终了"，转义为"死亡"。参见《斐洞》（57a5-6）：τί οὖν δή ἐστιν ἄττα εἶπεν ὁ ἀνὴρ πρὸ τοῦ θανάτου; καὶ πῶς ἐτελεύτα;［那么，那人在死前曾说的那些话究竟是什么？以及他是如何终了的？］

50 τῶνδε λεγόντων［就在这里的〈这两人〉讲话时］，"这里的这两人"，即前面说话的拉刻斯和尼基阿斯。

51 περιφέρει δέ τίς με καὶ μνήμη ἄρτι［我刚好想起了某件事］，这是意译，字面意思是"某种记忆刚好回到了我这里""某种记忆刚好在我〈脑海里〉打转"。

52 θαμὰ ἐπιμέμνηνται Σωκράτους［他们时常提起苏格拉底］。ἐπιμέμνηνται 是动词 ἐπιμιμνήσκομαι［提到/想起］的完成时直陈式第三人称复数；ἐπιμιμνήσκομαι 要求属格，所以这里出现的是属格 Σωκράτους［苏格拉底］。

53 ὅτι ὀρθοῖς τὸν πατέρα, ἄριστον ἀνδρῶν ὄντα.［你彰显了〈你的〉父亲，这位人中最优秀的。］也可以译为"你使得〈你的〉父亲，这位人中最优秀的，声名显著"或"你保住了你父亲的声誉，因为他是人中最优秀的"。ὀρθοῖς 是动词 ὀρθόω 的现在时直陈式主动态第二人称单数，ὀρθόω 的本意是"弄直""引向正路"，喻为"抬高""使著名"；《牛津希-英词典》举了柏拉图在这里的这一表达，对它解释是：make famous ...。

54 καὶ ἄλλως καὶ δὴ καὶ ὅτι［而且尤其因为］是一个整体。

55 καὶ μήν 是词组，意思是"真的""确实""而且"。

56 ἐν τῇ ἀπὸ Δηλίου φυγῇ［在从德里翁那里的溃退中］。德里翁（Δήλιον, Delion）不是城市名，而是太阳神阿波罗的一个神殿的名字。公元前 424 年，45 岁的苏格拉底参加了德里翁战役；在该战役中，雅典人遭受了严重的失败。参见《苏格拉底的申辩》（28e1-4）：οὓς ὑμεῖς εἵλεσθε ἄρχειν μου, καὶ ἐν Ποτειδαίᾳ καὶ ἐν Ἀμφιπόλει καὶ ἐπὶ Δηλίῳ, τότε μὲν οὗ ἐκεῖνοι ἔταττον ἔμενον ὥσπερ καὶ ἄλλος τις καὶ ἐκινδύνευον ἀποθανεῖν.［当你们选举出来统帅我的那些统帅们给我布置任务时，无论是在波底达亚和安菲珀里斯，还是在德里翁附近，我都曾如其他任何人一样冒死坚守在了那些人所安排的位置上。］

57 ὀρθὴ ἂν ἡμῶν ἡ πόλις ἦν［我们的城邦也就会一直是傲然屹立的］，也可以译为"我们的城邦也就会向来是傲然屹立的"。ἦν 是 εἰμί 的未完成过去时第三人称单数，之所以补充"一直"或"向来"一词，是基于哲学上所谓的"先天完成时"（apriorisches Perfekt）考虑，如后来亚里士多德著名的表达 τὸ τί ἦν εἶναι［是它向来所是的/是其所是］。

58 εὖ ἴσθι［你得清楚］，也可以转译为"确定的是"，字面意思是"请你好好地知道""请你看清"。ἴσθι 是动词 οἶδα［知道/看见］的完成时命令式主动态第二人称单数。参见《卡尔米德斯》（157d6-8）：Εὖ τοίνυν ἴσθι, ἔφη, ὅτι πάνυ πολὺ δοκεῖ σωφρονέστατος εἶναι τῶν νυνί, καὶ τἆλλα πάντα, εἰς ὅσον ἡλικίας ἥκει, οὐδενὸς χείρων ὤν.［那么你得弄清楚，他说，他似乎在当今的这些〈年轻人〉中是最最自制的，并且在其他所有方面，就〈其〉年龄已经抵达的那个点来说，他也不比其他任何人差。］

59 φοιτᾶν αὐτὸν παρ᾽ ἡμᾶς［经常来我们这儿］，也可以简单转译为"拜访我们"。

参见《斐洞》(59d1-2)：ἀεὶ γὰρ δὴ καὶ τὰς πρόσθεν ἡμέρας εἰώθεμεν φοιτᾶν καὶ ἐγὼ καὶ οἱ ἄλλοι παρὰ τὸν Σωκράτη.[的确，前面那些天我和其他人都已经习惯经常去苏格拉底那儿。]

60　μὴ ἄλλως ποίει[你不要拒绝]。ποίει 是动词 ποιέω 的现在时命令式主动态第二人称单数，这句话的字面意思是"请不要做别的"，但作为口语，意思是"请不要拒绝""请不要说不"。参见：

《克里同》(45a3)：ἀλλ' ἐμοὶ πείθου καὶ μὴ ἄλλως ποίει.[因此，请听我一句劝吧，并且不要拒绝！]

《斐洞》(117a3)：ἀλλ' ἴθι, ἔφη, πείθου καὶ μὴ ἄλλως ποίει.[那么去吧，他说，你要听从〈我〉并且不要拒绝！]

61　σύνισθι 是动词 σύνειμι[在一起/共处/结交]的现在时命令式第二人称单数。

62　ὅπως ἄν 是一个整体，在这里引导一个目的从句。参见《斐德若》(239b6-8)：τά τε ἄλλα μηχανᾶσθαι ὅπως ἂν ᾖ πάντα ἀγνοῶν καὶ πάντα ἀποβλέπων εἰς τὸν ἐραστήν, οἷος ὢν τῷ μὲν ἥδιστος, ἑαυτῷ δὲ βλαβερώτατος ἂν εἴη.[在其他方面那人也必然想尽办法，以便〈他所爱的人〉完全是无知的，并且完全看其爱慕者的脸色行事，由此一来，虽然他对于那人来说是最令人快乐的，但对他自己来说却将是最有害的。]

63　ὑμεῖς[你们]，即"你和这里的这两个年轻人"。

64　τὴν ἡμετέραν φιλίαν[我们的友谊]，即"吕西马科斯和苏格拉底的父亲索佛洛尼斯科斯之间的友谊"。

65　τί φατε;[你们主张什么呢？]之所以使用复数"你们"，显然是在对苏格拉底和那两位将军尼基阿斯和拉刻斯说话。

66　παρὰ τὰ ὑπὸ τούτων λεγόμενα[除了这两人所说的那些之外]，也可以完全按字面译为"除了被这两人所说的那些之外"。介词 παρά 跟宾格时，具有"除……之外"的意思。

67　τότ' ἤδη[只有到了那时]是词组，《牛津希-英词典》对它的解释是：only then, then and not before。参见《斐德若》(254e7-9)：ὥστε συμβαίνει τότ' ἤδη τὴν τοῦ ἐραστοῦ ψυχὴν τοῖς παιδικοῖς αἰδουμένην τε καὶ δεδιυῖαν ἕπεσθαι.[因此，只有到了那时才会发生下面这件事，那就是：爱慕者的灵魂满怀着敬畏和恐惧而跟在其心爱的少年的后面。]

68　διδάσκειν καὶ πείθειν[教导和说服]，这两个动词经常连用。参见《苏格拉底的申辩》(35b9-c2)：Χωρὶς δὲ τῆς δόξης, ὦ ἄνδρες, οὐδὲ δίκαιόν μοι δοκεῖ εἶναι δεῖσθαι τοῦ δικαστοῦ οὐδὲ δεόμενον ἀποφεύγειν, ἀλλὰ διδάσκειν καὶ πείθειν.[诸位啊，但除了荣誉之外，在我看来无论是恳求陪审员还是通过恳求来逃脱，

都不是正当的，而是要教导和说服他。]

69 καὶ γάρ 是词组，意思是"真的""的确"，这里基于上下文将之译为"其实"。

70 σχολὴν ἄγειν 是词组，意思是"有闲暇""享受闲暇""悠闲"；《牛津希-英词典》对它的解释是：to be at leisure, enjoy ease.

71 εὖ ἔχει [这是很好的]。动词 ἔχω 同副词连用，表"处于某种状态""是某种样子"。

72 ὅθεν καὶ τὸ σῶμα βέλτιον ἴσχειν ἀνάγκη [而他们的身体由此也必然是更棒的]。βέλτιον ἴσχειν [是更棒的] 是一个整体，ἴσχειν 是 ἴσχω 的现在时不定式，而 ἴσχω 是 ἔχω 的另一字形；βέλτιον 在这里是形容词中性作副词使用。动词 ἔχω [有] 加副词，等于 εἰμί 加相应的形容词。

73 καὶ ἅμα 是一个整体，意思是"此外"；当然也可以译为"而与此同时"。参见《苏格拉底的申辩》(38a7-b1)：τὰ δὲ ἔχει μὲν οὕτως, ὡς ἐγώ φημι, ὦ ἄνδρες, πείθειν δὲ οὐ ῥᾴδιον. καὶ ἐγὼ ἅμα οὐκ εἴθισμαι ἐμαυτὸν ἀξιοῦν κακοῦ. [但正如我所说的，事情就是这样，诸位啊，只不过要说服〈你们〉是不容易的。此外，我也不曾习惯〈认为〉自己应受任何坏事。]

74 προσήκει ἐλευθέρῳ [适合于一个自由人]。动词 προσήκω 的基本意思是"来到""接近"，但也有"关系到""适合于"等意思，并往往同表人的与格连用，所以这里出现的是单数与格 ἐλευθέρῳ [一个自由人]。

75 οὗ ... ἀγῶνος ἀθληταί ἐσμεν [就我们是其参赛者的那种竞赛来说]，也可以译为"在我们是其参赛者的那种竞赛那里"。参见《政制》(403e8-9)：ἀθληταὶ μὲν γὰρ οἱ ἄνδρες τοῦ μεγίστου ἀγῶνος. [因为这些男子肯定是最大竞赛的参赛者。]

76 ἐν οἷς ἡμῖν ὁ ἀγὼν πρόκειται [在该竞赛摆在了我们面前的各种场合那里]。动词 πρόκειμαι [被摆出来 / 置于……前面] 要求与格，所以这里出现的是人称代词的复数与格 ἡμῖν [我们]。参见《斐德若》(247b5-6)：ἔνθα δὴ πόνος τε καὶ ἀγὼν ἔσχατος ψυχῇ πρόκειται. [在那里，一种极端的艰辛和最终的竞争肯定摆在了灵魂的面前。]

77 οἱ ἐν τούτοις τοῖς [τὸν] περὶ τὸν πόλεμον ὀργάνοις γυμναζόμενοι. [他们在这些同战斗相关的装备中被训练。]希腊文方括号中的 τὸν，伯内特认为是窜入，法国布德本希腊文直接删除了它。这句话也可以译为：他们被用这些同战斗相关的装备来训练。

78 ἐν τῇ μάχῃ αὐτῇ [在实战中]，这是意译，也可以译为"在实际的厮杀中"；字面意思是"在战斗本身中""在厮杀本身中"。

79 οὔτ' ἂν [不会] 在法国布德本希腊文中作 οὐ τἂν [真的不会]，这里的翻译仍从伯内特本。

80 ταύτῃ [由此]。ταύτῃ 是副词，意思是"这样地""以这种方式""由此"。当然，也可以根据文义扩展性地译为"因这门知识"，即把 ταύτῃ 理解为 τῇ τῶν ὅπλων ἐπιστήμῃ [关于武装格斗的知识]。

81 ἐπιθυμήσειε καὶ τοῦ ἑξῆς μαθήματος τοῦ περὶ τὰς τάξεις [渴望那紧接着的关乎各种排兵布阵的学问]，ἐπιθυμήσειε 是动词 ἐπιθυμέω [渴望/欲求] 的一次性过去时祈愿式主动态第三人称单数；该动词要求属格作宾语，所以这里出现的是单数属格 τοῦ ἑξῆς μαθήματος τοῦ περὶ τὰς τάξεις [紧接着的关乎各种排兵布阵的学问]。

82 τὰ τούτων ἐχόμενα [与这些相联系的]。ἐχόμενα 在这里是动词 ἔχω [有] 的中动态分词中性复数，ἔχω 的基本意思是"有"，但其中动态的意思则是"靠近""接近""同……相联系"，并要求属格，所以这里出现的是指示代词的中性复数属格 τούτων [这些]，即前面出现的 πᾶν ἂν τὸ περὶ τὰς στρατηγίας [同各种统兵相关的每样事情]。

参见《菲勒玻斯》（55d5-8）：Ἐν δὴ ταῖς χειροτεχνικαῖς διανοηθῶμεν πρῶτα εἰ τὸ μὲν ἐπιστήμης αὐτῶν μᾶλλον ἐχόμενον, τὸ δ' ἧττον ἔνι, καὶ δεῖ τὰ μὲν ὡς καθαρώτατα νομίζειν, τὰ δ' ὡς ἀκαθαρτότερα. [那么，在各种手艺性的〈技艺〉中，让我们首先思考一下：是否它们的一个部分更多地同知识相联系，另一个部分则是较少地〈同知识相联系〉；以及是否必须把前者视为最纯粹的，而把后者视为比较不纯粹的。]

83 πολλοῦ ἄξια ἀνδρὶ μαθεῖν τε καὶ ἐπιτηδεῦσαι [对人来说非常值得学习和追求]，πολλοῦ ἄξιον [非常值得/所值甚多] 是固定搭配，往往同不定式连用，所以这里出现的是一次性过去时不定式 μαθεῖν τε καὶ ἐπιτηδεῦσαι [学习和追求]。

84 ὧν καθηγήσαιτ' ἂν τοῦτο τὸ μάθημα [这门学问都会是它们的起点]，καθηγήσαιτ' 是动词 καθηγέομαι 的一次性过去时祈愿式第三人称单数；καθηγέομαι 的基本意思是"引导""指导""制定"，但跟属格，意思则是"开始"，如 καθηγέομαι τοῦ λόγου [开始谈话]。《牛津希-英词典》举了柏拉图在本对话这里的这个表达，对 ὧν καθηγήσαιτ' ἂν τοῦτο 的解释是：of which this would be the beginning。

85 αὕτη ἡ ἐπιστήμη [正是这门知识]，αὕτη 在这里表强调，译出语气即可，而不能译为"本身"。

86 καὶ δὴ καί 是固定表达，可以译为"当然""而"。

87 τὸ ὁπλιτικὸν τοῦτο [这门使用重装武器的技艺]，形容词 ὁπλιτικός 的本意是"使用重装武器的""重甲兵的"，这里虽然是中性 ὁπλιτικόν，但如阴性

ὁπλιτική 一样，指"技艺"；《牛津希－英词典》举了柏拉图在本对话这里的这个表达，对 τὸ ὁπλιτικόν 的解释是 the art of using heavy arms, the soldier's art.

88 εἴ τι ἦν [如果它真还有那么点价值]，这是意译，字面意思是"如果它真是某种东西"。类似的表达，参见《苏格拉底的申辩》(41e1-7)：τοσόνδε μέντοι αὐτῶν δέομαι· τοὺς ὑεῖς μου, ἐπειδὰν ἡβήσωσι, τιμωρήσασθε, ὦ ἄνδρες, ταὐτὰ ταῦτα λυποῦντες ἅπερ ἐγὼ ὑμᾶς ἐλύπουν, ἐὰν ὑμῖν δοκῶσιν ἢ χρημάτων ἢ ἄλλου του πρότερον ἐπιμελεῖσθαι ἢ ἀρετῆς, καὶ ἐὰν δοκῶσί τι εἶναι μηδὲν ὄντες, ὀνειδίζετε αὐτοῖς ὥσπερ ἐγὼ ὑμῖν, ὅτι οὐκ ἐπιμελοῦνται ὧν δεῖ, καὶ οἴονταί τι εἶναι ὄντες οὐδενὸς ἄξιοι. [但我还要恳求他们〈下面〉这么多：当我的儿子们成年后，请你们报复他们，如我折磨你们那样同样地折磨他们，如果在你们看来他们关心钱财或别的任何东西胜于关心德性的话；并且如果他们看起来是某种人，但其实不是，那也请你们像我责骂你们一样责骂他们，因为他们没有关心他们应该〈关心的〉，并且还认为〈自己〉是某种人，但其实他们是什么都不配的。]

89 拉栖岱蒙人（Λακεδαιμόνιος, Lakedaimonios），即斯巴达人（Σπαρτιάτης, Spartiates）。

90 动词 μέλω [关心] 在这里作无人称动词使用，进行关心的人要求与格，所以前面出现的是复数与格 οἷς [他们]。

91 ὅτι ἂν μαθόντες καὶ ἐπιτηδεύσαντες πλεονεκτοῖεν τῶν ἄλλων περὶ τὸν πόλεμον. [他们会通过学习和致力于它而在战斗中胜过其他人。] ὅτι 在法国布德本希腊文中作 ὅ τι，从布德本。πλεονεκτοῖεν 是动词 πλεονεκτέω [胜过／占便宜] 的现在时祈愿式主动态第三人称复数；该动词跟人，要求属格，所以这里出现的是复数属格 τῶν ἄλλων [其他人]。

92 πλεῖστ᾽ ἂν ἐργάζοιτο χρήματα [会挣得最多的钱]，ἐργάζοιτο 是动词 ἐργάζομαι [劳动／劳作] 的现在时祈愿式第三人称单数，ἐργάζομαι χρήματα 是词组，本意是"靠劳动挣钱"；《牛津希－英词典》对之的解释是：earn by working.

93 ἄβατον ἱερόν [不可践踏的圣地]，也可以转译为"贞洁的圣地"。形容词 ἄβατος 的本意是"不可践踏的"，转义为"圣洁的""贞洁的"；参见《斐德若》(245a1-5)：τρίτη δὲ ἀπὸ Μουσῶν κατοκωχή τε καὶ μανία, λαβοῦσα ἁπαλὴν καὶ ἄβατον ψυχήν, ἐγείρουσα καὶ ἐκβακχεύουσα κατά τε ᾠδὰς καὶ κατὰ τὴν ἄλλην ποίησιν, μυρία τῶν παλαιῶν ἔργα κοσμοῦσα τοὺς ἐπιγιγνομένους παιδεύει. [而第三种，则是由缪斯们而来的灵感和迷狂，一旦它抓住一个柔软且贞洁的灵魂，它就会激发它，并凭借各种歌声以及用其他的诗作使之发酒神信徒的癫狂，它通过装饰古人们的无数功业来教育子孙后代。]

94 ἐν αὐτῷ τῷ ἔργῳ[在这种事情中],也可以转译为"在实际的战斗中"。
95 副词 αὐτόθεν,表地点,意思是"从当地""就地";表时间,意思则是"立即""立刻"。我这里为了兼顾两者,有意累赘地译为"立即从这里出发"。参见《菲勒玻斯》(53b8-c2): οὐ δήπου πολλῶν δεησόμεθα παραδειγμάτων τοιούτων ἐπὶ τὸν τῆς ἡδονῆς πέρι λόγον, ἀλλ' ἀρκεῖ νοεῖν ἡμῖν αὐτόθεν ὡς ἄρα καὶ σύμπασα ἡδονὴ σμικρὰ μεγάλης καὶ ὀλίγη πολλῆς, καθαρὰ λύπης, ἡδίων καὶ ἀληθεστέρα καὶ καλλίων γίγνοιτ' ἄν.[我们无疑将不需要许多这样的例子来支持〈我们〉关于快乐的说法;相反,我们从这里出发就立即足以理解这点,那就是:所有的快乐,即使它小且少,但只要它摆脱了痛苦而是纯粹的,那它其实也会变得比那大且多的快乐是更快乐的、更真的和更美的。]
96 ἔξεστι ... σκέψασθαι[能够进行考察],是一个整体。无人称动词 ἔξεστι[能够/可以]跟不定式。
97 ἐπεὶ καί 在这里是固定搭配,意思是"比如说""例如"。
98 μέγα λέγω 是词组,意思是"说大话""夸海口""吹牛"。
99 ἑτέρωθι ἐγὼ κάλλιον ἐθεασάμην[我曾在别处更美地看到过],这是一句调侃的话。
100 ἐν τῇ ἀληθείᾳ ὡς ἀληθῶς[非常真实地、真真切切地]。法国布德本认为 ἐν τῇ ἀληθείᾳ[非常真实地]是窜入,不从。这一表达可视为一种叠用修辞,类似的表达在柏拉图的许多对话中出现过。参见:

《斐洞》(78c6-8): Οὐκοῦν ἅπερ ἀεὶ κατὰ ταὐτὰ καὶ ὡσαύτως ἔχει, ταῦτα μάλιστα εἰκὸς εἶναι τὰ ἀσύνθετα, τὰ δὲ ἄλλοτ' ἄλλως καὶ μηδέποτε κατὰ ταὐτά, ταῦτα δὲ σύνθετα;[因此,那些总是保持同一和同样状态的东西,它们岂不最可能是非组合在一起的东西;而那些时而这样,时而那样,从不曾保持同一的东西,它们就是组合在一起的东西?](109e6-a1): καὶ εἰ ἡ φύσις ἱκανὴ εἴη ἀνασχέσθαι θεωροῦσα, γνῶναι ἂν ὅτι ἐκεῖνός ἐστιν ὁ ἀληθῶς οὐρανὸς καὶ τὸ ἀληθινὸν φῶς καὶ ἡ ὡς ἀληθῶς γῆ.[并且如果〈他的〉本性足以忍受住进行静观的话,那么他就会认识到那才是真正的天、真的光和真实的大地。]

《智者》(248a10-13): Καὶ σώματι μὲν ἡμᾶς γενέσει δι' αἰσθήσεως κοινωνεῖν, διὰ λογισμοῦ δὲ ψυχῇ πρὸς τὴν ὄντως οὐσίαν, ἣν ἀεὶ κατὰ ταὐτὰ ὡσαύτως ἔχειν φατέ, γένεσιν δὲ ἄλλοτε ἄλλως.[并且我们借助身体通过各种感觉同生成相结合,而借助灵魂通过计算同以是的方式是着的所是相结合;你们宣称,所是总是恒常地保持着同一,而生成则因时而异。](249b12-c1) Τὸ κατὰ ταὐτὰ καὶ ὡσαύτως καὶ περὶ τὸ αὐτὸ δοκεῖ σοι χωρὶς στάσεως γενέσθαι ποτ' ἄν;

[那〈是〉同一的、同样的以及关乎同一个东西的东西，在你看来离开了静止它曾生成出来过吗？]

《政治家》（269d5-7）：Τὸ κατὰ ταὐτὰ καὶ ὡσαύτως ἔχειν ἀεὶ καὶ ταὐτὸν εἶναι τοῖς πάντων θειοτάτοις προσήκει μόνοις, σώματος δὲ φύσις οὐ ταύτης τῆς τάξεως.[总是保持着同一和同样并且是同一的，这仅仅适合于一切中那些最神圣的，而形体的本性不属于这种等级。]

101 ἐφ' ἧ ἐπεβάτευεν [他在其上作为士兵]，ἐπεβάτευεν 是动词 ἐπιβατεύω 的未完成过去时直陈式主动态第三人称单数，ἐπιβατεύω 的本意是"登上""占据"，转义为"在船上作为乘客或士兵";《牛津希-英词典》举了柏拉图在这里的这个表达，对 ἐπιβατεύω 的解释是: to be a passenger or soldier on board ship。

102 δορυδρέπανον [镰刀矛]，类似于中国古代兵器中的戟。δορυδρέπανον 由 δόρυ [矛] 和 δρέπανον [镰刀] 合成。

103 ἐνέσχετό που ἐν τοῖς τῆς νεὼς σκεύεσιν [那个武器不知怎的被缠在了船的索具上]，ἐνέσχετο 在这里是动词 ἐνέχω 的一次性过去时直陈式中动态第三人称单数，ἐνέχω 的本意是"保持""怀有"，但其中动态则具有"被缠住""被捉住"等意思;《牛津希-英词典》举了柏拉图在这里的这个表达，对它的解释是: to be held, caught, entangled in。

104 ἀντεχόμενος τοῦ δόρατος [紧握着矛杆]，ἀντεχόμενος 在这里是动词 ἀντέχω [抓住/紧握着] 的现在时分词中动态阳性主格单数;该动词要求属格作宾语，所以这里出现的是单数属格 τοῦ δόρατος [矛杆]。

105 ἴσως μὲν οὖν εἴη ἂν τι ταῦτα [或许这还真有那么点价值]，ταῦτα [这]，虽然是复数形式，仍指代"全副武装地进行格斗"。参见前面 182e6 的注释 87。

106 δ' οὖν 被视为一个整体，意思是"至少""但无论如何""但话说回来"。参见《苏格拉底的申辩》（17a1-3）：Ὅτι μὲν ὑμεῖς, ὦ ἄνδρες Ἀθηναῖοι, πεπόνθατε ὑπὸ τῶν ἐμῶν κατηγόρων, οὐκ οἶδα· ἐγὼ δ' οὖν καὶ αὐτὸς ὑπ' αὐτῶν ὀλίγου ἐμαυτοῦ ἐπελαθόμην, οὕτω πιθανῶς ἔλεγον.[诸位雅典人啊，你们已经如何被我的控告者们所影响了，我不知道；至少我本人几乎已经被他们弄得忘记了自己是谁,〈因为〉他们说得是如此地有说服力。]

107 动词 ἐντυγχάνω [遇见] 要求与格作宾语，所以这里出现的是关系代词的复数与格 οἷς。

108 见前面 181a7。

109 ὥσπερ τοῦ ἐπιδιακρινοῦντος δοκεῖ μοι δεῖν ἡμῖν ἡ βουλή .[在我看来，我们的建议似乎还需要一个人作为仲裁者来给出裁决。]ἐπιδιακρινοῦντος 是动

词 ἐπιδιακρίνω 的将来时分词主动态阳性属格单数，ἐπιδιακρίνω 的意思是"作为仲裁者进行裁决""给出决定性的裁决"；《牛津希-英词典》举了柏拉图在这里的这个表达，对 ἐπιδιακρίνω 的解释是：decide as umpire。此外，动词不定式 δεῖν[需要]要求属格，所以这里出现的是单数属格 τοῦ ἐπιδιακρινοῦντος。

这句话在法国布德本希腊文中作：ὥσπερ ἔτι τοῦ διακρινοῦντος δοκεῖ μοι δεῖν ἡμῖν ἡ βουλή.[在我看来，我们的建议似乎还需要一个进行仲裁的人。]

110　τὴν ἐναντίαν ... ἔθετο[投出了相反的〈票〉]，之所以这么补充翻译，因为基于文义和文法，后面省略了阴性名词单数宾格 ψῆφον[票]一词。ἔθετο 是动词 τίθημι[放/确定]的一次性过去时直陈式中动态第三人称单数，而 τίθημι τὴν ψῆφον 是词组，意思是"投票"；阴性名词 ψῆφος 的本意是"小石子"，古希腊人常用它来计数或投票。

111　ποτέρῳ τοῖν ἀνδροῖν σύμψηφος εἶ[你会投票支持这两人中的哪位]，形容词 σύμψηφος 的本意是"同……一起投票"，转义为"支持"，要求与格，所以这里出现的是单数阳性与格 ποτέρῳ τοῖν ἀνδροῖν[这两人中的哪位]。此外，σύμψηφος τινί τινος 是固定表达，意思是"同某人一起投票支持某事"，"人"要求与格，"事情"要求属格。

112　该表达可参见《斐洞》(61e3-4)：τί γὰρ ἄν τις καὶ ποιοῖ ἄλλο ἐν τῷ μέχρι ἡλίου δυσμῶν χρόνῳ;[在直到太阳落山为止的这段时间里，一个人难道还能做别的什么吗？]

113　περὶ σμικροῦ ... κινδυνεύειν[拿来冒险的只是一件微不足道的事情]，是一个整体，也可以译为"拿一件微不足道的事情来冒险"。κινδυνεύειν περὶ τινός 是固定表达，意思是"拿某事冒险"，等于德语中的：etwas auf das Spiel setzen。

114　πολλὴν ... προμηθίαν ... ἔχειν[具有深谋远虑]，也可以译为"具有高度的先见"。

115　γεγονότες ἦσαν[已经成为了]是一个整体。γεγονότες 是动词 γίγνομαι 的完成时分词主动态阳性主格复数；εἰμί 的各种形式与动词的完成时分词连用，构成一种委婉或迂回的表达。参见：

《卡尔米德斯》(153d3-5)：περί τε τῶν νέων, εἴ τινες ἐν αὐτοῖς διαφέροντες ἢ σοφίᾳ ἢ κάλλει ἢ ἀμφοτέροις ἐγγεγονότες εἶεν.[关于年轻人，是否在他们中间已经出现了一些人，他们或者凭借智慧，或者由于俊美，或者在这两方面都出类拔萃。]

《政制》(492a5-7)：ἢ καὶ σὺ ἡγῇ, ὥσπερ οἱ πολλοί, διαφθειρομένους τινὰς εἶναι ὑπὸ σοφιστῶν νέους.［或者就像众人一样，你也认为一些年轻人已经被智者们给败坏了。］

《斐德若》（262d2-5）：καὶ ἔγωγε, ὦ Φαῖδρε, αἰτιῶμαι τοὺς ἐντοπίους θεούς· ἴσως δὲ καὶ οἱ τῶν Μουσῶν προφῆται οἱ ὑπὲρ κεφαλῆς ᾠδοὶ ἐπιπεπνευκότες ἂν ἡμῖν εἶεν τοῦτο τὸ γέρας.［至于我，斐德若啊，我肯定会将之归因于本地的一些神；但也许还有缪斯们的一些代言人——即头顶上的那些歌唱者——，它们或许已经把这奖品吹拂给了我们。］

《政治家》（257a6-8）：οὕτω τοῦτο, ὦ φίλε Θεόδωρε, φήσομεν ἀκηκοότες εἶναι τοῦ περὶ λογισμοὺς καὶ τὰ γεωμετρικὰ κρατίστου;［那么，亲爱的忒俄多洛斯，我们会说我们已经如此这般地从在各种计算方面和在几何学的各种事情方面最卓越的人那儿听说了这点吗？］

《菲勒玻斯》（66c9-10）：ἀτὰρ κινδυνεύει καὶ ὁ ἡμέτερος λόγος ἐν ἕκτῃ καταπεπαυμένος εἶναι κρίσει.［然而，这点也是有可能的，即我们的谈话已经结束在了第六个剖判那里。］

116 希腊文方括号中的关系代词 οὗ，伯内特认为是窜入，法国布德本希腊文直接将之删除。

117 希腊文方括号中的 καὶ σκεπτόμεθα［和考察］，伯内特认为是窜入，法国布德本希腊文保留了它们；从布德本。

118 ἑνὶ λόγῳ［一言以蔽之］是词组，也可以译为"简而言之""一句话"。

119 εἰς ἐκείνου θεραπείαν, οὗ ἕνεκα σκοπούμενοι σκοποῦμεν［就对我们为之才进行考察——当我们进行考察时——的那种东西的照护来说］，这句话在法国布德本希腊文中作：εἰς ἐκείνου θεραπείαν, οὗ ἕνεκα σκοποῦμεν ὃ σκοποῦμεν. 如果按布德本翻译，那么这句话就当译为"就对那种东西——我们为了它才考察我们所考察的——的照护来说"；不从。

120 τοῦτο 虽然是中性，但按照希腊语文法，仍指代前面的 ψυχή［灵魂］。

121 καὶ ὅτῳ διδάσκαλοι ἀγαθοὶ γεγόνασιν［以及一些优秀者已经对谁成为过老师］，这句话也可以简单转译为"以及〈我们中的〉谁曾有过一些优秀的老师"。

122 καὶ οἷός τε καλῶς τοῦτο θεραπεῦσαι, καὶ ὅτῳ διδάσκαλοι ἀγαθοὶ γεγόνασιν, τοῦτο σκεπτέον.［并且也能够很好地照护它，以及一些优秀者已经对〈我们中的〉谁成为过老师，这才是必须被考察的。］整个这句话在法国布德本希腊文中作：καὶ οἷός τε καλῶς τοῦτο θεραπεῦσαι, καὶ ὅτῳ διδάσκαλοι ἀγαθοὶ γεγόνασιν τούτου, σκεπτέον. 如果按布德本翻译，那么这句话就当译为：并且也能够很好地照护它，以及一些优秀者已经对〈我们中的〉谁成为过灵魂之照护的老师，必须被考察。也即是说，τοῦτο 指代 ψυχή［灵魂］，τούτου 指代

ψυχῆς θεραπείαν [灵魂的照护]。

123　καὶ ἓν καὶ πλείω. [一件，甚至是多件。] 当然也可以译为：不只是一件，而且是多件。类似的表达参见《斐洞》(63e1-2)：εἰ δὲ μή, ἐνίοτε ἀναγκάζεσθαι καὶ δὶς καὶ τρὶς πίνειν τούς τι τοιοῦτον ποιοῦντας. [否则，那些做了这类事情的人有时就被迫喝两次、甚至三次药。]

124　ὅτι ἀρίστας [尽可能的优秀]。ὅτι 加形容词或副词的最高级，用来加强语气，表"尽可能……"。

125　διδασκάλους οἵτινες [ἡμῶν γεγόνασιν]. [我们中究竟哪些人已经成为了老师]。希腊文方括号中的 ἡμῶν γεγόνασιν [我们中……已经成为了]，伯内特认为是窜入，但法国布德本希腊文保留了它们，从布德本。

126　αὐτοὶ πρῶτον ἀγαθοὶ ὄντες [首先，因为他们自己是优秀的]，法国布德本希腊文作 <οἳ> αὐτοὶ πρῶτον ἀγαθοὶ ὄντες，从布德本。

127　ἀλλ' οὖν 是固定表达，意思是是"无论如何"。

128　μηδὲν ἡμῖν τούτων ὑπάρχει [〈以上〉这些中没有任何一样发生在我们这里]，也可以转译为"我们不能够做到〈以上〉这些中的任何一样"，即要么展示老师，要么展示作品。

129　ὑπὸ τῶν οἰκειοτάτων [从〈我们〉最亲密的朋友那里]，形容词 οἰκεῖος 的本意是"家中的""家庭的"，这里根据文义将之译为"亲近的"。参见《斐洞》(189d8-e2)：καὶ ὅταν τοῦτο πολλάκις πάθῃ τις καὶ ὑπὸ τούτων μάλιστα οὓς ἂν ἡγήσαιτο οἰκειοτάτους τε καὶ ἑταιροτάτους, τελευτῶν δὴ θαμὰ προσκρούων μισεῖ τε πάντας καὶ ἡγεῖται οὐδενὸς οὐδὲν ὑγιὲς εἶναι τὸ παράπαν. [并且一旦有人多次经历这点，尤其从那些他曾视为最亲近的人和最要好的朋友那儿经历这点，那么，他肯定最终就会因经常受到打击而憎恶所有的人，并认为完全没有一个人是有益的。]

130　τὴν μεγίστην αἰτίαν ἔχειν [招致最严厉的责备]。αἰτίαν ἔχειν 是词组，意思是"招致责备""对……负有责任"；《牛津希-英词典》对它的解释是：bear responsibility for。

131　这里的内容，可对观《苏格拉底的申辩》(31b5-c3)：καὶ εἰ μέν τι ἀπὸ τούτων ἀπέλαυον καὶ μισθὸν λαμβάνων ταῦτα παρεκελευόμην, εἶχον ἄν τινα λόγον· νῦν δὲ ὁρᾶτε δὴ καὶ αὐτοὶ ὅτι οἱ κατήγοροι τἆλλα πάντα ἀναισχύντως οὕτω κατηγοροῦντες τοῦτό γε οὐχ οἷοί τε ἐγένοντο ἀπαναισχυντῆσαι παρασχόμενοι μάρτυρα, ὡς ἐγώ ποτέ τινα ἢ ἐπραξάμην μισθὸν ἢ ᾔτησα. ἱκανὸν γάρ, οἶμαι, ἐγὼ παρέχομαι τὸν μάρτυρα ὡς ἀληθῆ λέγω, τὴν πενίαν. [并且如果我从这些中曾得到了什么好处以及为了获取酬金才劝告了这些，那么我还有某种理由。但

现在请你们自己看看，当这些控告者如此无耻地控告〈我〉所有其他那些事情时，他们却不能够同样厚颜无耻地就下面这点举出证人来，〈说〉我曾从任何人那儿为自己强求或者索取过酬金。但我却认为我能够提供出我在说真话的见证来，那就是〈我的〉贫穷。]

132 ἀπεφαίνοντο 在这里是动词 ἀποφαίνω 的未完成过去时直陈式中动态第三人称复数，ἀποφαίνω 的基本意思是"显示""展示"，但其中动态则具有"发表意见"等意思；《牛津希–英词典》对它的这一用法的解释是：give an opinion。

133 τὰ ἄλλα，做副词使用，意思是"在其他方面"。

134 见前面 181a7 以下。

135 σὺ δ', ὦ Λάχης καὶ Νικία.[另一方面，你，拉刻斯啊，以及你，尼基阿斯啊。] 当然，也可以简单转译为：另一方面，你们，拉刻斯和尼基阿斯啊。

136 περὶ τῆς τῶν νέων τροφῆς[在对年轻人的教育方面]，τροφή 除了具有"抚养"的意思之外，还有"教育""生活方式"等意思。

137 δεινοτάτῳ 是形容词 δεινός 的最高级阳性与格单数，δεινός 既具有"可怕的""可怖的"意思，也有"聪明的""高明的""强有力的"等意思，这儿根据上下文将之意译为"擅长的"，当然也可以译为"最厉害的"。

138 συγγεγόνατον 是动词 συγγίγνομαι 的完成时直陈式主动态第二人称双数。συγγίγνομαι 的字面意思是"和……一起产生"，泛指"和……在一起""和……交往"，进而喻为"熟悉……""精通……"，并要求与格。参见《泰阿泰德》(142c5–8)：δοκεῖ γάρ μοι ὀλίγον πρὸ τοῦ θανάτου ἐντυχεῖν αὐτῷ μειρακίῳ ὄντι, καὶ συγγενόμενός τε καὶ διαλεχθεὶς πάνυ ἀγασθῆναι αὐτοῦ τὴν φύσιν.[我认为在他死前不久，他遇见了还是个年青人的泰阿泰德，并且在与之相处和交谈之后，高度赞扬了他的天赋。]

139 αὐτοῖς[与他们]，即"与你俩各自的老师"。

140 μὴ οὐκ ἐν τῷ Καρὶ ὑμῖν ὁ κίνδυνος κινδυνεύηται[拿来冒险的不是卡里亚人] 是一个整体，单就这句话，也可以译为"不是在拿卡里亚人去冒险"。卡里亚人（Κάρ）常当雇佣兵，因而被人瞧不起，从而被视为"无价值的人""性命不值钱的人"。

141 希腊语的 ἀτεχνῶς 和 ἀτέχνως 是两个不同的副词，仅仅重音不同。前者来自形容词 ἀτεχνής，后者来自形容词 ἄτεχνος。尽管 ἀτεχνής 和 ἄτεχνος 是同义词，都是由 τέχνη[技艺]加上褫夺性的前缀 ἀ- 构成，但由前者派生出来的副词 ἀτεχνῶς 的意思是"完全地""直截了当地"，由后者派生出来的副词 ἀτέχνως 的意思是"粗糙地""笨拙地""无技艺地"。

142 τὸ λεγόμενον κατὰ τὴν παροιμίαν [正如谚语所说的那样] 是一个整体。参见《智者》(261b6-c1): τί γὰρ ὅ γ᾽ ἀθυμῶν ἐν τούτοις δράσειεν ἂν ἐν ἄλλοις, ἢ μηδὲν ἐν ἐκείνοις ἀνύτων ἢ καὶ πάλιν εἰς τοὔπισθεν ἀπωσθείς; σχολῇ που, τὸ κατὰ τὴν παροιμίαν λεγόμενον, ὅ γε τοιοῦτος ἄν ποτε ἕλοι πόλιν.[因为，一个在这些事情上就气馁的人，在别的事情上又还会做出什么来呢，要么在那些〈别的〉事情上一无所成，要么甚至打退堂鼓重新回去？正如谚语所说的那样，这样一种人肯定从未在任何时候拔取城池过。]

143 ἐν πίθῳ ἡ κεραμεία γιγνομένη. [还没有学会走，就尝试跑。] 这是当时的一句谚语，字面意思是"陶艺出现在大酒瓮那里"，即大酒瓮是很大的陶器，而一个人应当首先在一些小的陶器那里学习陶艺；《牛津希-英词典》举了柏拉图在这里的这个表达，对之的解释是: trying to run before you can walk.

144 αὐτοὺς ... χρὴ γιγνώσκειν [你们必须为你们自己做出决定] 是一个整体和客气的表达。动词 γιγνώσκω 除了具有"认识"这一基本意思之外，也有"决定""判断"等意思。

145 见前面 179c 以下。

146 形容词 ὀλίγος 本意是"少""小"的意思，其属格 ὀλίγου 单独使用，表"几乎""差不多""差一点"；但之所以使用属格，是省掉了无人称动词 δεῖν，其完整表达是 ὀλίγου δεῖ [差一点点 / 差得不多 / 几乎]。

147 εἰ ὑμῖν μή τι διαφέρει [如果你们不反对的话] 是短语，《牛津希-英词典》举了柏拉图在这里的这个表达，对它的解释是: if you see no objection.

148 διδόντες τε καὶ δεχόμενοι λόγον παρ᾽ ἀλλήλων [通过互相给出以及接受〈彼此的〉理据]，也可以简单转译为"通过互相交换意见"或"通过互相交换看法"。

149 ἀλλ᾽ ἤ 是固定表达，意思是"除了……"。

150 τί μάλιστα [究竟为什么呢？] 是固定表达，也可以译为"究竟怎么回事呢？"《牛津希-英词典》对它的解释是: what precisely? 等于德语的 warum eigentlich? 或 wie so denn?

151 希腊文方括号中的 λόγῳ ὥσπερ γένει [通过谈话，就像通过同族的人]，伯内特认为是窜入，但法国布德本希腊文保留了他，不从。

152 对观《菲勒玻斯》(19a3-5): Οὐκ εἰς φαῦλόν γε ἐρώτημα, ὦ Φίληβε, οὐκ οἶδ᾽ ὅντινα τρόπον κύκλῳ πως περιαγαγὼν ἡμᾶς ἐμβέβληκε Σωκράτης.[这可不是一个微不足道的问题，菲勒玻斯啊，我不知道，苏格拉底为何总以这样那样的方式领着我们绕圈子而把我们扔入其中。]

153 希腊文尖括号中的语气词 ἄν，是编辑校勘者根据文义补充的，法国布德本希腊文同样如此。

154 τῷδε[这里的这个人]，即苏格拉底。

155 对观《苏格拉底的申辩》(29d2-5)：Ἐγὼ ὑμᾶς, ὦ ἄνδρες Ἀθηναῖοι, ἀσπάζομαι μὲν καὶ φιλῶ, πείσομαι δὲ μᾶλλον τῷ θεῷ ἢ ὑμῖν, καὶ ἕωσπερ ἂν ἐμπνέω καὶ οἷός τε ὦ, οὐ μὴ παύσωμαι φιλοσοφῶν.[诸位雅典人啊，我虽然尊敬和热爱你们，但我得更听从神而不是你们；并且只要我还一息尚存和还可能的话，我就不会停止热爱智慧。]

156 μὴ οἰόμενον αὐτῷ τὸ γῆρας νοῦν ἔχον προσιέναι. 这句话在法国布德本希腊文中作：μὴ οἰόμενον αὐτὸ τὸ γῆρας νοῦν ἔχον προσιέναι. 这里的翻译从布德本，如果按伯内特本翻译，则当译为"不会以为年龄就将给他带来有头脑"。νοῦν ἔχειν 是固定表达，意思是"有头脑""清醒"。

157 τὸ ἐμόν[就我这方来说]，也可以译为"就我的情况来说""就涉及我的事情来说"。τὸ ἐμόν 是固定表达，也使用复数 τὰ ἐμά；《牛津希-英词典》对之的解释是：my part, my affairs, as far as concerns me；也相当于德文的 meinesteils。参见：

《卡尔米德斯》(175d5-6)：τὸ μὲν οὖν ἐμὸν καὶ ἧττον ἀγανακτῶ.[因此，就我的情况来说，我其实并不感到多少懊恼。]

《智者》(237b4-6)：Τὸ μὲν ἐμὸν ὅπῃ βούλει τίθεσο, τὸν δὲ λόγον ᾗ βέλτιστα διέξεισι σκοπῶν αὐτός τε ἴθι κἀμὲ κατὰ ταύτην τὴν ὁδὸν ἄγε.[就涉及我的事情来说，你愿意怎样，也就请就怎样对待；但就言说来说，它最好向着那儿行进，请你仔细看看后自己再上路，并且请你沿着该道路引领我。]

158 ὅπως ἔχει[是怎么个态度]是固定表达。ἔχω[有]加副词，表"处于某种状态""是某种样子"；如 ὅπως ἔχω[我就是这个样子]。

159 基于文义，把第一个 ἁπλοῦν 译为"直截了当的"，把第二个 ἁπλοῦν 译为"简单的"。

160 φιλόλογος[一个热爱讨论的人]，也可以译为"一个热爱言辞的人"。参见：

《泰阿泰德》(161a7-b1)：Φιλόλογός γ' εἶ ἀτεχνῶς καὶ χρηστός, ὦ Θεόδωρε, ὅτι με οἴει λόγων τινὰ εἶναι θύλακον καὶ ῥᾳδίως ἐξελόντα ἐρεῖν ὡς οὐκ αὖ ἔχει οὕτω ταῦτα.[你完完全全就是一个热爱讨论的人，忒俄多洛斯啊，并且你够好了，认为我就是某一〈装满〉各种说法的口袋，很容易就取出〈一个说法〉而宣布，这些事情复又不是这样。]

《斐德若》(236e4-5)：Βαβαῖ, ὦ μιαρέ, ὡς εὖ ἀνηῦρες τὴν ἀνάγκην ἀνδρὶ φιλολόγῳ ποιεῖν ὃ ἂν κελεύῃς.[哎呀，你这坏蛋！你何等好地找到了一种强迫之道，用它来迫使一个热爱言辞的人做你所吩咐的事情。]

161 μισόλογος［一个憎恶讨论的人］，也可以译为"一个憎恶言辞的人"。参见《斐洞》(89d1-3)：Μὴ γενώμεθα, ἦ δ' ὅς, μισόλογοι, ὥσπερ οἱ μισάνθρωποι γιγνόμενοι· ὡς οὐκ ἔστιν, ἔφη, ὅτι ἄν τις μεῖζον τούτου κακὸν πάθοι ἢ λόγους μισήσας.［我们不应成为憎恶讨论的人，他说，就像一些人成为憎恶人类的人一样。因为一个人不可能比这，他说，即比憎恶讨论，遭受更大的恶了。］

162 τῷ ὄντι［事实上/真正地/确实地］是固定表达，等于ὄντως或ὡς ἀληθῶς；该词是由εἰμί / εἶναι的分词变来的副词，字面意思是"以是的方式是着的""在是的方式上是着的"。

163 τῷ ὄντι [ζῆν ἡρμοσμένος οὗ] αὐτὸς αὑτοῦ τὸν βίον σύμφωνον τοῖς λόγοις πρὸς τὰ ἔργα［事实上他本人通过言行一致而把他自己的生命调配得和谐，希腊文方括号中的ζῆν ἡρμοσμένος οὗ［活着，通过调配……］，伯内特认为是窜入，而法国布德本保留了ζῆν［活着］一词，不从。σύμφωνον τοῖς λόγοις πρὸς τὰ ἔργα［通过言行一致］是一个整体，字面意思是"通过言辞与行为发出同样的声音"。

164 多立斯人（Δωρίς）是古代希腊的一个主要部族，大部分生活在伯罗奔尼撒半岛、克里特岛等处，定居在伯罗奔尼撒半岛的多立斯人创建了著名的斯巴达城邦。伊奥尼亚人（Ἰωνικός）也是古代希腊的一个主要部族，主要生活在东部希腊，含小亚细亚西部的一些地方。弗里基亚人（Φρύξ）和吕底亚人（Λυδός）主要生活在小亚细亚中西部和西部，这两个民族在当时都曾被视为"野蛮民族"。

柏拉图在《政制》（398-399）中曾讨论过各种音乐调式，如吕底亚调（λυδιστί）、伊奥尼亚调（ἰαστί）、多立斯调（δωριστί）等，而每种音乐调式则相应于某种情绪或道德感受。吕底亚调和伊奥尼亚调属于"软绵绵型的"（χαλαραί），表现了柔弱、懒散、委屈悲伤等情绪，这对城邦对卫士来说最不适宜。而多立斯调则属于"阳刚型的"（ἀνδρεῖος），表现了激昂、男子般的气概等，这对于战士和城邦来说是最值得珍爱的。

165 ὁ τἀναντία τούτου πράττων［那做与此相反的事情的人］，也可以译为"以同这个人相反的方式行事的人"。

166 ὅσῳ ἂν δοκῇ ἄμεινον λέγειν［他看起来越是说得天花乱坠］，字面意思是"他看起来越是说得好"。

167 名词παρρησία的基本意思是"言论自由""直言不讳""开诚布公"；但有时也作贬义理解，指"语言的放肆"。参见《斐德若》（240e5-7）：εἰς δὲ μέθην ἰόντος πρὸς τῷ μὴ ἀνεκτῷ ἐπαισχεῖς, παρρησίᾳ κατακορεῖ καὶ ἀναπεπταμένῃ χρωμένου.［而当他变得酩酊大醉后，除了不可忍受之外还会

感到羞耻，由于那人放纵他的舌头，肆无忌惮和厚颜无耻地胡言乱语。]

168 τοῦτο [这点]，指代前面的 λόγων καλῶν καὶ πάσης παρρησίας [那些漂亮的言辞和完全开诚布公〈地进行讨论〉]。

169 ἀλλὰ καὶ ἐγὼ τῷ Σόλωνι, ἓν μόνον προσλαβών, συγχωρῶ· γηράσκων γὰρ πολλὰ διδάσκεσθαι ἐθέλω ὑπὸ χρηστῶν μόνον. [而我虽然也赞同梭伦所说的，只不过还要加上一点，那就是：随着我〈慢慢〉变老，我希望学习许多的东西，但只从那些有益的人那里。] διδάσκεσθαι 是动词 διδάσκω 的现在时不定式被动态，διδάσκω 的本意是"教"，其被动态指"被教"，转义为"学习"。因此，这句话也可以译为：随着我〈慢慢〉变老，我希望被教许多的东西，但只被那些有益的人教。ἓν μόνον προσλαβών [只不过还要加上一点]，即 ὑπὸ χρηστῶν μόνον [只从那些有益的人那里]。

170 ἐν δόξῃ ὤν [是有名望的] 是一个整体，等于 ἔνδοξος ὤν。

171 ἐπαγγέλλομαι 是动词 ἐπαγγέλλω 的现在时直陈式中动态第一人称单数，ἐπαγγέλλω 的基本意思是"宣告""公布"，其中动态则具有"声称""承诺"等意思，这里基于文义将之译为"公开恳求"。

172 οὕτω σὺ παρ' ἐμοὶ διάκεισαι [我对你抱有如此的态度]，字面意思是"你在我面前被置于如此的境况"。διάκειμαι 的基本意思是"被置于某种境况""被安置在……"，转义为"抱某种态度"，如 διάκειμαι φιλικῶς τινι [对某人抱有友好的态度]。

173 见前面 181b1 以下。

174 ἥν 虽然是关系代词的阴性宾格单数，但这里作副词使用，意思是"就像""正如"。

175 λέγ' οὖν ὅτι σοι φίλον. [因此，你喜欢什么，就请你说什么。] 类似的表达，可参见《斐德若》（246d2-3）：ἀλλὰ ταῦτα μὲν δή, ὅπῃ τῷ θεῷ φίλον, ταύτῃ ἐχέτω τε καὶ λεγέσθω. [然而，神怎么喜欢，就让这些是怎么个样子和怎么个被说吧。]

176 ὑπόλογον ποιούμενος [考虑] 是固定搭配。形容词 ὑπόλογος 的本意是"计算在内的""负有责任的"，与动词 ποιέω 连用，等于动词 ὑπολογίζομαι [考虑 / 计算]；《牛津希-英词典》举了柏拉图在这里的这个表达，对它的解释是：reckoned to one's account。

177 τὰ ὑμέτερα [你们俩]，在这里等于 ὑμᾶς。

178 παρὰ τῶνδε [从这里的这两个人那里]，即从尼基阿斯和拉刻斯这两人那里。

179 πρὸς ὑμᾶς αὐτούς [互相]，等于 πρὸς ἀλλήλους。

180 τοῦτο ὅτι ἂν καὶ ὑμῖν δοκῇ [你们有可能决定的任何事情]，当然也可以通过补充转译为"在你们看来可能是正确的任何事情"。

181 ἴσως μὲν οὐ κακῶς εἶχεν ἐξετάζειν καὶ τὰ τοιαῦτα ἡμᾶς αὐτούς.[即使就诸如此类的事情仔细检查我们自己，或许这根本就不是一件坏事。] 也可以译为：即使在我们自己这里仔细检查诸如此类的事情，或许这根本就不是一件坏事。这句话中的动词 εἶχεν, 法国布德本希腊文作 ἔχεν, 从文法上看，前者为未完成过去时第三人称单数，后者为现在时第三人称单数；从布德本。

182 μᾶλλον ἐξ ἀρχῆς[更加从本源处出发], 这一表达, 可对观亚里士多德《形而上学》第一卷第3章（983a24-27）：Ἐπεὶ δὲ φανερὸν ὅτι τῶν ἐξ ἀρχῆς αἰτίων δεῖ λαβεῖν ἐπιστήμην (τότε γὰρ εἰδέναι φαμὲν ἕκαστον, ὅταν τὴν πρώτην αἰτίαν οἰώμεθα γνωρίζειν), τὰ δ' αἴτια λέγεται τετραχῶς.[显然应当取得关于各种本源上的原因的知识（因为当我们认为已经认识了其首要的原因时，我们才说〈真正〉知道了每个东西，而原因在四重方式上被说。]

183 σχολῇ 是由名词 σχολή[闲暇] 的单数与格派生而来的副词，除了具有"悠闲地"的意思之外，也表否定，即"决不""根本不"。

184 σύμβουλοί γε ἄξιοι λόγου γενοίμεθα καὶ ἰατροί[成为值得一提的建议者和医生]。ἄξιοι λόγου 是词组，等于形容词 ἀξιόλογος[值得一提的/著名的]；《牛津希-英词典》对它的解释是：worthy of mention, remarkable。

185 καὶ νῦν 是短语，意思是"甚至现在""甚至这样"；καὶ 在这里不是连词，而是表强调。参见：

《政治家》（263a5-8）：Ὦ βέλτιστε ἀνδρῶν, οὐ φαῦλον προστάττεις, Σώκρατες. ἡμεῖς μὲν καὶ νῦν μακροτέραν τοῦ δέοντος ἀπὸ τοῦ προτεθέντος λόγου πεπλανήμεθα, σὺ δὲ ἔτι πλέον ἡμᾶς κελεύεις πλανηθῆναι.[最优秀的人啊，你吩咐的可不是件小事，苏格拉底！我们甚至现在都已经比应该做的那样远离了那被提交出来的讨论，而你要求我们还要更远地离题。]

《菲勒玻斯》（12c3-4）：καὶ νῦν τὴν μὲν Ἀφροδίτην, ὅπῃ ἐκείνῃ φίλον, ταύτῃ προσαγορεύω.[甚至现在，就阿佛洛狄忒，怎样是令她喜欢的，我就怎样称呼她。]

186 τὸ παράπαν 是一个整体，基本意思是"完全""总共""总的"。

187 动词 τείνω 的本意是"伸展""铺展开"，喻为"涉及""针对""关系到"。

188 καὶ μάλα 是固定表达。καί 在这里不是并列连词，而是加强语气；副词 μάλα 的意思就是"很""极其""非常"，这里整体地把 καὶ μάλα 译为"完完全全"。参见：

《斐德若》（265c3）：Καὶ μάλα ἔμοιγε οὐκ ἀηδῶς ἀκοῦσαι.[至少我能够听得非常愉快。]

《泰阿泰德》（142a8-b3）：{ΤΕΡ.} Ζῶντι ἢ τετελευτηκότι; {ΕΥ.} Ζῶντι καὶ μάλα μόλις· χαλεπῶς μὲν γὰρ ἔχει καὶ ὑπὸ τραυμάτων τινῶν, μᾶλλον μὴν αὐτὸν αἱρεῖ τὸ γεγονὸς νόσημα ἐν τῷ στρατεύματι.［特尔普西翁：那他活着，还是已经死了？欧几里德：非常勉强地活着；因为，他由于一些伤而情况糟糕，更为恼火的是，已经在军队里发生的疾病又感染了他。］

《政治家》（277d6-7）：Καὶ μάλ' ἀτόπως ἔοικά γε ἐν τῷ παρόντι κινήσας τὸ περὶ τῆς ἐπιστήμης πάθος ἐν ἡμῖν.［看来，我此刻相当奇特地搅动出了在我们身上关于知识所发生的事情。］

189 καθ' ὅσον 等于 ἐς ὅσον 和 ἐφ' ὅσον，是固定表达，字面是"就其所能达到的程度""在多大程度上""在……范围内"。

190 小词 μέν 单独使用，表达一种确定性，可译为"真的""确实"等。参见《卡尔米德斯》（153c3）：Παρεγένου μέν, ἦ δ' ὅς, τῇ μάχῃ;［你那时真的在场吗，他说，在打仗时？］

191 ἐγὼ αἴτιος［我要对下面这点负责］，单就这句话，也可以简单译为"责任在我"，这里省略了系词 εἰμί，完整的表达是：ἐγὼ αἴτιός εἰμι。参见《菲勒玻斯》（58b7）：Ἆρ' οὖν αἴτιος ἐγὼ τοῦ μὴ καλῶς ὑπολαβεῖν σε;［难道我要对你没有正确地进行把握负责？］（64c5-7）：Τί δῆτα ἐν τῇ συμμείξει τιμιώτατον ἅμα καὶ μάλιστ' αἴτιον εἶναι δόξειεν ἂν ἡμῖν τοῦ πᾶσιν γεγονέναι προσφιλῆ τὴν τοιαύτην διάθεσιν;［那么，在混合中究竟什么会对我们显得是最尊贵的，并且同时尤其是为下面这点负责的，即这样一种状态已经变得对〈我们〉所有人来说都是令人喜爱的？］

192 φράζω 尽管后来也具有"说"的意思，但它不同于单纯的"说"（λέγω），而是进行"说明""解释"。

193 西徐亚人（Σκύθης, Skythes），也译为"塞西亚人"，居住在黑海以北的地区，雅典的警察由西徐亚人充当。

194 οὐχ ἧττον φεύγοντες ἢ διώκοντες μάχεσθαι.［他们在逃跑时，比在追击时丝毫不差地进行战斗。］也可以简单译为：无论是逃跑，还是追击，他们都同样地进行战斗。

195 埃涅阿斯（Αἰνείας, Aineias），特洛伊人的首领之一。

196 ἔνθα καὶ ἔνθα 是词组，意思是"到处"；《牛津希-英词典》对之的解释是：hither and thither。

197 无论是这里的动词 φέβομαι（也拼作 φοβέομαι），还是后面的名词 φόβος，除了具有"使害怕"或"害怕"的意思之外，也具有"逃跑"的意思。

198 参见荷马《伊利亚特》（8.107-108）。

199 希腊文方括号中的 τὸ ἐκείνων[那些人的],伯内特认为是窜入,法国布德本希腊文保留了它们,不从。

200 希腊文方括号中的 τό γε τῶν Ἑλλήνων[希腊人的],伯内特认为是窜入,法国布德本希腊文保留了它们,不从。

201 普拉泰阿(Πλάταια, Plataia),也译为"普拉蒂亚"或"普拉提亚",位于希腊东南部,公元前479年,在那里发生了希腊人同波斯人的战役。

202 καὶ σφόδρα 是固定用法,表示一种强烈的肯定,可以译为"完完全全就是这样"或"强烈同意"。

203 Ὀρθῶς γε σὺ λέγων.[你的确说得正确。]这里之所以用分词形式,是同前面出现的动词 καλῶ[我称]相呼应;在对话中经常出现这种表达形式。参见:

《卡尔米德斯》(162e6-7):Ἀλλὰ πάνυ συγχωρῶ, ἔφη, καὶ παραδέχομαι. Καλῶς γε σὺ τοίνυν, ἦν δ' ἐγώ, ποιῶν.[我当然会承认,他说道,并且我也〈愿意〉接受。那好,你真了不起!我说道。]

《泰阿泰德》(181d5-7):{ΣΩ.} Δύο δὴ λέγω τούτω εἴδει κινήσεως, ἀλλοίωσιν, τὴν δὲ φοράν. {ΘΕΟ.} Ὀρθῶς γε λέγων.[苏格拉底:于是我把这两者称作运动的两种类型,一种是变化,而另一种是位移。忒俄多洛斯:的确说得正确。]

204 ἐν ἅπασιν οἷς νυνδὴ ἐλέγομεν αὐτὴν εἶναι[在我们刚才说它是在其中的所有那些情形中]。οἷς 前面省略了介词 ἐν;前面出现的介词在关系从句中往往省略。参见《苏格拉底的申辩》(27d8-10):εἰ δ' αὖ οἱ δαίμονες θεῶν παῖδές εἰσιν νόθοι τινές ἢ ἐκ νυμφῶν ἢ ἔκ τινων ἄλλων ὧν δὴ καὶ λέγονται, τίς ἂν ἀνθρώπων θεῶν μὲν παῖδας ἡγοῖτο εἶναι, θεοὺς δὲ μή;[但另一方面,如果精灵们只是诸神的一些私生子女,要么来自一些仙女,要么来自一些其他女性——众所周知他们被说成是出于她们——,那么,有哪个人会相信一方面有神的孩子们,另一方面却不相信神?]

205 εἰ τό γε διὰ πάντων [περὶ ἀνδρείας] πεφυκὸς δεῖ εἰπεῖν.[如果必须得说它贯穿所有〈这些情形〉生来所是的那种东西的话。]希腊文方括号中的 περὶ ἀνδρείας[关于勇敢],伯内特认为是窜入,法国布德本希腊文同样如此。τὸ διὰ πάντων πεφυκός 是一个整体,也可以简单译为"它贯穿所有〈这些情形〉的普遍本性";πεφυκός 在这里是动词 φύω[生长]的完成时分词主动态中性宾格单数。

206 ἀλλὰ μήν 是词组,相当于拉丁文的 verum enimvero[真的]。μήν 作为小品词,起加强语气的作用,意思是"真的""无疑",它可以同其他小词一起构成各种固定表达;例如,ἦ μήν[实实在在],καὶ μήν[确实],τί μήν[当然］。这里根据上下文把 ἀλλὰ μήν 译为"当然"。

207 μετ' ἀφροσύνης ［同愚蠢相伴随］，也可以依词源译为"同不明智相伴随"。名词 ἀφροσύνης 由褫夺性前缀 ἀ- 和名词 φρόνησις ［明智/审慎］构成，本意就是"不明智"，喻为"愚蠢"。

208 περιπλευμονία τοῦ ὑέος ἐχομένου ἢ ἄλλου τινίς ［当他的儿子或其他某个人得了肺炎］，也可以译为"当他的儿子或其他某个人处在肺炎〈这种疾病〉中"。参见《菲勒玻斯》（45b6-9）：Ἀλλ' οὐχ οἱ πυρέττοντες καὶ ἐν τοιούτοις νοσήμασιν ἐχόμενοι μᾶλλον διψῶσι καὶ ῥιγοῦσι καὶ πάντα ὁπόσα διὰ τοῦ σώματος εἰώθασι πάσχειν, μᾶλλόν τ' ἐνδείᾳ συγγίγνονται καὶ ἀποπληρουμένων μείζους ἡδονὰς ἴσχουσιν;［而那些发烧的人以及处在诸如此类的疾病状态中的人，他们岂不更加感到口渴和发冷，并且更加〈遭受了〉他们惯常通过身体而遭受的所有〈其他〉那些事情；他们岂不更为熟悉一种缺乏，并且当他们被满足后他们就有着一些更大的快乐？］

209 μὴ κάμπτοιτο ［他毫不心软］，也可以译为"他毫不屈服""他不顺从"。κάμπτοιτο 在这里是动词 κάμπτω 的现在时祈愿式被动态第三人称单数，κάμπτω 的基本意思是"使弯曲"；但其被动态则喻为"屈服""顺从"。参见《泰阿泰德》（173a6-b3）：οὓς οὐ δυνάμενοι μετὰ τοῦ δικαίου καὶ ἀληθοῦς ὑποφέρειν, εὐθὺς ἐπὶ τὸ ψεῦδός τε καὶ τὸ ἀλλήλους ἀνταδικεῖν τρεπόμενοι πολλὰ κάμπτονται καὶ συγκλῶνται, ὥσθ' ὑγιὲς οὐδὲν ἔχοντες τῆς διανοίας εἰς ἄνδρας ἐκ μειρακίων τελευτῶσι, δεινοί τε καὶ σοφοὶ γεγονότες, ὡς οἴονται.［他们通过立马转向虚假的东西以及互相反行不义而不断地卑躬屈膝和从事一些奴性的事情，因而从年青时开始，一直到成年，他们终其一生虽然在思想方面都没有任何健康的东西，却变得非常聪明和智慧——〈只不过是〉他们以为的——。］

210 动词 βοηθέω ［帮助/搭救］要求与格做宾语，所以后面出现的是单数与格 αὐτῷ ［他］。

211 ἢ μεθ' ὧν αὐτός ἐστιν ［同那些他自己与之在一起的人相比］，当然可以简单意译为"同他自己这方的人相比"，甚或"同他自己的战友相比"。

212 εἰς φρέαρ καταβαίνοντες καὶ κολυμβῶντες ［下到水井里并且〈在里面〉潜水］，这有可能指清洁水井，或者寻找掉在水井里的东西。

213 副词 πάλιν 在这里的意思不是"再次""重新"，而是"相反""反过来"。如词组 πάλιν ἐρεῖν，其意思是"反驳"。

214 见前面 188d 以下。

215 ἀνδρείας μετέχειν ［分得了勇敢］。动词 μετέχω ［分得/有份儿］要求属格作

宾语，所以这里出现的是单数属格 ἀνδρείας［勇敢］。参见《卡尔米德斯》（158c2-4）：αὐτὸς οὖν μοι εἰπὲ πότερον ὁμολογεῖς τῷδε καὶ φῂς ἱκανῶς ἤδη σωφροσύνης μετέχειν ἢ ἐνδεὴς εἶναι;［因此，请你自己告诉我，你是同意这里的这个人，并且肯定你已经充分地分得了自制呢，还是宣称你是欠缺它的？］

216 Τὸ ποῖον δὴ τοῦτο, καὶ τίνι τούτῳ;［究竟到何种程度，以及听从什么？］完整的字面意思是：〈所到的〉这个程度，究竟是何种程度，以及〈听从的〉这个东西，是何种东西？

217 ἐπὶ τῇ ζητήσει ἐπιμείνωμεν［让我们继续进行探究］。ἐπιμείνωμεν 是动词 ἐπιμένω 的一次性过去时虚拟式主动态第一人称复数，ἐπιμένω 除了具有"保持""停留"的意思之外，还有"继续"等意思；《牛津希-英词典》举了柏拉图在该对话中的这个表达，对 ἐπὶ τῇ ζητήσει ἐπιμένω 这一搭配的解释是：continue in a pursuit。

218 εἰ ἄρα πολλάκις［万一］，参见前面 179b2 那里对 εἰ ἄρα πολλάκις 的注释 21。

219 φιλονικία［好胜］，单就这一表达，也可以译为"热爱胜利"

220 ὡς ἀληθῶς ἀγανακτῶ εἰ ...［我也真的对下面这点感到气恼］。连词 εἰ 在这里并非引导条件从句，ἀγανακτῶ εἰ ..., 等于 ἀγανακτῶ ὅτι ...。

221 εἴ τι ἡμῶν εὐπορώτερός ἐστιν;［〈看看〉他是否比我们是更有办法的？］形容词 εὔπορος 由前缀 εὖ［好］和名词 πόρος［通路/道路］构成，意思是"容易通过的""有办法的"。参见：

《卡尔米德斯》（167b6-7）：Ἴθι δή, ἔφην ἐγώ, ὦ Κριτία, σκέψαι, ἐάν τι περὶ αὐτῶν εὐπορώτερος φανῇς ἐμοῦ.［那就来吧！我说道，克里提阿斯啊，请你看看，关于这些问题你是否显得比我是更有办法的；因为我确实感到困惑。］

《斐洞》（86d5-7）：Διαβλέψας οὖν ὁ Σωκράτης, ὥσπερ τὰ πολλὰ εἰώθει, καὶ μειδιάσας, Δίκαια μέντοι, ἔφη, λέγει ὁ Σιμμίας. εἰ οὖν τις ὑμῶν εὐπορώτερος ἐμοῦ, τί οὐκ ἀπεκρίνατο;［苏格拉底瞪着眼睛，就像他在许多时候惯常做的那样，并微笑着说道，西米阿斯的确说得正确。因此，如果你们中有人比我是更有办法的，那为何不回答〈他〉？］

222 Ἴθι δή 是词组，意思是"好吧！""来呀！"；而 ἴθι 是动词 εἶμι［来/去］的现在时命令式第二人称单数。

223 χειμαζομένοις ἐν λόγῳ［在讨论中遭遇到了暴风雪］。χειμαζομένοις 是动词 χειμάζω 的现在时分词被动态阳性与格复数；χειμάζω 的本意是"过冬"，喻为"遭受大难""受到折磨""遭受风险"等。参见：

《泰阿泰德》（170a6-b1）：Οὐκοῦν, ὦ Πρωταγόρα, καὶ ἡμεῖς ἀνθρώπου, μᾶλλον δὲ πάντων ἀνθρώπων δόξας λέγομεν, καὶ φαμὲν οὐδένα ὅντινα οὐ τὰ μὲν αὐτὸν ἡγεῖσθαι τῶν ἄλλων σοφώτερον, τὰ δὲ ἄλλους ἑαυτοῦ, καὶ ἔν γε τοῖς μεγίστοις κινδύνοις, ὅταν ἐν στρατείαις ἢ νόσοις ἢ ἐν θαλάττῃ χειμάζωνται, ὥσπερ πρὸς θεοὺς ἔχειν τοὺς ἐν ἑκάστοις ἄρχοντας, σωτῆρας σφῶν προσδοκῶντας, οὐκ ἄλλῳ τῳ διαφέροντας ἢ τῷ εἰδέναι.[那么，普罗塔戈拉啊，我们岂不也在谈某个人，甚或所有人的意见，并且说：无人不认为他自己在一些事情上比其他人更智慧，而在另一些事情上其他人比他自己更智慧；以及在一些巨大的危险中，当他们在出征、疾病或大海上遭大难时，在每种情形中他们就像对待诸神一样对待那些统帅，指望〈这些人〉是他们的救星，而这些人与众不同，不是由于别的，而是由于知道。]

《菲勒玻斯》(29b1-2)：χειμαζόμεθα γὰρ ὄντως ὑπ' ἀπορίας ἐν τοῖς νῦν λόγοις.[因为在现在的这些讨论中，我们就因走投无路而正真正地〈在风暴中〉遭大难。]

224 ἀποροῦσιν 在这里是动词 ἀπορέω 的现在时分词主动态阳性与格复数；动词 ἀπορέω[感到困惑/不知所措]派生自形容词 ἄπορος，由褫夺性前缀 ἀ[无]和 πόρος[通路/道路]构成，即"走投无路"。

225 αὐτὸς ἃ νοεῖς τῷ λόγῳ βεβαίωσαι[用言辞来稳固你自己〈对之〉所怀有的想法]。βεβαίωσαι 是动词 βεβαιόω[稳固/巩固]的一次性过去时命令式中动态第二人称单数。参见：

《克里同》(53b7-c1)：καὶ βεβαιώσεις τοῖς δικασταῖς τὴν δόξαν, ὥστε δοκεῖν ὀρθῶς τὴν δίκην δικάσαι.[而你也将巩固陪审员们的意见，以至于在他们看来已经正确地判决了案子。]

《菲勒玻斯》(14c1-2)：Τοῦτον τοίνυν τὸν λόγον ἔτι μᾶλλον δι' ὁμολογίας βεβαιωσώμεθα.[那么，让我们通过一个协议来进一步巩固下面这种说法。]

226 θαρραλέων[可以去冒险的事情]。θαρραλέων 在这里是形容词 θαρραλέος（也拼作 θαρσαλέος）的中性复数属格，θαρραλέος 的基本意思是"大胆的""有信心的"，但在这里的意思是"可以去冒险的"；《牛津希-英词典》对 τὰ θαρραλέα 的解释是：that which may be ventured on.

227 τοι 是个小品词，源自人称代词 σύ[你]的单数与格，本意是"让我告诉你"，转义为"真的""的确"。

228 μηδὲν λέγοντα[胡说八道]是词组。μηδὲν λέγειν 等于 οὐδὲν λέγειν，意思是"胡说""说空话"，其反面是 τὶ λέγειν[说得中肯/说出一些东西]。

229 副词 αὐτίκα 在这里的意思是"例如""譬如说"，而不是"立即""立刻"。

230 οὐδέν τι μᾶλλον 是固定搭配，意思是"一点也不""丝毫不""根本不"。

参见：

《卡尔米德斯》(175c8-d5)：ἀλλ' ὅμως οὕτως ἡμῶν εὐηθικῶν τυχοῦσα ἡ ζήτησις καὶ οὐ σκληρῶν, οὐδέν τι μᾶλλον εὑρεῖν δύναται τὴν ἀλήθειαν, ἀλλὰ τοσοῦτον κατεγέλασεν αὐτῆς, ὥστε ὃ ἡμεῖς πάλαι συνομολογοῦντες καὶ συμπλάττοντες ἐτιθέμεθα σωφροσύνην εἶναι, τοῦτο ἡμῖν πάνυ ὑβριστικῶς ἀνωφελὲς ὂν ἀπέφαινε.［然而，这场探究虽然遇上了如此心地单纯且不顽固的我们，但它仍然丝毫不能够发现真，反而如此多地嘲笑它，以至于我们早前通过一致同意和一起虚构而将之确定为是自制的那种东西，它极其侮慢地向我们表明它是无益的。］

《斐德若》(260d6-8)：τόδε δ' οὖν μέγα λέγω, ὡς ἄνευ ἐμοῦ τῷ τὰ ὄντα εἰδότι οὐδέν τι μᾶλλον ἔσται πείθειν τέχνῃ.［而我这样夸下海口，那就是，如果没有我〈修辞术〉，即使一个人知道诸是者，他依然将丝毫不能凭借技艺来进行劝说。］

231 εἰπεῖν οἷόν［能够说出］。伯内特认为 εἰπεῖν［说］有可能是 ποιεῖν［导致/实现］的误写，而法国布德本希腊文认为是窜入。

232 πολλοῖς［对许多人来说］。如果把 πολλοῖς 视为中性与格复数，与格表"在……方面"，则译为"在许多情形下"。

233 ἐκ τῆς νόσου ... ἀναστῆναι［从疾病中恢复］是一个整体。ἀναστῆναι 是动词 ἀνίστημι 的一次性过去时不定式，ἀνίστημι 的基本意思是"使立起""使起来"，但也有"恢复"等意思；《牛津希-英词典》举了柏拉图在这里的这个表达，对它的解释是：recover。

234 σὺ πᾶσι φὴς ἄμεινον εἶναι ζῆν καὶ οὐ πολλοῖς κρεῖττον τεθνάναι;［你会主张，对所有人来说活着都是更好的，以及对多数人来说死亡并不是更好的？］同样，如果把 πᾶσι 和 πολλοῖς 视为中性与格复数，表"在……方面"，则当译为：你会主张，在每一种情形下，活着都是更好的，以及在许多情形下，死亡并不是更好的？

235 动词 λυσιτελέω 的基本意思是"有益""获利""有好处"，如 λυσιτελεῖ μοι［这对我有好处］，τεθνάναι λυσιτελεῖ ἢ ζῆν［死了反倒比活着好］。

236 πολὺ μᾶλλον 是词组，等于 ἔτι μᾶλλον，意思是"愈发""更加地""更多地"。

237 Ἀλλ' ἐγὼ τούτου οὐ μανθάνω, ὦ Σώκρατες, ὅτι βούλεται λέγειν.［而我确实没有理解这个人，苏格拉底啊，他想说什么。］这句话在法国布德本希腊文中作：Ἀλλ' ἐγὼ τούτου οὐ μανθάνω, ὦ Σώκρατες, ὅ τι βούλεται λέγειν.［而我确实没有理解，苏格拉底啊，他所说的这点。］

238 εἰ μὴ εἰ 是固定表达，意思是"除非或许"，当然也可以简单译为"除非"。

239 στρέφεται ἄνω καὶ κάτω [来来回回地兜圈子]，也可以译为"颠来倒去地打转"，字面意思是"上上下下地翻滚"。类似的表达参见：

《高尔吉亚》（481d7-e1）：ἄνω καὶ κάτω μεταβαλλομένου [来来回回地改变主意/反复改变意见]。

《斐洞》（196a10-b1）：καὶ πολλάκις ἐμαυτὸν ἄνω κάτω μετέβαλλον σκοπῶν πρῶτον τὰ τοιάδε.[当我首先考虑下面这类事情时，我也曾经常来来回回地改变主意。]

240 ἐν συνουσίᾳ τοιᾷδε [在这里的这样一种交往中]。名词 συνουσία 的基本意思是"交往"，但也专指"学生向老师的就教"。

241 λόγου ἕνεκα ταῦτα λέγει [为了说才说这些]。参见《克里同》（46d2-4）：ἦ πρὶν μὲν ἐμὲ δεῖν ἀποθνῄσκειν καλῶς ἐλέγετο, νῦν δὲ κατάδηλος ἄρα ἐγένετο ὅτι ἄλλως ἕνεκα λόγου ἐλέγετο, ἦν δὲ παιδιὰ καὶ φλυαρία ὡς ἀληθῶς;[或者，在我必须死之前它曾说得很好，而现在它却显然变成了随意地为了说话而说话，其实只是玩笑话和胡诌而已？]

242 κοινούμεθα 在这里是动词 κοινόω 的现在时直陈式中动态第一人称复数，κοινόω 的本意是"共享"，其中动态的意思是"共同致力于""一起参与"；《牛津希-英词典》举了柏拉图在这里的这个表达，对它的解释是：undertake together, make common cause in。

243 Τοῦτο δὲ οὐ παντὸς δὴ εἶναι ἀνδρὸς γνῶναι.[但是，认识这点，这毕竟不是每个人的〈事情〉。]也可以译为：但是，认识这点，这毕竟不属于每个人。

244 ὁπότε γε [既然]是词组。关系连词 ὁπότε 的基本意思是"当……时""任何时候"，但 ὁπότε γε 的意思是"既然""因为"，引导原因从句；《牛津希-英词典》对它的解释是：because, since。

245 克洛密翁的母猪（ἡ Κρομμυωνία ὗς）后来被英雄忒修斯（Θησεύς, Theseus）所杀；忒修斯更伟大的功绩是杀死了克里特岛上牛首人身的怪物弥诺陶洛斯（Μινώταυρος, Minotauros）。克洛密翁（Κρομμύων, Krommyon）是古代希腊城邦科林托斯（Κόρινθος, Korinthos）和墨伽拉（Μέγαρα, Megara）之间的一个地区。

246 ἤ τινα [甚或]是一个整体，在这里表一种强调。参见：

《泰阿泰德》（174d3-6）：τύραννόν τε γὰρ ἢ βασιλέα ἐγκωμιαζόμενον, ἕνα τῶν νομέων, οἷον συβώτην ἢ ποιμένα ἤ τινα βουκόλον, ἡγεῖται ἀκούειν εὐδαιμονιζόμενον πολὺ βδάλλοντα.[因为，当一位僭主或国王受到颂扬时，他认为就像听到牧人中的一位，如一位猪倌、一位羊倌甚或某位牧牛人，因为挤奶很多而可称幸福一样。]

《政治家》（296b5-8）：Ἄν τις ἄρα μὴ πείθων τὸν ἰατρευόμενον, ἔχων δὲ ὀρθῶς τὴν τέχνην, παρὰ τὰ γεγραμμένα τὸ βέλτιον ἀναγκάζῃ δρᾶν παῖδα ἤ τινα ἄνδρα ἢ καὶ γυναῖκα, τί τοὔνομα τῆς βίας ἔσται ταύτης;［如果一个人，他虽然没有通过说服那正被医治的人，但通过正确地拥有技艺而迫使一个孩童、甚或某个男人或某个女人违背那些写出来的东西去做更好的事情，那么这种强迫的名字将是什么？］

247 ὁμοίως ... πρὸς ἀνδρείαν［同等地同勇敢相关］是一个整体，也可以转译为"是同等勇敢的"。

248 形容词 ἄφοβος 的本意是"无畏的"，这里基于上下文将之译为"不知畏惧的"。

249 τούτους ἀποστερεῖν ἐπιχειρεῖ ταύτης τῆς τιμῆς［他试图剥夺他们的这种尊荣］。动词 ἀποστερέω 作"剥夺"讲时，"人"要求用宾格，"物"要求用属格；所以这里出现的复数宾格 τούτους［他们/这些人］和单数属格 ταύτης τῆς τιμῆς［这种尊荣］。

250 Οὔκουν σέ γε［〈我〉至少没有对你〈那么做〉］，这句话在法国布德本希腊文中作 Οὔκουν ἔγωγε［我肯定没有］。

251 θάρρει 是动词 θαρρέω（也拼作 θαρσέω）现在时命令式主动态第二人称单数，θαρρέω 的基本意思是"有勇气""有信心"，命令式 θάρρει 除了译为"请放心！"之外，也可以译为"鼓起勇气来！""振作点！"《牛津希-英词典》对它的解释是：fear not！

252 拉马科斯（Λάμαχος, Lamachos）是同时期雅典的一位将军，曾同尼基阿斯一起远征西西里，并战死在那里。

253 ἄλλους συχνοὺς Ἀθηναίων［许多其他的雅典人］。形容词 συχνός 用于时间，表"长"；用于数目，表"多"。ἄλλοι συχνοί 是词组，意思是"许多其他的人"；《牛津希-英词典》对它的解释是：many others。

254 埃克索涅（Αἰξωνή, Aixone）是阿提卡的一个区，那里的人以滥用言辞出名。

255 普洛狄科斯（Πρόδικος, Prodikos），约公元前465-前415，第一代智者。参见《卡尔米德斯》（163d3-4）：καὶ γὰρ Προδίκου μυρία τινὰ ἀκήκοα περὶ ὀνομάτων διαιροῦντος.［因为我也已经差不多无数次地从普洛狄科斯那儿听说过〈类似的东西〉，当他对各种语词做出区分时。］

256 τὰ τοιαῦτα κομψεύεσθαι［对诸如此类的东西精心构思］，也可以译为"精心构思诸如此类的东西"，或者直接贬义地译为"对诸如此类的东西吹毛求疵"。

257 ὃν ἡ πόλις ἀξιοῖ αὑτῆς προεστάναι［城邦认为适合指派他来管理它］，也可以意译为"城邦认为他适合做它的领导"，字面意思是"城邦认为适合把他放在它自己前面"。προεστάναι 是动词 προΐστημι 的完成时不定式主动态，προΐστημι 的本意是"放在前面"，这里的意思是"指派……管理"；《牛津希-英词典》举了柏拉图在这里的这个表达，对 προΐστημι 的解释是：set over。

258 μέν που[无论如何]在法国布德本希腊文中作 μέντοι[当然]。

259 ὅποι ποτὲ βλέπων τοὔνομα τοῦτο τίθησι τὴν ἀνδρείαν.[他究竟着眼于哪点来规定这个语词，即勇敢。]对观《卡尔米德斯》(175b2-4)：νῦν δὲ πανταχῇ γὰρ ἡττώμεθα, καὶ οὐ δυνάμεθα εὑρεῖν ἐφ' ὅτῳ ποτὲ τῶν ὄντων ὁ νομοθέτης τοῦτο τοὔνομα ἔθετο, τὴν σωφροσύνην.[而现在我们在所有方面都被打败了，并且我们也没能够发现立法者究竟把这个名字——即自制——用在诸是者中的哪个身上。]

260 ταῦτα δὴ ἔστω[那只好照办]，字面意思是"那就让它是这样"。ἔστω 是εἰμί 的现在时命令式第三人称单数，指示代词 οὗτος 的中性复数 ταῦτα 在这里作副词使用。类似的表达还有 ἔσται ταῦτα 或 ἔστι ταῦτα，意思都是"好的""是的""遵命""照办"；ταῦτα 单独使用，也是这个意思，例如：ταῦτ', ὦ δέσποτα.[好的，主人！]

261 Νικία[尼基阿斯]，在这里是呼格。不带语气词 ὦ 的呼格，作命令式理解。

262 见前面 190b-c。

263 πρὸς ἀνδρείᾳ[除了勇敢之外]。介词 πρός 跟与格，表"在……之外""此外还有……"。

264 ἔχε δή[现在请停一下！]是词组，也可以简单译为"请打住！"ἔχε 是动词 ἔχω[有]的现在时主动态命令式第二人称单数，《牛津希-英词典》对 ἔχε δή 的解释是 stay now。

265 ὅπως μή 是词组，意思是"以免""免得"。

266 τὰ μὴ κακὰ ἢ ἀγαθὰ μέλλοντα[那些将来的不坏的事情或者好事情]，也可以译为"那些并不作为坏事或者作为好事而将要来临的事情"。

267 副词 κομιδῇ 的本意是"的确""全然"，作回答语时，κομιδῇ γε 构成一个整体，意思是"完全如此"；《牛津希-英词典》对 κομιδῇ γε 的解释是 quite so。

268 τῷδε[这里的这个人]，即拉刻斯。

269 περὶ ὅσων[关于任何东西]，也可以转译为"在每一领域"。

270 ἢ ἰατρική[除了医学知识]，法国布德本希腊文作 ἢ 〈ἡ〉ἰατρική，即补充了定冠词 ἡ，从之。

271 γιγνόμενα καὶ γεγονότα καὶ γενησόμενα ὅπῃ γενήσεται[那些正在发生的东西和已经发生的东西，以及将要发生的东西将如何发生]，这里之所以唯

有在 γενησόμενα［将要发生的东西］后面出现 ὅπῃ γενήσεται［它将如何发生］，可理解为"将来"具有某种特殊地位。参见《泰阿泰德》(186a9-b2)：Καὶ τούτων μοι δοκεῖ ἐν τοῖς μάλιστα πρὸς ἄλληλα σκοπεῖσθαι τὴν οὐσίαν, ἀναλογιζομένη ἐν ἑαυτῇ τὰ γεγονότα καὶ τὰ παρόντα πρὸς τὰ μέλλοντα.［在我看来，〈灵魂〉甚至尤其在其彼此的关系中考察这些东西的所是，它通过在它自身那里着眼于将来的东西而计算那已经生成的东西和当下的东西。］

272　οἴεται［它不认为］，主语是 ἡ στρατηγία［领兵的知识］，这是一种拟人表达。

273　τῇ μαντικῇ ... ὑπηρετεῖν［服务于预言术］。ὑπηρετεῖν 是动词 ὑπηρετέω［服务/侍候］的现在时不定式主动态，ὑπηρετέω 要求被服务的对象用与格，所以这里出现的是单数与格 τῇ μαντικῇ［预言术］。

274　见前面 198c 以下。

275　πάντως ἐχόντων［那些处在所有〈其他〉状态下的事情］，根据文义，当理解为"那些已经发生的事情（γεγονότων）和正在发生的事情（γιγνομένων）"。

276　καὶ πάντως ἐχόντων［以及处在所有〈其他〉状态下的事情］，这句话要么是窜入，要么并不在指"时间"。

277　δαιμόνιε 是 δαιμόνιος 的呼格，不过在这里乃是作为一般口语表达，而不是作为同苏格拉底那著名的 δαίμων［精灵］相联系的 δαιμόνιος［精灵的/属于精灵的］来理解。δαιμόνιος 在口语中作呼格使用时，既可表褒义，也可表贬义。在荷马史诗中褒义指"神保佑的人"，贬义则指"神谴责的人"；在阿提卡口语中，褒义指"我的好人！"贬义则指"倒霉蛋！""可怜的人！"我这里有意偏中性地将之译为"非凡的人"。

278　καὶ τὰ μή［以及不可怕的事情］。基于文义，它不应是动词 ἐξευλαβεῖσθαι［仔细防范］的宾语，而是后面的动词 πορίζεσθαι［为自己取得］的宾语。

279　πορίζεσθαι 是动词 πορίζω 的现在时不定式中动态，πορίζω 的本意是"提供""带来"，其中动态的意思是"为自己提供""得到"；这里将之译为"为自己取得"。

280　显然是讽刺。

281　οὐδὲν ... πρᾶγμα 是一个整体，意思是"不要紧"；《牛津希-英词典》对它的解释是：no matter。

282　ἕτερος τοιοῦτος ἀναφανήσομαι［显得是另外一个这样的人］，也可以简单译为"显得是同样的这种人"。对观《斐洞》(58d4-8)：{ΦΑΙΔ.} Ἀλλὰ σχολάζω γε καὶ πειράσομαι ὑμῖν διηγήσασθαι· καὶ γὰρ τὸ μεμνῆσθαι Σωκράτους καὶ αὐτὸν λέγοντα καὶ ἄλλου ἀκούοντα ἔμοιγε ἀεὶ πάντων ἥδιστον. {ΕΧ.} Ἀλλὰ μήν, ὦ Φαίδων, καὶ τοὺς ἀκουσομένους γε τοιούτους ἑτέρους ἔχεις.［斐洞：我无论如何

都有空闲，并且我会试着向你们进行详细叙述；因为回忆苏格拉底，无论是我自己说，还是听其他人讲，于我而言都总是一切事情中最快乐的。厄刻克拉忒斯：的确如此！斐洞啊，并且你现在就有像这样的那些听众。]

283　οἰομένῳ τὶ εἶναι [他自以为自己还有那么点价值]，这是意译，也可以译为"他以为自己还是个人物"；字面意思是"以为自己是某个东西"。参见前面182e6那里对 εἰ τὶ ἦν 的注释88。

284　μετὰ Δάμωνος [在达蒙的帮助下]。介词 μετά 跟属格，在这里的意思是"在……的帮助下""靠……的帮助"。

285　καὶ ταῦτα [即使] 在这里是固定表达，《牛津希-英词典》对之的解释是"增添一种情况来强化前面所说的内容"，等于英文中的"and that"，该表达翻译成中文的意思很丰富，具有"即使""尤其""犹有进者""还有""何况"等意思。参见：

《斐洞》（99a7-b2）：ὡς μέντοι διὰ ταῦτα ποιῶ ἃ ποιῶ, καὶ ταῦτα νῷ πράττων, ἀλλ' οὐ τῇ τοῦ βελτίστου αἱρέσει, πολλὴ ἂν καὶ μακρὰ ῥαθυμία εἴη τοῦ λόγου. [然而，〈说〉由于这些，而不是由于对最好的东西的选择——即使我凭借理智在行动——，我才做我所做的，那这也会是一种完完全全不负责任的说法。]

《斐德若》（241e1-2）：Οὐκ ᾔσθου, ὦ μακάριε, ὅτι ἤδη ἔπη φθέγγομαι ἀλλ' οὐκέτι διθυράμβους, καὶ ταῦτα ψέγων; [难道你竟然没有觉察到，有福的人啊，我刚才已经在吟唱史诗，而不再只是酒神颂了吗，即使我在进行谴责？]

《菲勒玻斯》（65e9-66a3）：Ἡδονὰς δέ γέ που, καὶ ταῦτα σχεδὸν τὰς μεγίστας, ὅταν ἴδωμεν ἡδόμενον ὁντινοῦν, ἢ τὸ γελοῖον ἐπ' αὐταῖς ἢ τὸ πάντων αἴσχιστον ἑπόμενον ὁρῶντες αὐτοί τε αἰσχυνόμεθα καὶ ἀφανίζοντες κρύπτομεν ὅτι μάλιστα, νυκτὶ πάντα τὰ τοιαῦτα διδόντες, ὡς φῶς οὐ δέον ὁρᾶν αὐτά. [而另一方面，无疑就各种快乐，尤其那些近乎最大的，每当我们看见无论哪个人在对之感到快乐时，由于我们看到在它们那里的可笑之物，或者伴随〈它们〉的一切中最丑陋的东西，我们自己就既感到丑陋，也通过抹去光来尽可能地隐藏它们，把所有诸如此类的事情都交给黑夜，好像光不应当看见它们似的。]

286　ἐπειδὰν βεβαιώσωμαι αὐτά [一旦我确认了它们]。βεβαιώσωμαι 是动词 βεβαιόω 的一次性过去时虚拟式中动态第一人称单数；βεβαιόω 的基本意思是"使巩固""稳固"，但其中动态则具有"确认""证实""坚持"等意思。参见《泰阿泰德》（169d10-e3）：Εἰ μὲν τοίνυν αὐτὸς παρὼν ὡμολόγει ἀλλὰ μὴ ἡμεῖς βοηθοῦντες ὑπὲρ αὐτοῦ συνεχωρήσαμεν, οὐδὲν ἂν πάλιν ἔδει ἐπαναλαβόντας βεβαιοῦσθαι· νῦν δὲ τάχ' ἂν τις ἡμᾶς ἀκύρους τιθείη τῆς ὑπὲρ ἐκείνου ὁμολογίας.[因此，如果他本人在场而同意〈这点〉，而不是我们通过帮助代表他本人认可，那么，就无需再次通过重复来进行证实；但现在很可能有人会提出我们无权替他同意。]

287 这显然也是在讽刺。

288 σὲ μὲν καὶ ἐμὲ ... χαίρειν ἐᾶν [放过你和我]。χαίρειν ἐᾶν [不必管 / 不理会 / 放到一边] 是一个整体和固定表达。χαίρειν 和 ἐᾶν 分别是动词 χαίρω 和 ἐάω 的现在时不定式主动态。ἐάω 本意是"允许""让""听任"，而动词 χαίρω 的本意是"喜悦""满意"，其命令式则具有"欢迎""再会"等意思；由这两个词所构成的词组 ἐᾶν χαίρειν 的意思是"由它去""不理会"，而固定搭配 ἐᾶν χαίρειν τινά / τι 的意思是"不把某人或某事放在心上"。

289 见前面 184c 以下。

290 ἐν ἡλικίᾳ ἦσαν [到了合适的年龄]。相应的表达参见：

《卡尔米德斯》(154a8-b2)：Οἶσθά που σύ γε, ἔφη, ἀλλ' οὔπω ἐν ἡλικίᾳ ἦν πρίν σε ἀπιέναι, Χαρμίδην τὸν τοῦ Γλαύκωνος τοῦ ἡμετέρου θείου ὑόν, ἐμὸν δὲ ἀνεψιόν. [你肯定知道这人，他说道，不过在你离开〈这里前往波底代亚〉之前他尚未成年；他叫卡尔米德斯，我叔叔格劳孔的儿子，也是我的堂弟。]

《泰阿泰德》(142c8-d3)：καί μοι ἐλθόντι Ἀθήναζε τούς τε λόγους οὓς διελέχθη αὐτῷ διηγήσατο καὶ μάλα ἀξίους ἀκοῆς, εἶπέ τε ὅτι πᾶσα ἀνάγκη εἴη τοῦτον ἐλλόγιμον γενέσθαι, εἴπερ εἰς ἡλικίαν ἔλθοι. [当我去雅典时，他还向我详细叙述了他与之交谈过的那些非常值得一听的话，说此人无论如何都必定会变得著名，只要他到了年龄。]

291 尼刻剌托斯（Νικήρατος, Nikeratos）是尼基阿斯的儿子。参见《政制》(327c2)：Νικήρατος ὁ Νικίου [尼基阿斯的儿子，尼刻剌托斯]。

292 ἀλλὰ γάρ 在这里是固定表达，意思是"的确""当然""但其实""但事实上"。

293 σοῦ ... ὑπακούοι [听从你]。ὑπακούοι 是动词 ὑπακούω [听 / 听从] 的现在时祈愿式主动态第三人称单数，除了与格之外，该动词也可以跟属格，所以这里出现的是人称代词的单数属格 σοῦ [你]。

294 συμπροθυμήσῃ ὡς βελτίστοις γενέσθαι τοῖς μειρακίοις [热心帮助年青人们变得尽可能的优秀]，动词 συμπροθυμέομαι 既有"热心提倡"的意思，也有"热心帮助"的意思；前者要求宾格，后者要求与格。它在这里的意思是"热心帮助"，所以这里出现的是与格复数 τοῖς μειρακίοις [年青人们]。ὡς βελτίστοις [尽可能的优秀] 是固定表达，ὡς 加形容词最高级，意思是"尽可能……"；这里之所以使用与格复数，是同名词与格复数 τοῖς μειρακίοις [年青人们] 保持一致。

295　τώδε [这里的这两个人]，之所以这么翻译，因为 τώδε 是 ὅδε 的阳性主格双数，即"尼基阿斯"和"拉刻斯"。

296　μὴ εἰδότε [两个不知道者]。εἰδότε 是动词 οἶδα [知道] 的完成时分词主动态阳性主格双数。

297　ἐν ἀπορίᾳ ἐγενόμεθα [陷入了困惑中]，也可以依词源译为"变得走投无路了"。

298　οὐδεὶς γὰρ ἔκφορος λόγος [〈我们中〉任何人都不要有把这话泄露出去]，法国布德本希腊文作 οὐδεὶς γὰρ ἔκφορος λόγου，从布德本；字面意思是"〈我们中〉无人是这话的泄露者"。

299　μάλιστα μὲν ... ἔπειτα [首先并且尤其……然后] 是固定搭配，《牛津希-英词典》对它的解释是：first and above all ... next ... 。

300　εἰς διδασκάλων ... φοιτᾶν [经常前往老师们的〈家里〉]，之所以这么补充翻译，因为这句话补全当为 εἰς διδασκάλων οἰκίαν... φοιτᾶν 或 εἰς διδασκάλων οἶκον ... φοιτᾶν；当然也可以把整个表达简单译为"上学"。动词 φοιτάω 的本意是"常去某处"，由 φοιτάω 派生出来的名词 φοιτητής，即"常来的人""常去的人"，进而转义为"学生""门徒"。

301　τὸν Ὅμηρον ... προβάλλεσθαι [援引荷马]，也可以译为"用荷马来捍卫自己"。προβάλλεσθαι 是动词 προβάλλω 的现在时不定式中动态，προβάλλω 的基本意思是"扔在……前面""抛出"，但其中动态则具有"援引""保护"等意思；《牛津希-英词典》举了柏拉图在这里的这个表达，对它的解释是：bring forward, cite on one's own part, in defence。

302　见荷马《奥德修斯》(17.347)。在《卡尔米德斯》(161a2–5) 中也引用过荷马的这句话：Τί οὖν; ἦν δ' ἐγώ· Ὁμήρῳ οὐ πιστεύεις καλῶς λέγειν, λέγοντι ὅτι αἰδὼς δ' οὐκ ἀγαθὴ κεχρημένῳ ἀνδρὶ παρεῖναι; Ἔγωγ', ἔφη. [究竟怎么回事呢？我说道；难道你不相信荷马说得很正确吗，当他说：对于一个处在贫困中的人来说，羞耻心并不是好的？我肯定相信，他说。]

303　ὅσῳπερ γεραίτατός εἰμι, τοσούτῳ προθυμότατα μανθάνειν μετὰ τῶν νεανίσκων. [〈在这儿〉我年龄是最大的，有多大，也就有多热忱地同年轻人们一道进行学习。] 也可以简单译为：我越是年龄最大，也就越是最热忱地同年轻人们一道进行学习。

304　见前面 181c4 那里对 μὴ ἄλλως ποίει 这一表达的注释 60。

305　τὸ νῦν εἶναι [现在] 是一个整体，等于 τὸ νῦν, τὰ νῦν。

术语索引

缩略语
［拉］拉丁文　［德］德文　［英］英文
adv.—副词　comp.—比较级　sup.—最高级

ἄβατος 不可践踏的，圣洁的，贞洁的
　［拉］accessu difficilis, intactus, integer
　［德］unbetreten, unbetretbar, rein
　［英］impassable, not to be trodden, pure, chaste
　183b4

ἀγαθός (comp. βελτίων, ἀμείνων; sup. βέλτιστος, ἄριστος) 善的，好的，优秀的
　［拉］bonus
　［德］gut
　［英］good
　179b2, 179d7, 180d7, 181a5, 181e4, 182d8, 184e3, 185b3, 185e6, 185e10, 186a5, 186a8, 186b4, 186c4, 187a8, 188e3, 189a6, 189d7, 189e4, 189e7, 190a2, 190b5, 190c8, 192c9, 194b5, 194d1, 194d4, 195c12, 195d1, 195e2, 195e8, 196a2, 197e6, 198c4, 199a10, 199b4, 199b10, 199c7, 199d5, 199e1, 200d8, 200e2, 201b2, 201a4

ἀγανακτέω 气愤，恼怒
　［拉］doloris sensu afficior
　［德］verdrießen, ärgerlich sein
　［英］feel a violent irritation, to be angry at
　194a8

ἄγω 引领，带走
　［拉］duco
　［德］führen, bringen
　［英］lead, carry, bring
　181e4

ἀγών (ἀγωνία) 官司，诉讼，竞赛
　［拉］certamen
　［德］Prozeß, Wettkampf
　［英］trial, contest
　182a2, 182a3, 184e1, 185b2, 196a1

ἀδεής (adv. ἀδεῶς) 不怕的

[拉] intrepidus
[德] furchtlos
[英] fearless
186d2

ἀδυνατέω 没能力
[拉] impotens sum
[德] kraftlos oder unvermögend sein
[英] to be unable, to be impossible
186c5

ἀηδής (adv. ἀηδῶς) 令人生厌的，不愉快的
[拉] molestus
[德] unangenehm, widrig
[英] unpleasant, disagreeable
188b5, 189a7

ἀήθης 不寻常的，奇异的
[拉] insolitus
[德] ungewohnt
[英] unwonted, strange
188b5, 194a7

ἀθλητής 运动员，竞赛者
[拉] certator
[德] Wettkämpfer
[英] combatant, champion
182a2

αἰδώς 敬畏，敬意，羞耻
[拉] reverentia, pudor
[德] Ehrfurcht, Achtung, Scham
[英] reverence, awe, shame
201b3

αἰσθάνομαι 感觉到，注意到
[拉] sentio
[德] mit den Sinnen wahrnehmen, merken
[英] perceive, apprehend by the senses
197d2

αἰσχρός (comp. αἰσχίων) 丑陋的，可耻的
[拉] turpis
[德] häßlich, schändlich
[英] ugly, shameful, base
193d1, 193d6

αἰτία 罪责，原因
[拉] accusatio, crimen, causa
[德] Beschuldigung, Ursache
[英] responsibility, guilt, cause
186b7

αἰτιάομαι 指责，责怪，归咎
[拉] culpo
[德] beschuldigen
[英] accuse, censure
179c7, 189c1

αἴτιος 有责任的
[拉] in quo caussa rei est
[德] verantwortlich
[英] responsible
190e7, 191c7

αἰωρέω 悬挂，吊
[拉] pendeo
[德] hängen
[英] hang
184a6

ἀκλεής 不光彩的，丢脸的
[拉] ignobilis, honoris expers
[德] unrühmlich, schimpflich
[英] without fame, inglorious
179d4

ἀκοή 聆听，传闻，听觉
[拉] auditus

[德] das Hören, Gerücht
[英] hearing, hearsay
190a7, 190b1

ἀκολουθέω 追随，跟着走，听某人引导，服从
[拉] sequor
[德] folgen
[英] follow, go after
187e1

ἀκούω 听
[拉] audio
[德] hören
[英] hear
179b7, 181b7, 181d4, 182d5, 184d4, 188c7, 189c8, 189d2, 193e4, 194c9, 194d1, 194d6, 198c2

ἄκρος 在最高处的，极端的
[拉] summus
[德] oberster, äußerster
[英] highest or farthest point
183b4, 184a1

ἀλήθεια 真，真相，真理
[拉] veritas
[德] Wahrheit
[英] truth
183d3

ἀληθής (adv. ἀληθῶς) 真的
[拉] verus, rectus
[德] wahr, wirklich, echt
[英] true, real
180b1, 183d3, 185a8, 185d4, 186a2, 186e2, 187d6, 188c8, 190b2, 191c6, 193b4, 193e5, 194a8, 194d3, 195c5, 197a2, 197c9, 200b1

ἄλλοθι 在别处
[拉] alibi, alio loco
[德] anderswo
[英] elsewhere, in another place
181a8, 181e2

ἀμαθής 无知的
[拉] inscitius
[德] unwissend
[英] ignorant, stupid
194d2

ἀμελέω 不关心，轻视
[拉] non curo, neglego
[德] vernachlässigen
[英] have no care for, be neglectful of
179b4, 179d3

ἀμελής 不关心的，粗心大意的
[拉] negligens
[德] sorglos, nachlässig
[英] careless, negligent
180b6

ἀμύνω 防守，保卫自己，复仇
[拉] defendo, propugno
[德] abwehren, sich wehren, vergelten
[英] ward off, defend oneself against, revenge
182a8, 182b2, 190e5

ἀμφότερος (adv. ἀμφοτέρως) 双方的，两边的
[拉] ambo, uterque
[德] beidseitig, beide
[英] both together, both of two
187a3

ἀναγκαῖος (adv. ἀναγκαίως) 必然的
[拉] necessarius

[德] notwendig
[英] necessary
196e3

ἀνάγκη 必然（性），强迫
[拉] necessitas
[德] Notwendigkeit
[英] necessity
181e5, 185d8, 187e7, 188a4, 188b2, 196e7

ἀναγνωρίζω 重新认识，认出
[拉] recognosco
[德] wiedererkennen, anerkennen
[英] recognize
181c3

ἀνακοινόω 透露，告知，与……商量，交谈
[拉] communico aliquid cum aliquo, consulo
[德] mitteilen, beraten
[英] communicate, impart, consult
178b5, 180a1

ἀναλίσκω 耗费，用掉
[拉] impendo
[德] aufwenden
[英] use up, spend
192e2, 192e3

ἀναστρέφω 使翻转，使返回
[拉] converto
[德] umwerfen, umstürzen, zurückwenden
[英] turn upside down, invert, turn back
191c4, 191e1

ἀναφαίνω 显示，展示
[拉] manifesto, ostendo
[德] zeigen, erscheinen
[英] show forth, make known, display
200a6

ἀναχωρέω (σύν-ἀναχωρέω) 撤退，退避
[拉] decedo, fugio
[德] zurückweichen, weggehen
[英] withdraw, retreat
181b2

ἀνδρεία 勇敢
[拉] fortitudo
[德] Tapferkeit
[英] courage
190d5, 190d8, 190e4, 190e6, 191a1, 191e6, 191e10, 192b5, 192b7, 192c4, 192c6, 192d7, 192d8, 192d11, 193d4, 193d7, 193e3, 194a3, 194a5, 194b2, 194c5, 194c8, 194d9, 194e3, 195a4, 196d1, 196e5, 196e8, 196e9, 197b2, 197e4, 198a1, 198a8, 198c6, 199a10, 199b9, 199c3, 199c4, 199c6, 199d1, 199e6, 199e11, 200a5

ἀνδρεῖος (adv. ἀνδρείως) 勇敢的
[拉] fortis
[德] tapfer
[英] manly, courageous
182c6, 184b6, 191d1, 191d4, 191d6, 191e2, 191e4, 192e4, 193a8, 193b6, 193c4, 194a3, 195b5, 195c1, 195d9, 195e1, 195e4, 196a6, 196d5, 196d10, 196e2, 197a4, 197a6, 197b1, 197b2, 197b6, 197c1, 197c3,

197c6

ἀνερωτάω (ἀνερωτητέον) 问，询问
　　[拉] interrogo, saepe rogo
　　[德] befragen, fragen
　　[英] question, inquire into
　180e7

ἀνευρίσκω (ἀνευρετέον) 发现，找到
　　[拉] invenio
　　[德] auffinden
　　[英] find out, discover
　200a3

ἀνήρ 男人
　　[拉] vir
　　[德] Mann
　　[英] man
　178a1, 179e4, 180a4, 180c9, 180d2,
　181a5, 181a7, 181b6, 182c3, 182c6,
　182c9, 183c4, 183d7, 184d4, 186b6,
　187b7, 187b8, 187e4, 188c7, 188c8,
　189a2, 193a3, 194c2, 196d4, 197b5,
　197d7, 200a8, 201a2, 201b3

ἀνθρώπειος 人的，适合于人的，属于人的
　　[拉] humanus, ad homines pertinens
　　[德] menschlich
　　[英] suited to man, human
　200b1

ἄνθρωπος 人
　　[拉] homo
　　[德] Mensch
　　[英] man, mankind
　184b6, 186d1, 196e5, 199d9

ἀνίημι (ἀνετέον) 放松，让，任由
　　[拉] remitto

　　[德] nachlassen
　　[英] relax, let go
　179a6

ἀνίστημι 站起来，起身
　　[拉] exsurgo
　　[德] aufstehen
　　[英] stand up
　195c12

ἄνοια 愚蠢，缺乏理解力
　　[拉] ignorantia, stultitia
　　[德] Unverstand, Wahnsinn
　　[英] want of understanding, folly
　197a7, 197b1

ἀντέχω 抵抗，忍耐
　　[拉] teneo, sustineo
　　[德] aushalten
　　[英] hold against, endure
　183e5

ἀντιδέομαι 轮到我恳求
　　[拉] vicissim rogo
　　[德] dagegen erbitten
　　[英] entreat in return
　186d5

ἀντιλαμβάνω 抓住，捕获
　　[拉] recipio, prehendo
　　[德] ergreifen, fest angreifen
　　[英] seize, hold on
　183e2, 184a1

ἄξιος (adv. ἀξίως) 有价值的，值……的，配得上的
　　[拉] dignus, aestimabilis
　　[德] wertvoll, würdig
　　[英] worthy, estimables, worthy of
　179d5, 180d3, 181b6, 182c3, 183d7,

184b3, 188c8, 189a1, 190a7, 192a5, 197e3

ἀξιόω 认为适合，指望，要求
  [拉] existimo, opto
  [德] wert erachten, fordern
  [英] think fit, deem worthy, expect, require that
  188b3, 197d7, 201b1

ἄπειρος 无经验的，不懂的；无限的
  [拉] ignarus, imperitus, infinitus
  [德] unerfahren, unkundig, unendlich
  [英] inexperienced, ignorant, boundless, infinite
  181d4

ἁπλόος (adv. ἁπλῶς) 简单的
  [拉] simplex
  [德] einfach
  [英] simple
  178b4, 188c4, 188c5

ἀποβαίνω 结束，结局
  [拉] evenio, accido, fio
  [德] ablaufen, resultieren
  [英] issue, result from
  183e1

ἀποβλέπω (ἀποβλεπτέον) 盯住，注视
  [拉] respicio, intueor
  [德] hinschauen, hinblicken
  [英] gaze steadfastly, look at
  182e5

ἀποβολή 丧失，失去
  [拉] jactura
  [德] Verlust
  [英] loss

195e10

ἀποδέχομαι 接受，认可，赞同
  [拉] recipio, admitto, probo
  [德] aufnehmen, anerkennen
  [英] accept, admit
  188e2, 196e4

ἀποκρίνω 分开，选出，回答
  [拉] separo, secerno, respondeo
  [德] sondern, wählen, beantworten
  [英] set apart, choose, give answer to, reply to
  190e8, 191c8, 192c2, 197a2, 198a4, 199c3, 200a1

ἀπολείπω 放弃，离开
  [拉] relinquo
  [德] aufgeben
  [英] desert, abandon
  199d4

ἀπολύω 解开，解放
  [拉] solvo, exsolvo
  [德] ablösen, befreien
  [英] set free from, release or relieve from
  183e3

ἀπορέω 困惑，不知所措
  [拉] dubito, aestuo, consilii inops sum
  [德] ratlos sein, ohne Mittel und Wege
  [英] to be at a loss, be in doubt, be puzzled
  194c3

ἀπορία 难题，缺乏，贫穷，困惑
  [拉] difficultas, inopia

［德］Verlegenheit, Mangel
　　　［英］difficulty, lack of, perplexity
　　194c5, 196b2, 200e5
ἄπορος 难对付的，没办法的，走不通的
　　　［拉］inexplicabilis, invius
　　　［德］ratlos, unwegsam
　　　［英］hard to deal with, unmanageable, impassable
　　194c4
ἀποστερέω 抢劫，剥夺，骗取
　　　［拉］privo, fraudo
　　　［德］berauben, vorenthalten
　　　［英］rob, despoil, defraud
　　197c4
ἀποφαίνω (πρός-ἀποφαίνω) 显示，展示，宣称
　　　［拉］ostendo
　　　［德］aufzeigen, darlegen
　　　［英］show forth, display, declare
　　186d2, 195b2
ἀπρομηθία 缺乏先见
　　　［拉］imprudentia
　　　［德］Unvorsichtigkeit
　　　［英］want of forethought
　　197b4
ἀργύριον 银，银钱
　　　［拉］argentum
　　　［德］Silber
　　　［英］silver
　　192e3
ἀρέσκω 满意，高兴
　　　［拉］placeo
　　　［德］befriedigen, gefallen
　　　［英］please, satisfy

　　201b6
ἀρετή 德性
　　　［拉］virtus
　　　［德］Tugend, Tüchtigkeit
　　　［英］virtue, goodness, excellence
　　184c2, 188c7, 189b5, 190b4, 190b8,
　　190c8, 190d3, 190c8, 190d3, 198a2,
　　198a5, 199d5, 199e3, 199e4, 199e7
ἅρμα 双轮马车，战车
　　　［拉］iugum
　　　［德］Wagen
　　　［英］chariot
　　191b4
ἁρμόζω 联结，安排，绷紧，使适合
　　　［拉］vincio, moderor, adapto
　　　［德］zusammenfügen, ordnen, stimmen
　　　［英］join, accommodate, bind fast
　　188d2, 188d3, 193d11
ἁρμονία 和谐，协调
　　　［拉］harmonia
　　　［德］harmonie
　　　［英］harmony
　　188d3, 188d8
ἀρχή 开始，开头，统治，公职
　　　［拉］principium, imperium, magistratus
　　　［德］Anfang, Herrschaft, Amt
　　　［英］beginning, sovereignty, office
　　184b1, 184c6, 185b10, 187c5,
　　189e3, 198a1, 200c5
ἄρχω 开始，从……开始，统帅，统治
　　　［拉］incipio, guberno
　　　［德］anfangen, herrschen, befehlen

[英] begin, rule, command
179a7, 179c1, 181c7, 186c2, 187a8,
187c5, 187e8, 198e5, 199a2

ἀσκέω 从事，练习
 [拉] exerceo, factito
 [德] üben, ausüben
 [英] practise, exercise
 184e1, 184e3

ἀτεχνῶς 完完全全，真正地
 [拉] prorsus
 [德] geradezu, ganz
 [英] absolutely, simply, completely
 187b3

ἀτιμάζω (ἀτιμάω) 轻视，瞧不起，不敬重
 [拉] contemno
 [德] verachten, geringschätzen
 [英] dishonour, disdain, scorn
 182c8

ἄτοπος 荒诞不经的，荒谬的，奇特的
 [拉] absurdus
 [德] ungewöhnlich, widersinnig
 [英] strange, paradoxical
 195a2

αὐλητικός 吹笛的
 [拉] tibicinarius
 [德] das Flötenspiel betreffend
 [英] of or for the flute
 194e4

αὔριον 明天
 [拉] cras
 [德] Morgen
 [英] tomorrow
 201b8, 201c4

αὐτίκα 立即，马上，此刻，例如
 [拉] statim, continuo, mox, exempli caussa
 [德] sogleich, augenblicklich, zum Beispiel
 [英] forthwith, at once, in a moment, for example
 195b3

αὐτόθεν 从当地，就地，立即，立刻
 [拉] hinc, inde, ex eo loco
 [德] von selbiger Stelle, gleich von da an
 [英] from the very spot, at once, immediately
 183c3

ἀφίημι 放弃，赦免，宣告无罪
 [拉] dimitto, absolve
 [德] loslassen, freisprechen
 [英] give up, acquit
 181a7, 184a4, 184c7, 186d6, 186d7,
 188a2, 194b6, 197e7, 200c5

ἀφικνέομαι 到达，返回
 [拉] advenio, redeo
 [德] ankommen, zurückkehren
 [英] arrive at, return
 201c1

ἄφοβος 无畏的，不惧怕的
 [拉] intrepidus
 [德] furchtlos
 [英] fearless, intrepid
 197a8, 197b2, 197b4

ἀφροσύνη 愚蠢，没头脑
 [拉] imprudentia
 [德] Unvernunft, Unbesonnenheit
 [英] folly, thoughtlessness

192d1
ἄφρων 愚蠢的，没头脑的
　　［拉］imprudens
　　［德］unvernuenftig
　　［英］silly, foolish, senseless
　　193b2, 193c9, 193d1, 193d7
ἄχθομαι 不快，烦恼，憎恶
　　［拉］aegre et moleste fero
　　［德］betrüben, sich gedrücktfühlen
　　［英］to be vexed, grieved
　　189a3
βάλλω 扔
　　［拉］iacio
　　［德］werfen
　　［英］throw
　　184a3
βασανίζω 试验真假，试验，证明，拷问
　　［拉］exploro, probo, examino
　　［德］prüfen, untersuchen, foltern
　　［英］put to the test, prove, examine closely, cross-question
　　188a3, 188b5
βεβαιόω 巩固，证实
　　［拉］confirmo
　　［德］befestigen
　　［英］confirm, establish
　　194c6, 200b7
βίος 生命，一生，生活
　　［拉］vita
　　［德］Leben, Lebenszeit
　　［英］life, lifetime
　　182e7, 188a1, 188b1
βιόω (βιωτέον) 生活，过活
　　［拉］vivo, vitam ago
　　［德］leben
　　［英］live, pass one's life
　　188a1
βλαβερός (adv. βλαβερῶς) 有害的
　　［拉］noxius, perniciosus
　　［德］schädlich
　　［英］harmful
　　192d2, 192d5, 193d2
βλέπω 看，瞧
　　［拉］intuor
　　［德］blicken, ansehen
　　［英］see, look
　　195a3, 197e3, 200a6, 200b2
βοηθέω 帮助，搭救
　　［拉］succurro
　　［德］helfen, zu Helfe kommen
　　［英］assist, aid
　　193a4, 194c3
βουλεύω (βουλευτέον) 任议事员，提意见，建议，决定
　　［拉］consulto
　　［德］beraten, Mitglied des Rats sein
　　［英］give counsel, act as member of council
　　185a1, 185b10, 185d3, 187d4, 201c1
βουλή 决定，建议
　　［拉］decretum, consilium
　　［德］Beschluß, Rat
　　［英］determination, advice
　　184d1, 184e1, 185c7, 185d6
βούλομαι 愿意，想
　　［拉］volo
　　［德］wollen, wünschen
　　［英］will

179a7, 179e6, 180a1, 180d3, 183e3, 185b2, 185b2, 187c1, 188c2, 188c5, 189b3, 190d2, 191c8, 193e8, 194a1, 194b8, 194c1, 196a4, 196b4, 196c5

γέλως 笑料，笑柄
　　［拉］ridiculus
　　［德］Gelächter
　　［英］laughter
　　184a2, 184a6

γενναῖος (adv. γενναίως) 高贵的，优良的
　　［拉］generosus, nobilis
　　［德］von vornehmer Abstammung, edel
　　［英］high-born, noble
　　196b1

γεραιός (γηραιός) 年老的，古老的
　　［拉］senex, senilis
　　［德］alt
　　［英］old, ancient
　　201b7

γερροφόροι 持柳条盾的军队
　　［拉］scutatus
　　［德］leichte Truppen mit geflochtenen Schilden
　　［英］troops that used wicker shields
　　191c2

γεωργία 耕作，耕种
　　［拉］agricultura
　　［德］Ackerbau
　　［英］tillage, agriculture, farming
　　195b8, 198e1

γεωργός 农夫，农民
　　［拉］agricola
　　［德］Landwirt, Landbauer

　　［英］farmer
　　195b7

γῆ (γαῖα) 地，土地，泥土
　　［拉］terra, tellus
　　［德］Erde, Boden
　　［英］land, earth
　　198e1

γῆρας 老年
　　［拉］senectus
　　［德］Alter
　　［英］old age
　　188b4

γηράσκω 变老
　　［拉］senesco
　　［德］altern
　　［英］grow old
　　189a5

γίγνομαι 发生，产生，生成，成为，变得，出现
　　［拉］accido, evenio
　　［德］werden, geschehen, sich ereignen
　　［英］happen, come to be
　　179a6, 179b2, 179d1, 179d4, 179d5, 179d7, 183c4, 183c6, 184b5, 184c3, 185a6, 185a7, 185b4, 185e6, 185e8, 186a6, 186b1, 186b5, 186c1, 186e3, 187a6, 187b4, 187e3, 189c8, 189d6, 189e6, 190a5, 190a7, 190c1, 191a1, 191c2, 196d10, 196e2, 198b7, 198d2, 198d3, 198d4, 198d5, 198d7, 198e1, 199a1, 199a7, 199a8, 199b11, 199d6, 200d8, 200e2, 200e5

γιγνώσκω 认识
　　[拉] nosco, percipio
　　[德] erkennen, kennen
　　[英] know, recognize
　　178b3, 178b4, 180d5, 187c2, 187d7,
　　195d7, 195e5, 195e9, 196d4, 196d5,
　　196d10, 196e6

γνωρίζω 使人知道，认识，了解，熟悉
　　[拉] nosco, cognosco
　　[德] bekannt machen, erkennen
　　[英] make known, become acquainted with
　　181c4

γυμνάζω 进行体育锻炼，训练
　　[拉] exerceo
　　[德] Leibesübung treiben, trainieren
　　[英] train, exercise
　　182a3, 182a5

γυμνάσιον 体育锻炼
　　[拉] exercitatio
　　[德] Leibesübung
　　[英] bodily exercises
　　181e5, 182a2

γυνή 妇女
　　[拉] mulier
　　[德] Frau
　　[英] woman
　　197b5

δαιμόνιος (adv. δαιμονίως) 精灵的，属于精灵的
　　[拉] daemonicus
　　[德] dämonisch
　　[英] of or belonging to a daemon
　　199d4

δείδω 恐惧，害怕
　　[拉] timeo, vereor
　　[德] fürchten, scheuen
　　[英] fear, dread
　　197b1

δειλία 懦弱，胆小
　　[拉] timiditas
　　[德] Furchtsamkeit, Feigheit
　　[英] timidity, cowardice
　　191e6

δειλός 懦弱的，胆小的
　　[拉] timidus
　　[德] feig
　　[英] cowardly
　　184b4

δεινός 聪明的，强有力的，可怕的
　　[拉] fortis, potens, peritus, terribilis, dirus
　　[德] tüchtig, geschickt, gewaltig, furchtbar
　　[英] clever, powerful, terrible
　　182d1, 186e4, 191d7, 193c3, 193c5,
　　194e11, 195b4, 195b8, 195b9,
　　195c9, 195d4, 195d8, 195e5, 196d2,
　　197a7, 198b3, 198b6, 198c3,
　　199a10, 199b3, 199b9, 199c5,
　　199d9, 200e1

δέος 恐惧
　　[拉] metus
　　[德] Furcht, Angst
　　[英] fear, alarm, reverence
　　198b6, 198b7, 198b8

δέχομαι 接受，赞同，选择
　　[拉] accipio, eligo

[德] annehmen, gutheißen

[英] accept, choose, prefer

187d2

δέω (δεῖ, δέομαι) 捆绑；缺乏，需要，恳求，必须，应当

    [拉] vincio, indigeo

    [德] binden, fesseln, bedürfen, brauchen

    [英] bind, lack, want

    182a6, 182a8, 182e4, 184c7, 184c9, 184d1, 184d2, 184e8, 185a9, 185d9, 186a3, 189c5, 190b7, 192c1, 192c2, 192e7, 195e9, 200c1, 201a4

δῆλος 清楚的，显而易见的

    [拉] manifestus

    [德] klar, offenbar

    [英] clear

    182c2, 187c3, 187e4, 189e6, 190a3, 190d4, 194d4, 196e1

δηλόω 指出，显示，表明，阐明

    [拉] manifesto, declaro, ostendo

    [德] zeigen, offenbaren

    [英] show, exhibit, reveal

    196a6

δημιουργός 匠人，工匠

    [拉] qui opera populo utilia facit, auctor operis

    [德] Handwerker

    [英] one who works for the people, skilled workman, handicraftsman

    185e10, 195b9, 195d8

δημότης 同一乡区的人，同胞

    [拉] contribulis

    [德] Bezirksgenosse

    [英] member of the same deme

    180c2, 180d7, 187e1, 187e3

διαβολή 诽谤，不实的指控，偏见

    [拉] calumnia, obtrectatio

    [德] Verleumdung

    [英] false accusation, slander

    184b7

διαιρέω (διαιρετέον) 分开，分解

    [拉] divido

    [德] teilen, auseinandernehmen

    [英] take apart, divide

    197d5

διάκειμαι 被置于某种境况

    [拉] dispositus sum

    [德] in eine Lage versetzt sein

    [英] to be in a certain state

    189b4, 193e6

διακελεύομαι 要求，吩咐，鼓励

    [拉] hortor, jubeo

    [德] zureden, ermuntern, auffordern

    [英] exhort, give orders, direct

    186d6

διακρίνω 区分，做出决定，解决争端

    [拉] discerno, dijudico

    [德] entscheiden

    [英] distinguish, decide

    186e1

διαλέγω 谈论，交谈

    [拉] colloquor

    [德] reden, diskutieren

    [英] hold converse with, discuss

    180e6, 187e7, 187e8, 188c7, 189c6, 193e4

διάλογος 对话

[拉] sermocinatio, dialogus
[德] Gespräch, Dialog
[英] conversation, dialogue
200e3

διαλύω 分解，分开
[拉] solvo
[德] auflösen, lösen
[英] dissolve, loose
201c3

διανοέομαι (διανοέω, διανοητέον) 思考，打算
[拉] cogito
[德] denken
[英] think
189c7, 190e8

διάνοια 意图，打算，思想
[拉] consilium, mentis agitatio
[德] Gesinnung, Absicht, Gedanke
[英] thought, intention, purpose
180a7, 192a6

διαπράσσω 完成，做完，导致，引起
[拉] perficio, conficio
[德] vollführen, erlangen, bewirken
[英] bring about, accomplish
192b1

διασῴζω 保全，保持
[拉] servo, conservo
[德] erhalten, retten
[英] preserve through, preserve, maintain
181c5

διατίθημι 安排，处置
[拉] dispono, ordino
[德] anordnen, versetzen

[英] arrange, manage
180b6

διατριβή 消磨时间，消遣，研讨
[拉] contritio, conversatio
[德] Zeitverlust, Aufenthalt, Unterhaltung
[英] wearing away, haunt
180c2, 181e3

διατρίβω 消磨时间，揉碎
[拉] contero, versor
[德] zerreiben, aufhalten, weilen
[英] spend, waste time, delay
180d6, 181e2

διαφέρω 不同，不一致，有分歧，胜过
[拉] differo, vinco, supero
[德] verschieden sein, sich auszeichnen
[英] differ, excel
180e4, 183d5, 183d6, 184c2, 186d4, 187d1, 200a7

διαφεύγω 逃走，逃脱
[拉] effugio, evito
[德] entfliehen, vermeiden
[英] get away from, escape
194b3

διαφθείρω 败坏，毁灭
[拉] corrumpo
[德] verderben, vernichten
[英] corrupt, ruin
186b7

διδάσκαλος 老师
[拉] magister
[德] Lehrer
[英] teacher, master

180d1, 183a3, 185b4, 185b7, 185c1,
185e5, 185e7, 185e8, 186a7, 186b1,
186c1, 187a1, 189a7, 189a8, 189d6,
201a4, 201b1

διδάσκω 教，传授
　　[拉] doceo
　　[德] lehren
　　[英] teach, instruct
　　181d7, 182d3, 182e1, 186b1, 189a5,
　　189b2, 195a7, 196c4, 198b5, 200b7

δίδωμι (δοτέον) 给，交出，赠送，赠
与，认可
　　[拉] do, dono, concedo, permitto
　　[德] geben, schenken, zugeben,
　　gestatten
　　[英] give, offer, grant
　　187a6, 187c2, 187d2, 187e10,
　　189b5, 189b6, 193a1, 195d7

διέξειμι 出去，详细叙述，仔细检查
　　[拉] exeo, narro
　　[德] hinausgehen, vollständig vor-
　　tragen
　　[英] go through, go through in de-
　　tail, relate circumstantially
　　187c5, 189d1

δίκαιος (adv. δικαίως) 正当的，公正的，
正义的
　　[拉] justus
　　[德] gerecht, richtig
　　[英] just, right
　　180e1, 181c2, 181d3, 189b6, 192d6,
　　200d5, 200e4

δικαιοσύνη 正义，公正
　　[拉] justitia

　　[德] Gerechtigkeit
　　[英] righteousness, justice
　　198a8, 199d8

δικαστήριον 法庭
　　[拉] judicium
　　[德] Gerichtshof
　　[英] court
　　196b5

διοικέω 管理，治理
　　[拉] rego
　　[德] verwalten
　　[英] control, administer
　　179c4

διπλόος (δισσός, διττός, adv. διπλῇ) 双重的
　　[拉] duplex, duplus
　　[德] zweifach, doppelt
　　[英] twofold, double
　　188c5

διώκω (διωκτέος) 控告，追
　　[拉] persequor
　　[德] jagen, anklagen
　　[英] prosecute, pursue
　　182a8, 191a9, 191b1

δοκέω 设想，看来，认为
　　[拉] puto, opinor, videor
　　[德] glauben, scheinen
　　[英] imagine, seem
　　178b4, 179a5, 179b6, 179e4, 180a3,
　　180b3, 181c8, 181d3, 181d8, 182c8,
　　182d3, 182d4, 182d8, 184b4, 184c4,
　　184c7, 184d1, 185b5, 185b9, 186c8,
　　187b8, 187d5, 187d6, 187e6, 188c5,
　　188d3, 188e1, 188e3, 188e4, 189d3,
　　190c3, 190d4, 190d5, 190d6, 192b9,

193b1, 193b8, 193d8, 193e6, 194b2,
194c7, 194d8, 195a8, 195b4, 195c3,
196b4, 196c1, 196d11, 197d1,
197d4, 197e2, 197e9, 197e10,
198d1, 199a9, 199d3, 199d4, 199e2,
200b1, 200b7, 201a1, 201a2, 201b2

δόξα 名声，意见，期望，荣誉，判断
　　［拉］opinio, exspectatio, fama, gloria
　　［德］Meinung, Erwartung, Ruhm, Vorstellung
　　［英］opinion, expectation, repute, judgement
　　178b3, 189a8

δόρυ 木板，木料，矛
　　［拉］lignum, hasta
　　［德］Holz, Balken, Speer
　　［英］timber, plank, spear
　　183e5, 183e6, 184a1, 184a5

δορυδρέπανον 镰刀矛，戟
　　［拉］hasta vel ensis falcatus
　　［德］Sichel an langer Stange
　　［英］halbert
　　183d5, 184a7

δοῦλος 奴隶
　　［拉］servus
　　［德］Knecht
　　［英］slave
　　186b4

δρέπανον 镰刀
　　［拉］falx
　　［德］Sichel
　　［英］scythe
　　183d7

δρόμος 跑道，跑场；赛跑，奔跑
　　［拉］curriculum, cursus
　　［德］Lauf, Rennbahn, Rennen
　　［英］course, race, runnig
　　192b2

δύναμαι 能够，有能力
　　［拉］possum, valeo
　　［德］können, imstande sein
　　［英］to be able
　　181d2

δύναμις 能力，力量
　　［拉］potentia
　　［德］Macht, Vermögen
　　［英］power, might
　　192b1, 192b6, 194c3

δυνατός 有可能的，能办到的，有能力的
　　［拉］potens, possibilis
　　［德］imstande, fähig
　　［英］possible, powerful
　　186c7, 186d1

δυσμαθής 学习吃力的，迟钝的
　　［拉］tardus ad discendum, indocilis
　　［德］ungelehrig, schwer lernend
　　［英］slow at learning, dull
　　189a7

δυστυχέω 不幸，倒霉
　　［拉］adversa fortuna utor
　　［德］unglücklich sein
　　［英］to be unlucky, unfortunate
　　183c8

δῶρον (δωρεά) 礼物，礼品
　　［拉］donum
　　［德］Geschenk
　　［英］gift, present

187a3
ἐάω (ἐατέος) 允许，同意，不理会，放弃
　　[拉] dimitto, omitto
　　[德] zulassen, unterlassen
　　[英] concede, permit, let alone, let be
　　179d1, 185a2, 200c4, 201a6, 201b3
ἐγγύς (comp. ἐγγύτερος; sup. ἐγγύτατος) 近，附近
　　[拉] prope
　　[德] nahe
　　[英] near, nigh, at hand
　　187e6
ἐγκωμιάζω 颂扬，称赞
　　[拉] laudo
　　[德] preisen, loben
　　[英] praise, laud, extol
　　191b2
ἐθέλω 愿意，乐于
　　[拉] volo
　　[德] wollen, wünschen
　　[英] to be willing, wish
　　181b3, 185e9, 187c4, 188b2, 189a5, 191c2, 193a3, 193a9, 193c2, 196a7, 200c7, 200d3, 200d6, 201b6, 201c5
εἶδος 形式，样式，形状，外貌，形相
　　[拉] forma, species, modus
　　[德] Form, Aussehen, Gestalt
　　[英] form, appearance, shape
　　191d2
εἴδω (οἶδα, ἀπό-εἶδον) 看，知道，熟悉
　　[拉] video, scio, peritus sum
　　[德] sehen, wissen, verstehen
　　[英] see, know, be acquainted with
　　179a8, 181b7, 186d3, 187e6, 188a5, 189b3, 189e6, 190a4, 190a6, 190b7, 190b8, 190c4, 190c6, 190c10, 190e6, 192c5, 192c7, 192e1, 192e3, 193a4, 194b2, 195c1, 195c7, 195c9, 196e5, 196e7, 198a1, 198d3, 198e5, 199d5, 200a5, 200a7, 200b6, 200e3, 200e4
εἰκός (adv. εἰκότως) 很可能的，合理的，当然的
　　[拉] probabilis, decens
　　[德] wahrscheinlich, folgerichtig, natürlich
　　[英] probable, reasonable
　　183b2, 184e4, 187c7, 190d1
εἶμι (ἰτέον) 去，来
　　[拉] ibo
　　[德] gehen, kommen
　　[英] go, come
　　187a3, 194c2, 194e3
εἶπον 说
　　[拉] dico
　　[德] sagen
　　[英] say, speak
　　178a3, 178b1, 178b4, 179c1, 180c8, 182c8, 184b1, 186b3, 186e4, 187d1, 190c6, 190d8, 190e3, 190e4, 190e8, 191b3, 191e10, 192a9, 192b6, 192c1, 194b1, 194b4, 194c3, 194e3, 194e10, 195a3, 195c8, 195c12, 197c8, 197d1
εἰρήνη 和平
　　[拉] pax

[德] Friede
[英] peace
179c4

εἰσηγέομαι 提出，引进
[拉] fero, instituo
[德] einführen, vorschlagen
[英] bring in, introduce
179e1

ἕκαστος 每，每一个，各自
[拉] singulus, quisque
[德] jeder
[英] each, every one
183c6, 194d2

ἑκάστοτε 每回，每次，任何时候
[拉] semper
[德] jedesmal, jemals
[英] each time, on each occasion
181a2, 200d2

ἑκάτερος 两者中的每一个
[拉] alteruter
[德] jeder von beiden
[英] each of two
179c2, 186e4, 187a1, 191e9

ἐκλύω 解开，摆脱
[拉] exsolvo, libero
[德] befreien, auflösen
[英] set free, release
194c5

ἔκφορος 泄露出去的
[拉] evulgandus
[德] bekannt zu machenend
[英] to be made known or divulged
201a3

ἑκών 自愿的，心甘情愿的，故意的
[拉] voluntarius
[德] freiwillig, gern
[英] willing
183d4

ἔλαφος 鹿
[拉] cervus
[德] Hirsch
[英] deer
196e7

ἐλαχύς (comp. ἐλάσσων; sup. ἐλάχιστος) 少的，小的
[拉] parvus
[德] klein, gering
[英] small, little
182a1, 193a5

ἐλέγχω 质问，反驳，谴责
[拉] redarguo
[德] ausfragen, beschimpfen
[英] cross-examine, question, accuse
189b2

ἐλεύθερος 自由的
[拉] liber
[德] frei
[英] free
182a1, 186b4

ἕλκω 拖，拉，扯
[拉] traho
[德] ziehen
[英] draw, drag
183e3

ἐλπίς 希望
[拉] spes
[德] Hoffnung

[英] hope, expectation
200a2

ἔμπειρος 有经验的，有见识的，老练的，熟悉的
  [拉] peritus
  [德] erfahren, kundig
  [英] experienced, acquainted
188e5

ἐμπίτνω (ἐμπίπτω) 落到，落进，撞上
  [拉] incido
  [德] hineinfallen
  [英] fall upon
187e10, 188a2

ἔναγχος 刚刚，刚才，不久前
  [拉] nuper
  [德] neulich
  [英] just now, lately
180c9

ἐναντιόομαι 反对，拒绝
  [拉] repugno
  [德] sich widersetzen, entgegentreten
  [英] set oneself against, oppose
197a4

ἐναντίος 相反的，对立的
  [拉] contra
  [德] gegenüberstehend, widrig
  [英] opposite
184d3, 185a6, 188e2, 192d1, 193a8, 193b1, 196b4

ἐνδεής (adv. ἐνδεῶς) 不足的，缺乏的
  [拉] indigus, defectus
  [德] Mangel leidend, bedürftig, ermangelnd
  [英] lacking, deficient, in need of

199d7

ἐνδείκνυμι 证明，指出，检举
  [拉] demonstro, ostendo
  [德] beweisen, erweisen, aufzeigen
  [英] prove, demonstrate, exhibit, point out
179d3

ἕνεκα 为了，由于
  [拉] gratia, propter
  [德] um ... willen, angesichts
  [英] on account of, for the sake of, as far as regards
178a2, 185c1, 185d5, 185d6, 185d7, 185e2, 196c2

ἐνέχω 保持，心中怀抱着
  [拉] intus habeo
  [德] in sich haben, darin halten
  [英] hold, keep fast within
183e2

ἐνθένδε (ἔνθεν) 从这里
  [拉] hinc
  [德] von hier aus
  [英] from here
192c5

ἐνταῦθα (ἐνθαῦτα) 在这儿
  [拉] huc
  [德] hierin
  [英] here
180c2, 182c9

ἐντεῦθεν 从这里，从那里，从此以后
  [拉] hinc
  [德] von hier aus, von da
  [英] hence, thence, henceforth
187c5

ἐντυγχάνω 路遇，碰见
　　[拉] incido in aliquem
　　[德] treffen
　　[英] light upon, fall in with, meet with
　　184a8, 187e3

ἐξαμαρτάνω 犯错
　　[拉] pecco, aberro
　　[德] verfehlen, abirren
　　[英] fail, do wrong
　　184b7

ἐξαπατάω 欺骗，引诱
　　[拉] decipio
　　[德] täuschen, gänzlichbetrügen
　　[英] deceivethoroughly, beguile
　　182e3

ἔξεστι 可以，能够，容许
　　[拉] licet
　　[德] es steht frei, es ist erlaubt
　　[英] it is allowed, is possible
　　183c2

ἐξετάζω 盘问，调查
　　[拉] examino, inquiro
　　[德] nachforschen, prüfen
　　[英] examine well or closely
　　189a3, 189e1

ἐξευλαβέομαι 非常小心，慎重
　　[拉] caveo
　　[德] sich wohl in acht nehmen
　　[英] guard carefully against
　　199d9

ἐξευρίσκω 找出，发现
　　[拉] invenio
　　[德] ausfinden, herausfinden

　　[英] find out, discover
　　186e6

ἑξῆς 前后相继，依次，此后
　　[拉] deinceps, ordine
　　[德] der Reihe nach, nacheinander, nebeneinander, nebendanach
　　[英] one after another, in order
　　182b6

ἔξωθεν 从外面
　　[拉] ab externo
　　[德] von außen her
　　[英] from without or abroad
　　183a8

ἔοικα 看来，似乎
　　[拉] ut videtur
　　[德] es scheint
　　[英] seem, look like
　　183c7, 188e6, 189c1, 192d12, 193d8, 193e2, 195c3, 199c2, 199c5, 199e5, 199e10, 200a7

ἐπαγγέλλω 宣布，声称
　　[拉] profiteor
　　[德] ankündigen, melden
　　[英] proclaim, announce
　　186c4, 189b2

ἐπαινέω (ἐπαινετέον) 赞许，赞美
　　[拉] laudo
　　[德] loben
　　[英] approval, praise
　　179e2, 180a4, 180a6, 180e7, 181b6, 181b7, 184d5, 191a9

ἔπαινος 赞许，赞美
　　[拉] laus
　　[德] Lob

[英] approval, praise
181b5

ἐπαίω 精通，懂得
[拉] intelligo, percipio
[德] verstehen
[英] understand, to be an expert in
186e1, 199a8, 199b11

ἐπανορθόω 修改，纠正，重建
[拉] corrigo, emendo
[德] wieder aufrichten, richtigstellen
[英] correct, amend, set up again
200b4

ἐπιβαίνω 踏上，走上
[拉] ingredior
[德] auftreten
[英] go upon, walk upon
183b4

ἐπιβατεύω 登上，占据
[拉] vehor
[德] den Fuß auf etwas setzen, betreten
[英] set one's foot upon, occupy
183d4

ἐπιδείκνυμι 指出，显示
[拉] ostendo, declare
[德] aufzeigen, vorstellen
[英] exhibit as a specimen, display, exhibit
179e3, 183b1, 183b2, 183b6, 183d1, 183d3, 185e11, 186a6, 186b3

ἐπιδιακρίνω 作为仲裁者进行决定，给出决定性的裁决
[拉] diiudico, discepto
[德] das entscheidende Urteil angeben
[英] decide as umpire
184d1

ἐπιεικής (adv. ἐπιεικῶς) 能干的，合适的，正直的
[拉] praestans, decens, aequus
[德] tüchtig, angemessen, rechtlich
[英] capable, fitting, fair
200b3

ἐπιθυμέω 渴望，愿意
[拉] cupio
[德] begehren, wünschen
[英] long for, desire
182b6, 186c2, 191d7, 195a8

ἐπιθυμία 渴望，意愿，欲望
[拉] cupiditas
[德] Begehren, Wünsch
[英] desire, yearning
182b5, 191e5

ἐπικρύπτω 隐藏，隐瞒，掩饰
[拉] abscondo, celo
[德] verbergen, sich verstecken
[英] conceal, disguise
196b2

ἐπιλανθάνομαι 忘记
[拉] obliviscor
[德] vergessen
[英] forget, lose thought of
189c6

ἐπιμέλεια 关心
[拉] cura
[德] Sorge
[英] care, attention
179b5, 179e6, 180c6, 201b5

ἐπιμελέομαι 关心，照料
　　[拉] curo
　　[德] sorgen
　　[英] take care of
　　179a5, 179a8, 179d5, 187a4, 187a7, 200c8

ἐπιμένω 保留，保持
　　[拉] supersum, permaneo, persevero
　　[德] behalten, bleiben
　　[英] stay on, remain
　　194a2

ἐπιμιμνήσκομαι 记起，提到
　　[拉] commemoro, mentionem facio
　　[德] sich erinnern, gedenken
　　[英] bethink oneself of, remember, make mention of
　　180e6

ἐπίσκεψις 探究，寻求
　　[拉] inspection, exploration, quaestio
　　[德] Untersuchung
　　[英] investigation, inquiry
　　197e3

ἐπισπάω 拖，拉
　　[拉] attraho, traho
　　[德] heranziehen, anziehen
　　[英] draw or drag after
　　183e6

ἐπίσταμαι 知道
　　[拉] scio
　　[德] wissen
　　[英] know
　　181e1, 182b2, 182d7, 184b4, 186e6, 188b6, 189e3, 190a1, 191b1, 195b4, 195b8, 195c11, 199e1

ἐπιστήμη 知识
　　[拉] scientia
　　[德] Wissen, Wissenschaft
　　[英] knowledge
　　182c7, 184c1, 184c4, 184e8, 191b3, 193b5, 193b7, 194e8, 195a1, 196d1, 196d6, 198c6, 198d2, 199a7, 199a10, 199b6, 199b10, 199c1, 199c6, 200a8

ἐπιστήμων (adv. ἐπιστημόνως) 精通……的，对……有学识的，对……有知识的
　　[拉] scientia praeditus, sciens, peritus
　　[德] sich auf etw. verstehend, kundig, geschickt
　　[英] knowing, wise, prudent
　　195d9

ἐπιτήδειος 合适的，有用的，忠实的，怀好意的
　　[拉] idoneus, commodus, amicus
　　[德] passend, erforderlich, befreundet
　　[英] suitable, useful, friendly
　　181c8

ἐπίτηδες 有意地，故意地
　　[拉] consulto
　　[德] absichtlich
　　[英] of set purpose, advisedly
　　183c3

ἐπιτήδευμα 一生从事的事情，事业
　　[拉] studium
　　[德] Beschäftigung, Bestrebung
　　[英] pursuit, business
　　180a4, 180c4, 182c3, 186d2, 190e2

ἐπιτηδεύω 一心从事，致力于
　　[拉] studeo, curo
　　[德] beschäftigen, betreiben
　　[英] pursue, practice
　　179d7, 182c4, 182e7, 183a1, 183c5,
　　183c6, 185b3
ἐπιτίθημι 攻击，诋毁，致力于，加上，
　　添上
　　[拉] aggredior, adjicio, addo
　　[德] angreifen, dazusetzen, darauflegen
　　[英] attack, make an attempt upon, add to
　　182b1
ἐπιτρέπω 放过，容许，交付，交托
　　[拉] permitto, concedo, trado
　　[德] gestatten, überlassen
　　[英] give up, yield, permit, turn over to
　　200d1
ἐπιφανής 明显的，清楚的，可见的
　　[拉] conspicuus
　　[德] deutlich, sichtbar
　　[英] manifest, evident
　　184b5
ἐπίφθονος 嫉妒的，怀恨的
　　[拉] invidiosus
　　[德] beneidet, verhaßt
　　[英] liable to envy or jealousy
　　184c1
ἐπιχειρέω (ἐνχειρέω, ἐπιχειρητέον) 尝试，
　　企图，着手
　　[拉] manum admoveo, conor
　　[德] versuchen, unternehmen
　　[英] put one's hand to, attempt
　　184b3, 189d5, 190d7, 197c4
ἐποράω (ἐφοράω) 观察，视察
　　[拉] animadverto
　　[德] beobachten
　　[英] oversee, observe
　　198d7
ἐργάζομαι 工作，做，制造
　　[拉] laboro, infero
　　[德] arbeiten, tun
　　[英] work at, labour, make
　　179c4, 183a6, 185e11, 200b1
ἔργον 事情，行动，行为，结果，任务
　　[拉] res, opus
　　[德] Sache, Ding, Tat, Werk
　　[英] thing, matter, deed, action
　　179c3, 183c2, 185e11, 186b2,
　　188e6, 189c3, 190c9, 193c3, 193e1,
　　193e2, 200e4
ἔρομαι 问，询问，请教
　　[拉] interrogo, inquiro, quaero
　　[德] fragen, befragen
　　[英] ask, question, inquire
　　189c7, 190e9, 191c8, 192a8
ἔρχομαι 动身，去
　　[拉] venio, progredior
　　[德] schreiten, gehen
　　[英] go, start
　　179e4
ἐρῶ 将要说，将要宣布
　　[拉] dicam, dico, loquor, nuncio
　　[德] reden, sagen
　　[英] will tell, proclaim
　　178a4, 180b3, 182d4, 194a8, 197c8,

200b3, 200b4, 201b4

ἐρωτάω 问，询问
    [拉] interrogo, rogo
    [德] fragen, erfragen, befragen
    [英] ask, question
186d7, 186d8, 187c1, 187c4, 192a1, 192c2, 194e1, 194e9, 199c4

ἐσθίω (φαγεῖν) 吃
    [拉] edo
    [德] essen
    [英] eat
192e7

ἑταῖρος (ἑταίρα) 朋友，同伴
    [拉] amicus, socius
    [德] Kamerad, Freund
    [英] comrade, companion
180e3, 186b6, 197d3

ἕτερος (ἅτερος, adv. ἑτέρως) 另一个，两者中的一个，不相同的
    [拉] alter, alius
    [德] ein andrer, der eine von zweien, verschieden
    [英] one or the other of two, another, different
190e9, 193b2, 200a6

ἑτέρωθι (ἄλλοθι) 在别处，在其他地方
    [拉] alibi
    [德] anderswo
    [英] elsewhere, in another place
183d2

ἕτοῖμος 预备好的，已经在手边的，现实的
    [拉] paratus, certus
    [德] wirklich, bereit, vorhanden
    [英] at hand, prepared, realized
180a7, 189c2, 194a6

εὐδοκιμέω 有名声，受到重视
    [拉] opinione hominum probor
    [德] in gutem Rufe stehen, geachtet sein
    [英] be of good repute, highly esteemed
181b8

εὐδόκιμος 有名声的，有声誉的
    [拉] celeber
    [德] berühmt
    [英] honoured, famous, glorious
183c4

εὐθύς (adv. εὐθέως) 直的，立即
    [拉] rectus, statim
    [德] gerade, gleich
    [英] straight, right away
183b1, 190c8

εὔνοος (εὔνους) 好心的，好意的
    [拉] benevolus
    [德] von guter Gesinnung, wohlgesinnt
    [英] well-disposed, kindly, friendly
181b8

εὔπορος 有办法的，容易通过的
    [拉] expeditus, aptus
    [德] gut zu gehen, gangbar
    [英] easy to pass done, easily
194b9

εὑρετής 发现者，发明者
    [拉] inventor
    [德] Erfinder
    [英] inventor, discoverer

186e2, 187a6
εὑρίσκω 发现，找到
　　[拉] invenio, exquiro
　　[德] finden, entdecken
　　[英] find, discovery
186c5, 186c6, 186c8, 189a1, 199e11, 199e13
εὐσχημοσύνη 优雅，得体
　　[拉] decentia, decorum
　　[德] wohlanständigkeit, Anstand
　　[英] gracefulness, elegance
182d2
εὐσχήμων 有好姿态的，优雅的，高雅的
　　[拉] decorus, speciosus
　　[德] wohlgestaltet, wohlanständig, vornehm
　　[英] elegant in figure, mien and bearing, graceful
182c9
ἐφίημι 允许，放任
　　[拉] permitto
　　[德] zulassen, loslassen
　　[英] permit, allow
184a1
ἐχθρός (sup. ἔχθιστος) 仇恨的，敌对的
　　[拉] inimicus
　　[德] verhaßt, feindselig
　　[英] hated, hateful, hostile
182d1
ἔχω (ἴσχω, ἀμφί-ἴσχω, adv. ἐχόντως) 有，拥有
　　[拉] habeo
　　[德] haben, besitzen
　　[英] have, possess
179a2, 179a3, 179c3, 179c6, 179d5, 180a4, 180c8, 180d7, 181d5, 181e4, 181e5, 182a1, 182c2, 183d5, 183e6, 184b2, 184b7, 184c4, 184d4, 185a9, 185e11, 186a6, 186b3, 186b7, 186c3, 187d1, 188b4, 188c3, 189a2, 189b1, 189d7, 190c10, 192e7, 193a6, 194c3, 196b5, 197c8, 198b2, 198e2, 199b7, 199c1, 199c7, 200a8, 201a1, 201a6
ἕωθεν 从清晨起，在清晨
　　[拉] mane
　　[德] vom Morgen an, bei Tagesanbruch
　　[英] from morn, at earliest dawn
201c1
ζάω 活，活着
　　[拉] vivo
　　[德] leben
　　[英] live
188a1, 188b3, 195d1, 195d5, 195e2
ζητέω (ζητητέος) 想要，追寻
　　[拉] requiro, studeo, volo
　　[德] forschen, wünschen
　　[英] require, demand
180c3, 182e7, 185a3, 185b6, 185d7, 186b6, 194a4, 200c8, 201a3
ζήτησις (ζήτημα) 探寻，探究
　　[拉] investigatio
　　[德] Untersuchung
　　[英] inquiry, investigation
194a2
ἡγέομαι (ἡγητέον) 带领，引领，认为，

相信
[拉] duco, puto, existimo, opinor
[德] anführen, meinen, glauben
[英] go before, lead the way, believe, hold
178a4, 178b3, 179b1, 181b8, 181c2, 183b4, 187c7, 192c6, 194c4, 195c10, 198b4, 198b5

ἥδομαι 感到高兴，感到满意
[拉] delector
[德] sich freuen, erfreuen
[英] enjoy oneself, to delight in
187c4

ἡδονή 快乐，愉悦
[拉] laetitia
[德] Lust, Vergnügen
[英] enjoyment, pleasure
191d7, 191e5, 192b6

ἡδύς (adv. ἡδέως) 满意的，喜悦的
[拉] dulcis, laetus
[德] angenehm, lieb
[英] pleasant, well-pleased, glad
182d5, 189a2, 200d1

ἥκω 已来到
[拉] veni
[德] ich bin gekommen, angelangt
[英] to have come
201c4

ἡλικία 年纪，年龄
[拉] aetas
[德] Lebensalter
[英] time of life, age
180d6, 187c8, 189b7, 189c7, 200c6

ἡλίκος 多大，多大年纪
[拉] quantus
[德] wie alt, wie groß
[英] how old, how big
180d5

ἡμέρα 一天，一日
[拉] dies
[德] Tag
[英] day
181c3, 189b4

ἧσσα (ἧττα) 失败
[拉] clades
[德] Niederlage
[英] defeat, discomfiture
196a1

ἥσσων (ἥττων, super. ἥκιστος) 较弱的，较差的
[拉] minor, inferior
[德] schwächer, geringer
[英] inferior, weaker
191a8, 193b6

θάλασσα (θάλαττα) 海洋
[拉] mare
[德] Meer
[英] sea
191d4

θαμά 经常地，时常地
[拉] frequenter
[德] oft, häufig
[英] often
180e6

θάνατος 死，死亡
[拉] mors
[德] Tod
[英] death

195e10

θαρσαλέος (θαρραλέος) 勇敢的，大胆的，自信的
　　[拉] audax, fidens
　　[德] dreist, mutig
　　[英] daring, confident
　　182c6, 194e11, 195c1, 195e6, 196d2, 198b3, 198b6, 198c3, 199b1, 199b3, 199b9, 199c6

θαρσέω 有勇气，有信心
　　[拉] confido, bonum animum habeo
　　[德] mutig sein, getrost sein
　　[英] to be of good courage, have confidence in
　　197c5

θαυμάζω (θαυμαστέος) 惊异，钦佩
　　[拉] miror, admiror
　　[德] wundern, hochschätzen
　　[英] wonder, admire
　　180c1, 186c6, 186d5

θαυμαστός (adv. θαυμαστῶς) 奇怪的，离奇的，好奇的
　　[拉] mirus
　　[德] wunderbar, erstaunlich
　　[英] wonderful, marvellous
　　184c2

θέα 观看，景象
　　[拉] spectaculum
　　[德] das Anschauen, Anblick
　　[英] seeing, looking at, spectacle
　　179e4

θεάομαι (θεατέον) 看，注视
　　[拉] specto, contemplor
　　[德] schauen, sehen
　　[英] see clearly, contemplate
　　178a1, 179e3, 181a8, 183d1, 183d3, 188d1, 197c2

θεός 神
　　[拉] Deus
　　[德] Gott
　　[英] God
　　196a6, 197a1, 199d9, 201c5

θεραπεία 侍奉，照料
　　[拉] famulatus, ministerium, cultus
　　[德] Dienst, Bedienung
　　[英] service, care
　　185d10, 185e4

θεραπεύω 侍奉，照料
　　[拉] famulor, servio, colo
　　[德] bedienen
　　[英] do service, take care of
　　179b2, 185e5, 186a8

θηρίον 野兽，畜生
　　[拉] brutum
　　[德] Tier
　　[英] wild animal, beast
　　196e4, 197a3, 197a6, 197b6

θνήσκω 死，死亡
　　[拉] perimo
　　[德] sterben
　　[英] die, perish
　　195d2, 195d4, 195e2

θρασύς 大胆的，勇敢的
　　[拉] audax
　　[德] mutig
　　[英] bold
　　184b5, 197c1

θρασύτης 鲁莽，放肆

［拉］audacia, temeritas
［德］Dreistigkeit, Kühnheit
［英］over-boldness, audacity
197b3

ἰατρικός 有关医疗的
［拉］medicinus
［德］den Arzt betreffend, ärztlich
［英］medical
198d6

ἰατρός 医生
［拉］medicus
［德］Arzt
［英］physician
190a8, 192e6, 195b3, 195b5, 195c7, 195c11, 195d7, 196a5, 196d5

ἴδιος 自己的，个人的
［拉］privatus
［德］eigen, privat
［英］one's own, private, personal
180b6

ἱερόν 庙宇，神殿
［拉］templum
［德］Tempel
［英］temple
183b4, 187e2

ἱκανός (adv. ἱκανῶς) 充分的，足够的
［拉］sufficiens, satis
［德］zureichend, genügend, hinlänglich
［英］sufficient, adequate
178b3, 186d3, 186e1, 190c10, 196c6, 200b4

ἱππεύς 骑兵
［拉］eques

［德］Reiter
［英］horseman, rider
191b5, 191c4

ἱππικός 关于马的，关于骑者的
［拉］equester, equestris artis peritus
［德］zum Pferde gehörig, zum Reiter gehörig
［英］of a horse, of horsemen or chariots
182a2, 191b6, 191d2, 193b5

ἱππομαχία 马战，骑兵战
［拉］pugna equestris
［德］Reitergefecht
［英］horse-fight, action of cavalry
193b6

ἵππος 马
［拉］equus
［德］Pferd
［英］horse
185d1, 185d2, 191a10

καθηγέομαι 引路，领导
［拉］viae dux sum, praeheo
［德］anführen, hinführen, den Weg weisen
［英］act as guide, lead the way
182c4

κακός (adv. κακῶς) 坏的，有害的
［拉］malus, vitiosus
［德］schlecht, böse
［英］bad, evil
188a7, 189d7, 194d2, 198b8, 198b9, 198c3, 199b4, 199b11, 199c7, 199d6

κακοῦργος 有害的，狡诈的

[拉] maleficus, fraudulentus
[德] schädlich, verderblich
[英] mischievous, knavish
192d2, 192d5

καλέω (κλητέος) 呼唤，叫名字，称作
[拉] voco, nomino
[德] rufen, nennen
[英] call, name
179a4, 192b2, 192b8, 192e4, 195b5, 195d9, 195e1, 197a5, 197a6, 197b1, 197b6, 197c1, 198a5, 198a8

καλός (adv. καλῶς, comp.καλλίων, sup. κάλλιστα) 美的，好的
[拉] pulcher
[德] schön
[英] beautiful
179c3, 179e1, 180b7, 180c4, 181b5, 182b4, 182c3, 183a8, 183d2, 184e9, 185e5, 186c4, 187a8, 187b8, 188a3, 188a7, 188d3, 190b1, 190c1, 191b4, 191c8, 192c5, 192c7, 192c8, 192d8, 193d4, 193d9, 193e6, 194c7, 194c8, 197d4, 198d4, 198e3, 198e5

κάμνω 患病
[拉] aegroto
[德] erkranken
[英] to be sick
195c8, 195c10

κάμπτω 弯曲
[拉] flecto
[德] biegen
[英] bend
193a1

κάπρος 野猪
[拉] aper
[德] Eber
[英] boar
196e6

καρτερέω 坚持，忍耐
[拉] forti animo sum, persevero, tolero
[德] stark, standhaft sein, ausharren
[英] to be steadfast, patient
192e2, 193a1, 193a3, 193a8, 193a9, 193b5, 193b10, 193c3, 193c10, 194a1, 194a2

καρτερία (καρτέρησις) 坚持，忍耐，坚韧
[拉] tolerantia, perseverantia, continentia
[德] Enthaltsamkeit, Beharrlichkeit
[英] patient endurance, perseverance
192b9, 192c4, 192c8, 192d7, 192d10, 193b3, 193d1, 193d7, 194a4

καταβαίνω 下去，下到
[拉] descendo
[德] hinuntergehen
[英] go down
193c2

καταγέλαστος 可笑的，令人发笑的
[拉] ridiculus
[德] verlacht, verspottet
[英] ridiculous, absurd
184c3

καταγελάω 嘲笑，讥讽
[拉] rideo
[德] verlachen

[英] laugh scornfully, deride

178a5, 194a3, 200b5, 201a7

κατάδηλος 很清楚的，很明显的

[拉] manifestus, perspicuus, evidens

[德] sehr deutlich, offenkundig

[英] manifest, visible

185b9

καταισχύνω 使丢脸，辱没

[拉] ignominia afficio, dedecoro

[德] Schande machen, schänden

[英] dishonour, put to shame

187a5

καταμανθάνω 学习，学会，理解

[拉] disco, congnosco

[德] erlernen, verstehen

[英] learn, understand

191e11

κατανοέω (κατανοητέον) 理解，注意

[拉] specto, contemplor, intelligo

[德] verstehen, bemerken

[英] understand, observe well, apprehend

195d10

κατάστρωμα 甲板

[拉] tabulatum

[德] Verdeck

[英] deck

184a4

καταφρονέω 蔑视，轻视，小看

[拉] contemno

[德] verachten, gering achten

[英] despise, think slightly of

200a1

κατέχω 拦住，阻止，占据，掌控

[拉] detineo, compesco, possideo, habeo

[德] zurückhalten, hemmen, innehaben

[英] hold back, withhold, detain, possess, occupy

184a6

κελεύω 命令，敦促，要求

[拉] jubeo

[德] befehlen

[英] order, request

178a2, 179e3, 186b6, 194a1

κενός 空的

[拉] vacuus

[德] leer

[英] empty

196b7

κεραμεία 陶艺

[拉] figlina

[德] Töpferei, Töpferkunst

[英] the potter's craft

187b4

κιθαρίζω 弹琴

[拉] cithara cano

[德] die Zither spielen

[英] play the cithara

192a3

κιθαριστικός 精通弹琴的

[拉] cithara canendi peritus

[德] den Zitherspieler betreffend

[英] skilled in citharaplaying

194e6

κινδυνεύω 有可能，似乎是，也许是，

冒险
　　[拉] videor, periclitor
　　[德] scheinen, wagen
　　[英] seems likely to be, it may be, possibly, venture
　　185a4, 186b6, 187b2, 193c10
κίνδυνος 危险，风险
　　[拉] periculum
　　[德] Gefahr
　　[英] danger, hazard, venture
　　187b1, 191d4
κοινός 公共的，共同的
　　[拉] communis, publicus
　　[德] gemeinsam, gemeinschaftlich
　　[英] common, public
　　179b5, 187d2, 196c7, 201a3, 201b4
κοινόω 共享，参与
　　[拉] communico
　　[德] gemeinsam machen, Anteil haben
　　[英] make common, share
　　196c10
κοινωνέω 共同做，共同参与，结合
　　[拉] in commune venio, commune aliquid habeo cum aliquo
　　[德] Anteil haben, teilnehmen
　　[英] do in common with, share
　　180a7
κοινωνία 结合，结交，共同体，社会
　　[拉] communio, communitas, societas
　　[德] Gemeinschaft
　　[英] communion, association, community

180a5, 197e7
κοινωνός 伙伴，同伴
　　[拉] socius, particeps
　　[德] Partner, Gesellschafter
　　[英] companion, partner
　　179a6
κολυμβάω 潜水
　　[拉] urinor
　　[德] untertauschen
　　[英] dive
　　193c3
κομιδῇ 的确，全然
　　[拉] accurate, valde, nimis
　　[德] gar sehr, gewiß, allerdings
　　[英] entirely, altogether, quite
　　188d3, 198c8
κομψεύω 使变精巧，精心构思
　　[拉] argute fingo
　　[德] herausputzen
　　[英] refine upon
　　197d7
κοσμέω 安排，整理，装扮，修饰
　　[拉] ordino, adorno
　　[德] ordnen, schmücken
　　[英] order, arrange, adorn
　　196b7, 197c3
κραιπνός 迅速的，猛烈的
　　[拉] vehemens
　　[德] schnell, heftig
　　[英] swift, rushing
　　191a10
κρείσσων (κρείττων) 较强的
　　[拉] melior
　　[德] stärker

[英] stronger, superior
193a6, 195d1

κρίνω 判决，审判，判断
[拉] judico
[德] aburteilen, verurteilen
[英] adjudge, give judgement
184e8, 184e9, 196a3

κρότος 掌声
[拉] plausus, strepitus
[德] das klatschen, Geklatsche
[英] rattling noise, applause
184a2

κτάομαι (κτέομαι) 取得，占有，拥有
[拉] possideo
[德] erwerben, haben, besitzen
[英] get, acquire, possess
185c1, 189e7, 190a5, 190b1, 190c2, 191e6, 192a4, 192e3

κτῆμα 所有物
[拉] possessio
[德] Erwerbung, Habe, Besitz
[英] property, possession
185a5

κύκλος 圆圈
[拉] circulus
[德] Kreis
[英] circle
183a8, 183b5

κυνηγέσιον 狩猎
[拉] venatio
[德] Jagd
[英] hunt, chase
194b9

κυνηγέτης 猎人
[拉] venator
[德] Jäger
[英] huntsman
194b5

κωλύω 阻止，妨碍
[拉] prohibeo, impedio
[德] hindern, abhalten, zurückhalten
[英] hinder, prevent
181d8, 188c1, 196c7

λαμβάνω (ληπτέον) 获得，拥有，抓住
[拉] accipio
[德] bekommen, empfangen, fassen
[英] take, possess, seize
182b7, 194a8

λανθάνω 不被注意到，没觉察到
[拉] lateo, delitesco
[德] verborgen, unbekannt sein
[英] escape notice, unawares, without being observed
182e6, 183a2, 183a3

λέγω (λεκτέος) 说
[拉] dico
[德] sagen
[英] say, speak
178b2, 179c3, 179d3, 180a5, 180b1, 180b5, 180b7, 180c5, 180e5, 181a1, 181b2, 181d4, 181d6, 181d7, 182d3, 182d4, 182d6, 182e2, 182e5, 183d2, 183d7, 184a8, 184c6, 185a8, 185b1, 185b8, 186a2, 186c1, 186d8, 186e2, 187b3, 187b4, 186b8, 187c5, 187d3, 188c1, 188c8, 188d1, 188d2, 188e2, 188e3, 189b6, 189d1, 189e8, 190b2, 190e3, 190e7, 190e10,

191a2, 191a8, 191b5, 191b7, 191c6, 191c7, 191e11, 192a1, 192a5, 192a6, 192a8, 192b4, 192b7, 192d9, 193b4, 193d9, 193e5, 193e8, 194c8, 194d1, 194d3, 194d7, 194d9, 195a2, 195a9, 195b3, 195c3, 195c4, 195c5, 195d10, 196a5, 196a6, 196b1, 196b4, 196c2, 196c4, 196c10, 196d7, 196e2, 196e3, 197a1, 197c1, 197e8, 197e10, 198a7, 198c4, 199d2, 199e2, 199e4, 199e9, 200b3, 200c5, 201b6

λέων 狮子
　　[拉] leo
　　[德] Löwe
　　[英] lion
　　196e6, 196e7

ληρέω 胡说，说傻话，做傻事
　　[拉] nugor
　　[德] dumm schwatzen
　　[英] speak or act foolishly
　　195a6

λίθος 石头
　　[拉] lapis
　　[德] Stein
　　[英] stone
　　184a3

λογίζομαι 计算，考虑
　　[拉] computo, reputo
　　[德] rechnen, berechnen, erwägen
　　[英] count, reckon, consider
　　193a4

λόγος 话，说法，言辞，理由，道理，讨论

[拉] verbum, dictum, oratio
[德] Wort, Rede
[英] words, arguments
179c1, 185d5, 187c2, 187c4, 187d3, 187e9, 187e10, 188b7, 188c4, 188c8, 188d6, 188e5, 189a1, 189c8, 190a7, 192d10, 193d11, 193e2, 193e3, 194a1, 194a7, 194b3, 194c3, 194c6, 194e4, 196b5, 196b6, 196b7, 196d1, 197c3, 197e7, 198a1, 199c5, 199d1, 201a3

λόγχη 长矛
　　[拉] hasta
　　[德] Speer, Lanze
　　[英] lance, spear
　　183e1

λοιδορέω 指责，辱骂，亵渎
　　[拉] vitupero
　　[德] schelten, beschimpfen
　　[英] abuse, revile
　　195a7

λυπέω 使人痛苦，使人苦恼
　　[拉] dolore adficio, contristo
　　[德] betrüben
　　[英] grieve, vex
　　188e3

λύπη 痛苦
　　[拉] dolor
　　[德] Betrübnis, Schmerz
　　[英] pain, grief
　　191d6, 191e5, 192b6

λύρα 七弦琴
　　[拉] lyra
　　[德] Leier

［英］lyre
188d4

λυσιτελέω 有益，有好处
  ［拉］utilis sum, prosum
  ［德］nützen, vorteilhaft sein
  ［英］profit, avail
195d4

λύω 解开，松开，解放
  ［拉］solvo
  ［德］lösen
  ［英］loosen, unbind, unfasten
182a7, 191c3

μάθημα 学问，课业
  ［拉］doctrina, disciplina
  ［德］Lehre, Unterricht
  ［英］that which is learnt, lesson
179e1, 180a2, 180a4, 180c4, 181c8, 181d8, 182a5, 182b5, 182b6, 182c2, 182c4, 182d7, 182e1, 182e2, 182e3, 184b2, 184b3, 184c5, 185e1, 190e2

μάθησις 学习，教育，教导
  ［拉］ipsa discendi actio, perceptio
  ［德］Erlernen, Belehrung
  ［英］learning, education, instruction
190d5

μαθητής 学生
  ［拉］discipulus
  ［德］Schüler
  ［英］learner, pupil, student
180d1, 186e3

μακάριος 有福的，幸福的，幸运的
  ［拉］beatus, felix
  ［德］glückselig, glücklich
  ［英］blessed, happy

197e1

μακρός 长的，高的，深的
  ［拉］longus, altus
  ［德］lang, tief
  ［英］long, tall
179b7

μάλα (comp. μᾶλλον, sup. μάλιστα) 很，非常
  ［拉］valde, vehementer
  ［德］sehr, recht, ganz
  ［英］very, exceedingly
179a5, 182a1, 183a4, 183b5, 183b6, 184e5, 185b9, 187e5, 188e4, 189e2, 190d6, 195c1, 195c10, 195e8, 196a2, 196c10, 197d7, 200c1, 200d4, 200e4, 201a4

μανθάνω 学习，理解，弄明白，懂
  ［拉］disco, intelligo
  ［德］lernen, verstehen
  ［英］learn, understand
179d7, 179e2, 180a3, 181c9, 181d5, 182b6, 182c3, 182d7, 182e2, 182e4, 183a1, 184b3, 185b3, 185c3, 186c6, 186c7, 186e5, 186e6, 188b3, 189a3, 189a7, 189b3, 189e8, 192a3, 194d7, 194d8, 196a4, 200c1, 201b7

μαντικός (μαντικῶς) 预言的，神示的
  ［拉］vatem efficiens
  ［德］prophetisch, weissagerisch
  ［英］prophetic, oracular
198e4

μάντις 预言家
  ［拉］vates
  ［德］Seher, Wahrsager

[英] seer, prophet
195e1, 195e3, 195e4, 195e5, 195e6, 195e9, 196a3, 196a5, 196d5, 199a2, 199a3

μαρτυρέω (μαρτύρομαι) 做证
　　[拉] testor
　　[德] bezeugen
　　[英] bear witness, give evidence
　　198e3

μάτην 枉然，无谓地
　　[拉] frustra
　　[德] vergeblich
　　[英] in vain
　　196b7

μάχη 战斗，交战，斗争，争吵，竞争
　　[拉] pugna, conflictus, dimicatio
　　[德] Kampf, Schlacht, Streit, Zank
　　[英] battle, combat, strife
　　182a6, 191c5

μάχομαι 战斗
　　[拉] pugno
　　[德] kämpfen
　　[英] fight
　　178a1, 179e2, 181c9, 182a6, 182b6, 183b3, 183d5, 183e1, 185c2, 191a2, 191a6, 191a9, 191b6, 191c3, 191c4, 191e1, 193a4, 193a6

μέγας (comp. μείζων; sup. Μέγιστος; adv. μεγαλωστί) 强有力的，大的
　　[拉] validus, magnus
　　[德] gewaltig, groß
　　[英] mighty, great, big
　　182a7, 183d2, 184b7, 185a5, 186b7, 187d4, 192e2, 197e1, 197e2, 200a2

μεθίημι (μεθετέον) 放开，放弃，允许，让
　　[拉] aufgeben, verlassen
　　[德] dimitto, libero, relinquo
　　[英] set loose, let go, give up
　　187b6

μειράκιον (μειρακίσκος) 年青人，青少年
　　[拉] adolescens, juvenculus
　　[德] Knabe, Jüngling
　　[英] lad, stripling
　　179a6, 179b8, 179d1, 180e5, 181c8, 188b6, 200c8, 200d8, 201a5, 201b5

μέλλω 打算，注定要，必定，应当
　　[拉] futurus sum, debeo, fatali necessiate cogor
　　[德] wollen, gedenken, sollen, bestimmt sein
　　[英] to be about to, to be destined
　　178b5, 184d6, 184e9, 189b6, 197e6, 198b9, 198c3, 198c4, 198e4, 199b4, 199b6, 199b11

μέλω 关心，操心
　　[拉] curo
　　[德] besorgen
　　[英] care for, take an interest in
　　179b1, 182e7, 187c6, 189b1

μένω 停留，固定，坚持
　　[拉] maneo, consisto
　　[德] bleiben, verweilen, feststehen
　　[英] stay, remain, wait
　　191a2, 191a6, 191c2, 191e1

μέρος (μερίς) 部分
　　[拉] pars
　　[德] Teil

[英] portion, part
180a2, 190c9, 190d3, 198a2, 198a5, 199c3

μεταθέω 追，追赶
    [拉] curro post, insequor
    [德] nachsetzen, verfolgen
    [英] run after, pursue
    194b5

μεταξύ 中间，之间
    [拉] inter, in medio
    [德] in der Mitte, dazwischen
    [英] in the midst, in the middle of, between
    189c8

μετατίθημι 修改，改换
    [拉] muto
    [德] verändern
    [英] change, alter
    199d1

μέτειμι 在……当中；走近，靠近，寻求
    [拉] intersum, persequor, quaero
    [德] darunter, dazwischen sein, nachgehen, nachfolgen
    [英] to be among, go after, follow, pursue
    197b3

μετέχω (μετίσχω) 分担，分享，分有
    [拉] particeps sum, partem habeo
    [德] Anteil haben
    [英] partake of, share in
    193e3, 197e2

μήστωρ 筹划者，谋划者
    [拉] effector
    [德] Berater, Erreger
    [英] adviser, counsellor
    191b3

μικρός (σμικρός) 小的
    [拉] parvus
    [德] klein
    [英] small, little
    182c5, 182c8, 184b1, 184b7, 185a3, 192e2

μιμνήσκω (μιμνήσκομαι) 想起，记起
    [拉] recordor, memini
    [德] erinnern
    [英] remember, remind oneself of
    181a2, 189d1, 200d3

μισθός 酬金
    [拉] merces
    [德] Bezahlung
    [英] pay, allowance
    186c3

μισόλογος 憎恶讨论的（人），厌恶讨论的（人）
    [拉] qui colloquia odit
    [德] Redefeind
    [英] hating argument or discussion
    188c6, 188e4

μνήμη (μνεία) 记忆，提醒
    [拉] memoria
    [德] Gedächtnis, Erinnerung
    [英] remembrance, memory, reminder
    180e5

μόνος 唯一的，仅仅的
    [拉] solus, singularis, unus
    [德] allein, alleinig, bloß
    [英] alone, solitary, only

180d2, 181a8, 182a3, 182a8, 186c3,
187d7, 188d7, 189a4, 189a6, 191d1,
191d3, 191d6, 195c9, 195e9, 199b9,
199b11, 199c5, 199d8

μόριον 一小部分，部分
　　［拉］particula, pars
　　［德］Teilchen, Teil
　　［英］portion, piece
　　198a4, 199e3, 199e6

μουσικός 文艺的，音乐的
　　［拉］musicus
　　［德］musisch
　　［英］musical
　　180d1, 180d2, 188d3

μωρός 愚蠢的
　　［拉］stolidus
　　［德］dumm
　　［英］dull, stupid
　　197a8

ναῦς 船
　　［拉］navis
　　［德］Schiff
　　［英］ship
　　183d4, 183e2, 183e4, 183e5, 183e6

νεάνισκος 年轻人
　　［拉］adolescens, juvenis
　　［德］Jüngling, junger mann
　　［英］youth, young man
　　179c3, 179d2, 180b8, 180d3, 182d3,
　　185c3, 185e2, 189c4, 190e1, 200c4,
　　201b8

νέος (comp. νεώτερος) 新奇的，年轻的
　　［拉］novus, juvenis
　　［德］neu, jung
　　［英］new, young
　　179e2, 180a4, 180c4, 180d5, 181c5,
　　181d3, 181e1, 181e3, 186a8, 186c2,
　　186d2, 186e5, 189a8

νικάω 得胜，战胜，征服
　　［拉］vinco
　　［德］siegen
　　［英］win, conquer
　　191c5

νίκη 胜利
　　［拉］victoria
　　［德］Sieg
　　［英］victory
　　196a1

νοέω 想，理解
　　［拉］intelligo, cogito
　　［德］denken, einsehen
　　［英］perceive by the mind, think, consider
　　178b1, 194b1, 194c6, 196c3

νόμος 法律，习俗
　　［拉］jus, lex, mos
　　［德］Gesetz, Gewohnheit, Sitte
　　［英］law, custom
　　199a2

νόος (νοῦς) 理智，努斯
　　［拉］mens, intellectus
　　［德］Verstand, Vernunft
　　［英］mind, intellect
　　179b3, 188b4, 197e8

νόσος 疾病
　　［拉］morbus
　　［德］Krankheit
　　［英］sickness, disease

191d5, 195b3, 195c11, 195e10
νοσώδης 病态的，有病容的，不健康的，有害身体的
　　[拉] insalubris
　　[德] ungesund, krank
　　[英] sickly, unwholesome
　　195c8
ξένος (adv. ξένως) 陌生的，不熟悉的，异乡的
　　[拉] alienus, peregrinus
　　[德] fremd
　　[英] unacquainted with, ignorant of
　　186b4
οἴκαδε 向家中去
　　[拉] domum
　　[德] nach Hause
　　[英] to one's house, home, homewards
　　201c1
οἰκεῖος 家中的，有亲戚关系的，自己的
　　[拉] domesticus, privatus
　　[德] häuslich, verwandt, eigen
　　[英] of the same household, kin, one's own
　　181a6, 181c2, 186b7
οἰκέω 居住，生活，管理，治理
　　[拉] habito, vivo, guberno, administro
　　[德] wohnen, leben, verwalten
　　[英] inhabit, dwell, live, manage, direct
　　185a7
οἰκία 房子，家
　　[拉] domus
　　[德] Haus
　　[英] building, house, dwelling
　　180d5
οἴκοι 在家里
　　[拉] domi
　　[德] zu Hause
　　[英] at home
　　180e6
οἶκος 家，家庭，房子
　　[拉] domus
　　[德] Familie, Haus
　　[英] home, house
　　185a6
οἴομαι 料想，猜，认为，相信
　　[拉] puto
　　[德] vermuten, denken
　　[英] guess, think, believe
　　180a7, 180b1, 182e5, 183a7, 184b4, 184e8, 185a3, 185c7, 188a7, 188b4, 188d7, 189e1, 191e6, 192c4, 193c7, 193c8, 193e3, 195b7, 195c7, 195c11, 195d4, 195e2, 195e5, 196c2, 196e3, 197a8, 197b1, 197b3, 197c3, 197e6, 198e5, 199d7, 199e13, 200a4, 200a8, 200b5
ὀλίγος (sup. ὀλίγιστος) 小的，少的
　　[拉] paucus, parvus
　　[德] gering, klein
　　[英] little, small
　　179b7, 182c7, 183c1, 187c8, 192b1, 196e5, 197b3
ὀλιγωρέω 忽视，轻视
　　[拉] neglego
　　[德] vernachlässigen

[英]neglect
180b6

ὁλκάς 货船，商船
[拉]navis oneraria
[德]Zugschiff, Lastschiff
[英]trading vessel, merchantman
183d5, 184a2, 184a6

ὅλος (adv.ὅλως) 整个的，全部的
[拉]totus
[德]ganz, völlig
[英]whole, entire
190c8, 199c4

ὄμμα 眼睛
[拉]oculus
[德]Auge
[英]eye
190a3

ὅμοιος (adv.ὁμοίως) 一致的，相似的，相像的
[拉]par, aequalis, similis
[德]einig, gleich
[英]same, like, resembling
196e7, 200e5

ὁμολογέω (ὁμολογητέον) 同意，赞同，认可，达成一致
[拉]consentio, assentior
[德]zugestehen, bestimmen
[英]agree with, concede
183b6, 185b10, 192d7, 193d4, 193d5, 195e3, 196b1, 197a3, 197c3, 198b2, 198b5, 199b3

ὁμολογουμένως 一致地，公认地
[拉]sine controversia, uno omnium consensus

[德]eingestandenermaßen, anerkanntermaßen
[英]conformably with, admittedly
186b4

ὁμότεχνος 从事同样技艺的，干同样活的
[拉]eandem Artem factitans
[德]dasselbe Gewerbe treibend
[英]practising the same art
187a1

ὀνίνημι 帮助，使满意
[拉]juvo
[德]nützen, helfen
[英]profit, benefit, help, gratify
182a5

ὄνομα 语词，名字，名声
[拉]nomen
[德]Name, Nomen
[英]name, word, fame
179a2, 179a3, 179d5, 197d5, 197e3

ὀνομάζω 命名，称呼
[拉]nomino, appello
[德]nennen
[英]name, call or address by name
192a9

ὀνομαστός 著名的，有名的
[拉]celeber
[德]berühmt
[英]famous
183c6

ὁπλιτικός 重甲兵的
[拉]militis gravis armaturae proprius
[德]den Hopliten betreffend
[英]of or for a man-at-arms

182d8, 183c4, 191b6, 191d1

ὅπλον 武器，工具
[拉] armum
[德] Waffe
[英] tool, weapon
178a1, 179e2, 181c9, 182b6, 183b3, 183d6, 185c2, 190d4

ὁράω 看，注意
[拉] video, animadverto, intelligo
[德] schauen, einsehen, merken
[英] see, look, pay heed to
183b3, 183c2, 184a6, 184d3, 185e7, 187d4, 188c3, 194c4, 196c1, 200d3

ὄργανον 工具，装备，器官
[拉] instrumentum
[德] Werkzeug, Organ
[英] instrument, tool, organ
182a4, 188d4

ὀρθός (adv. ὀρθῶς) 正确的，直的
[拉] rectus
[德] recht, gerade
[英] right, straight
181b3, 192b3, 194e9

ὀρθόω 弄直，树立，引向正路
[拉] erigo, attollo
[德] gerademachen, aufrichten
[英] set straight, make straight, set upright
181a4, 181b1

ὁρίζω (διά-ὁρίζω) 定义，规定，分开
[拉] termino, finio
[德] definieren, bestimmen, trennen
[英] define, determine, divide
194c8

ὁρμάω 急于要做，打算做，开始，动身
[拉] incito, prorumpo, initium facio
[德] erregen, sich anschicken, beginnen
[英] hasten, be eager, start
182c1

ὁσιότης 虔敬（性）
[拉] pietas
[德] Frömmigkeit
[英] piety
199d8

οὖς 耳朵
[拉] auris
[德] Ohr
[英] ear
190a8

ὄφελος 用处，益处，帮助
[拉] utilitas, usus
[德] Nutzen, Vorteil
[英] advantage, help
182a7

ὀφθαλμός 眼睛
[拉] oculus
[德] Auge
[英] eye
185c6, 185c8, 185c9, 190a1, 190a8

ὄχλος 人群，群氓；混乱，骚乱
[拉] turba, molestia, perturbatio
[德] bewegte Menge, Belästigung
[英] crowd, throng, annoyance, trouble
183d1

ὄψις 形象，外貌，视力，视觉
[拉] visus, facies, oculus

[德] das Aussehen, Sehkraft
[英] aspect, appearance, sight
190a1, 190a4, 190a6, 190b1

παιδεία 教育
[拉] eruditio
[德] Erziehung
[英] education
180c1, 189d6, 200c4

παιδεύω 教育
[拉] doceo
[德] erziehen
[英] educate
184e3, 186d1, 187b1, 187d1

παιδιά 儿戏，玩笑，消遣
[拉] jocus
[德] Spiel, Scherz
[英] childishplay, pastime
188d4

παιδοτρίβης 体育教练
[拉] ludimagister
[德] Turnlehrer, Trainer
[英] gymnastic trainer
184e3

παίζω 戏谑，开玩笑
[拉] jocor
[德] scherzen
[英] make fun of
196e3

παῖς (παιδίον) 孩童，孩子，小孩
[拉] pueritia
[德] Kind
[英] child, childhood
180b5, 180d7, 181a1, 185a7, 187a5,
187b3, 187c8, 187e1, 197a8, 197b5,
200c6

πάλαι 很久以前，过去
[拉] olim, pridem
[德] vor alters, ehedem, schon lange
[英] long ago
179a1, 188b6, 194c7

παντάπασι 完全，绝对
[拉] omnino
[德] ganz, völlig
[英] altogether
194b7, 199d5

πανταχῇ 到处，各方面
[拉] undique
[德] überall, auf alle Fälle
[英] everywhere, on every side
182b4

παππικός (παππῷος) 祖父的，祖传的
[拉] avitus
[德] großväterlich
[英] inherited from one's grand-
father
179a3

πάππος 祖父，祖先
[拉] avos
[德] Großvater, Ahnherr
[英] grandfather, ancestors
179a2

παραγίγνομαι 在旁，在附近，在场
[拉] advenio, intersum
[德] zum jem. stehen, dabeisein
[英] to be beside, stand by
183c1, 189e4, 189e5, 190a1, 190a2,
190a3, 190b5, 190e1, 190e2

παράδειγμα 范型，范式，例子

［拉］exemplar, exemplum
　　［德］Urbild, Vorbild, Muster, Beispiel
　　［英］pattern, model, paradigm, example
　　187a7
παραθέω 跑到一边去，偏离
　　［拉］juxta aliquem curro
　　［德］vorbeilaufen
　　［英］run beside
　　183e4
παρακαλέω 呼唤，召唤
　　［拉］advoco
　　［德］herbeirufen
　　［英］call in, summon
　　179b4, 180b8, 180c1, 182b5, 186a4, 187c6, 190b3, 194b8, 200e5
παρακελεύομαι 鼓励，劝告
　　［拉］exhorto
　　［德］ermahnen, ermuntern
　　［英］recommend, exhort, encourage
　　186d7
παραλαμβάνω 控制，占有，邀请
　　［拉］occupo, accipio, adhibeo
　　［德］erobern, besetzen, einladen
　　［英］take over, seize, invite
　　178b4, 197d3
παραμείβω 走过，驶过
　　［拉］praetereo
　　［德］vorbeigehen
　　［英］pass by
　　183e5
παράπαν 完全，绝对
　　［拉］omnino
　　［德］ganz, völlig
　　［英］altogether, absolutely
　　190b9
παρασιτέω 同……一起吃饭
　　［拉］cum aliquo coeno
　　［德］mit oder bei jem. essen
　　［英］board and lodge with
　　179b8
παρασκευή 准备，安排，筹划
　　［拉］apparatio, praeparatio
　　［德］Anordnung, Instandsetzung
　　［英］preparation, arrangement
　　193a7
πάρδαλις 豹子
　　［拉］pardus
　　［德］Panther
　　［英］leopard
　　196e6
πάρειμι 在场，在旁边；走上前来
　　［拉］adsum, procedo
　　［德］dabei od. anwesend sein, gegenwärtig sein, herbeikommen
　　［英］to be present in or at, to be by or near, go by, come forward
　　183e4, 188b7, 198b8, 201b3
παρέρχομαι 经过，过去，流逝
　　［拉］praetereo, transeo
　　［德］vorübergehen, vergehen
　　［英］go by, pass by
　　188a1
παρέχω 提请，提供，让
　　［拉］adduco, praebeo
　　［德］darbieten, aufbieten, veranlassen
　　［英］hand over, yield, allow, grant

198b6, 198b7

παροιμία 谚语
    [拉] proverbium
    [德] Sprichwört
    [英] proverb
    187b3, 196d9

παρρησία 直言不讳，言论自由
    [拉] licentia, libertas
    [德] Redefreiheit, Freimütigkeit
    [英] outspokenness, frankness, freedom of speech
    189a1

παρρησιάζομαι 直言不讳地说，开诚布公地说
    [拉] libere loquor
    [德] freimütig sagen, sich frei aussprechen
    [英] speak freely, openly
    178a4, 179c1

πάσχω 遭遇，发生，经历
    [拉] accido
    [德] empfangen, erfahren, erleiden
    [英] suffer, happen to one
    182b3, 188a5, 196a2

πατήρ 父亲
    [拉] pater
    [德] Vater
    [英] father
    179a4, 179c3, 179c7, 180b2, 180e3, 181a3, 181a5, 181a8, 185a7, 187e1

πάτριος (πατρικός) 父辈传下来的，父亲的
    [拉] pateruus, patrius
    [德] väterlich, angestammt
    [英] of or belonging to one's father, derived from one's fathers, hereditary
    180e2

πατρίς 祖国，家乡
    [拉] patria
    [德] Vaterland, Vaterstadt
    [英] fatherland, country
    181b1

πατρόθεν 来自父亲
    [拉] a vel ex patre
    [德] vom Vater her
    [英] from or after a father
    187d6

παύω 终止，停止
    [拉] desinere facio, finio
    [德] beenden, aufhören machen
    [英] cease, end
    187e9

πείθω (πειστέον) 劝，听从
    [拉] persuadeo, obedio
    [德] überreden, gehorchen
    [英] persuade, obey
    179d4, 179d6, 181d6, 184e2, 184e5, 185a2, 187a3, 189d4, 193e8

πεῖρα 尝试，经验
    [拉] conatus, periculum, exploratio
    [德] Versuch, Erfahrung
    [英] trial, attempt, experience
    189b5

πειράω (πειρατέον) 弄清楚，考察，试验，尝试
    [拉] experior, conor, nitor
    [德] erproben, versuchen, unternehmen

[英] attempt, endeavour, try, make proof
181d1, 188e6, 190e3, 191e10, 192b5, 195b2

πενία 贫穷
    [拉] paupertas
    [德] Armut
    [英] poverty
    191d5

περιάγω 引领……环绕，环行
    [拉] circumduco
    [德] herumführen
    [英] lead or draw round
    187e9

περίειμι (περιτέον) 四处打转，环绕，循环
    [拉] circumeo, circumvenio, oberro
    [德] herumgehen, umlaufen
    [英] go round, come round
    183b5

περιέρχομαι (περιέχω) 环绕，循环，转悠
    [拉] circumeo, circumvenio, oberro
    [德] herumgehen, umlaufen
    [英] go round, come round
    183b1

περιπλευμονία 肺炎
    [拉] pulmonis inflammatio
    [德] Lungenentzündung
    [英] inflammation of the lungs
    192e6

περιφέρω 转来转去
    [拉] circumago, revolvo
    [德] sich herumtreiben
    [英] carry round, move round, go round
    180e4

πίθηκος 猴子
    [拉] simia
    [德] Affe
    [英] ape, monkey
    196e8

πίθος 大酒瓮
    [拉] dolium
    [德] großer Krug
    [英] large wine-jar
    187b4

πίνω 喝，饮
    [拉] bibo
    [德] trinken
    [英] drink
    192e7

πίπτω 落，坠落
    [拉] cado
    [德] fallen
    [英] fall, fall down
    181b4

πιστεύω 相信
    [拉] credo, confido
    [德] glauben
    [英] trust, believe
    181b6, 185e9, 186d3, 186d4, 196e2

πλεονεκτέω 占便宜，获得利益
    [拉] plus habeo, praesto
    [德] Vorteil haben, mehr haben
    [英] gain or have some advantage
    182b4, 183a1

πλῆθος 大众，大群，数量
    [拉] multitudo, copia

[德] Menge, Masse
[英] great number, multitude, the majority
184e8

πλησιάζω 靠近，结交
[拉] accedo, appropinquo
[德] sich nähern
[英] come near, approach, consort
187e2, 187e7, 188a6, 197d4

ποιέω 做，当作
[拉] facio, efficio
[德] machen, tun, annehmen
[英] make, do
179a6, 179a7, 179b5, 180a5, 180c2, 180c6, 181c4, 181c6, 181d3, 181e3, 182c7, 183a8, 184d7, 184d8, 186c4, 187a8, 187d5, 188a7, 188b1, 188d8, 188e4, 189b7, 189d3, 189d7, 189e4, 189e5, 190a2, 190a3, 190b5, 190d2, 196b6, 197e6, 200c6, 200d6, 201b5, 201b8, 201c1, 201c4

ποιητής 创造者，制造者，诗人
[拉] conflictor, factor, auctor
[德] Schöpfer, Verfertiger, Dichter
[英] maker, poet
183a7

πολέμιος (πολεμικός) 有关战争的，敌对的
[拉] militaris, hostilis, inimicus
[德] denKriegbetreffend, feindlich
[英] of or belonging to war, hostile
190e5, 191a3, 191a6, 191d2, 195a1

πόλεμος 战争，战斗
[拉] bellum, pugna

[德] Krieg, Kampf
[英] battle, fight, war
179c4, 182a4, 182c6, 183a2, 183b7, 183c4, 191d3, 193a3, 196a1, 198e2, 199a1

πόλις 城邦，城市
[拉] civitas
[德] Staat
[英] city
173c5, 180b4, 181b3, 183b1, 187a2, 197d7

πολιτικός 城邦的，公共的，属于公民的
[拉] politicus
[德] politisch, öffentlich
[英] civil, public
191d6

πολλάκις 经常，多次
[拉] saepe
[德] oft
[英] many times, often
179b3, 194a4, 194d1

πολλαχοῦ (πολλαχῇ) 在许多地方
[拉] in multis locis
[德] an vielen Orten
[英] in many places
181e2

πολύς (comp. πλείων; sup. πλεῖστος; adv. πλειστάκις) 多，许多
[拉] multus
[德] viel
[英] many, much
179a6, 179c3, 180d6, 182a6, 182b3, 182c3, 183a6, 183b7, 184d5, 184e2, 185a9, 186a1, 186a8, 189a5, 189c7,

190c9, 190d5, 192a4, 192e3, 195c7, 195c11, 195d1, 195e8, 197b5, 197b6, 197d3, 200d5, 200d6

πονηρός 邪恶的，坏的
  ［拉］malus, improbus
  ［德］schlecht, böse
  ［英］evil, wicked, malicious
  186d3

πόνος 苦工，艰辛
  ［拉］labor, difficultas
  ［德］Arbeit, Mühe
  ［英］hard work, toil
  182a1

πορίζω 带来，提供，弄到
  ［拉］suppedito, praebeo, procreo
  ［德］bringen, darbieten, sich verschaffen
  ［英］bring about, furnish, provide, procure
  199e1

πούς 脚
  ［拉］pes
  ［德］Fuß
  ［英］foot
  183b4, 184a4

πρᾶγμα 事情，重大的事情，麻烦事
  ［拉］res
  ［德］Sache
  ［英］thing
  179d2, 186c2, 186e1, 187a2, 192c6, 200a4, 200b1

πρᾶξις 行事，行为，实践，情况，事情的结局
  ［拉］actio, successus rerum
  ［德］Handlung, Lage, Ende der Geschichte
  ［英］doing, action, practice, result
  192a5

πράσσω (πράττω) 做
  ［拉］ago
  ［德］tun, handeln, machen
  ［英］do, act
  179d2, 180b4, 188e3, 193c11

πρέπω 相适合，相配，合适
  ［拉］decet, convenio
  ［德］passen, ziemen
  ［英］fit, suit
  188d2, 197d6

πρέσβυς (πρεσβύτης) 老人
  ［拉］senex
  ［德］Alter
  ［英］old man
  186c8, 187e3

προαιρέω 有意选择，首先选择
  ［拉］praefero
  ［德］vorziehen, sich auswählen
  ［英］prefer, choose
  190d3, 200e6

προαφίσταμαι 先离开
  ［拉］prior abscedo
  ［德］sich vorher entfernen
  ［英］depart from before
  194a6

προβάλλω 扔向前面，抛给
  ［拉］projicio, propono
  ［德］vorwerfen, vorschieben
  ［英］throw or lay before, put forward
  201b2

πρόγονος 祖先
　　[拉] progenitor
　　[德] Vorfahr
　　[英] forefather, ancestor
　　187a5

προθυμέομαι 一心要做，极其想做，热衷于
　　[拉] studeo
　　[德] bereit, geneigt sein, erstreben
　　[英] to be ready, willing, eager to do
　　186a5

πρόθυμος (adv. προθύμως) 热心的
　　[拉] promptus, studiosus
　　[德] eifrig, willig, bereitwillig
　　[英] zealous, eager
　　201b7

προΐστημι 放在前面
　　[拉] praepono, praeficio
　　[德] voranstellen
　　[英] put before one, put in front
　　197d8

προκαλέω 挑战，提交
　　[拉] provoco
　　[德] herausfordern
　　[英] challenge, offer
　　181d2

πρόκειμαι 置于……前面，躺在……前面，被摆出来
　　[拉] positus sum ante, praejaceo
　　[德] vorliegen, ausgesetzt sein
　　[英] to be set before, lie before, to beproposed
　　182a3, 184c8

προμήθεια 预思，先虑，先见
　　[拉] providentia, prudentia
　　[德] Vorsicht, Fürsorge
　　[英] foresight, forethought
　　185a9, 197b3

προμηθέομαι 预先担心，预先着想
　　[拉] provideo, de re aliqua sollicitus sum
　　[德] voraus denken, Fürsorge hegen
　　[英] use forethought, take care
　　198e3

προμηθής 预先着想的，有先见之明的
　　[拉] prudens
　　[德] vorsichtig, vorsorglich
　　[英] forethinking, provident
　　188b1

προξενέω 介绍，推荐
　　[拉] commendo
　　[德] empfehlen
　　[英] introduce, recommend
　　180c7

προοιμιάζομαι 以……开场，以……为导言
　　[拉] praefationem dico
　　[德] ein Vorspiel, eine Einleitung machen
　　[英] make a prelude, preamble, or preface
　　179a1

προσαγορεύω 称呼，打招呼
　　[拉] voco, saluto
　　[德] anreden, nennen, begrüßen
　　[英] address, greet
　　198c6

προσβάλλω 抛向，投奔，施加
    [拉] adjicio, irruo, impingo
    [德] dazuwerfen, berennen, zufügen
    [英] strike, dash against, add
    183d4

προσδοκάω (προσδοκέω) 指望，期待
    [拉] expecto
    [德] erwarten
    [英] expect, wait for
    198b8

προσδοκία (προσδόκημα) 期待，指望
    [拉] exspectatio
    [德] Erwartung, Vermutung
    [英] looking for, expectation
    198b9

πρόσειμι 走向，走近；加上……，属于
    [拉] adeo, adsum
    [德] hinzugehen, dabei sein
    [英] come or go to, approach, to be added to
    188b4

προσέτι 此外，而且还
    [拉] praeterea
    [德] noch dazu, überdies
    [英] over and above, besides
    189e5, 190a2

προσέχω 带给，献上
    [拉] applico
    [德] herführen
    [英] apply, bring
    179b3, 197e7

προσήκω 来到，抵达，关系到，适合于，属于
    [拉] pertineo aliquo, attineo
    [德] herzugekommen sein, in Verbindung stehen
    [英] to have come, reach, belong to, be related to
    182a1, 187b5, 196a3, 199d8, 200a8

πρόσθεν 在……前，以前，从前
    [拉] ante, olim, prius
    [德] vorn, früher
    [英] before, in front of
    193d2

προσθήκη 补充，附加，附加物
    [拉] additio
    [德] Zugabe
    [英] addition, appendage, supplement
    182c5

προσλαμβάνω 此外还取得
    [拉] accipio praeterea
    [德] mitanfassen, dazunehmen
    [英] take or receive besides or in addition
    189a4, 196d6

προσομιλέω 交往，交谈
    [拉] versor cum aliquo, colloquor
    [德] verkehren, sich unterhalten
    [英] hold intercourse with, associate with
    199e1

προσποιέω 假装，佯装
    [拉] affecto, simulo
    [德] vorgeben
    [英] pretend
    184b2

προσποίησις 要求，佯称

　　　　［拉］in eo ponitur qui sibi aliquid arrogat
　　　　［德］Anspruch
　　　　［英］pretension
　　　　184c1
προστατέω 站在前头，当领导
　　　　［拉］praesum, rego
　　　　［德］Vorsteher sein
　　　　［英］stand before, rule over
　　　　197e1
προστίθημι 补充，加
　　　　［拉］addo, adaugeo
　　　　［德］dazugeben, hinzufügen
　　　　［英］add, make additions
　　　　182c5
προσφέρω (προσοιστέος) 送上，献上，走向，接近
　　　　［拉］affero, offero, admoveo
　　　　［德］hintragen, vorbringen, herankommen
　　　　［英］bring to, present, approach
　　　　185d2
πρότερος (προτεραῖος) 更早的，在先的
　　　　［拉］prior
　　　　［德］früher, vorhergehend
　　　　［英］before, former, earlier
　　　　180e3, 181c1, 181d4, 183b7, 185b6, 187e8, 188a2, 188e6
προτίθημι 提出，提供，设置
　　　　［拉］propono, objicio
　　　　［德］vorsetzen, voranstellen
　　　　［英］set before, set out, propose
　　　　189d2
πτῶμα 跌倒，绊倒
　　　　［拉］casus, lapsus
　　　　［德］Fall, Sturz
　　　　［英］fall
　　　　181b4
πυνθάνομαι 询问，打听，听到，了解到
　　　　［拉］interrogo, quaero, audio
　　　　［德］fragen, sich erkundigen
　　　　［英］inquire about, hear, learn
　　　　187b6, 189c5, 191d1, 191e9, 196c3, 196c5, 196c6
πύστις (πεῦσις) 询问，探问
　　　　［拉］percontatio
　　　　［德］Nachforschung
　　　　［英］inquiry
　　　　196c7
ῥάδιος (adv. ῥαδίως) 容易的，漫不经心的
　　　　［拉］facilis, expeditus
　　　　［德］leicht, mühelos
　　　　［英］easy, ready
　　　　189e7, 189e8, 190a5, 190d1
σαφής (adv. σαφῶς) 清楚的，明白的
　　　　［拉］manifestus, clarus, planus
　　　　［德］deutlich, klar, sichtbar
　　　　［英］clear, plain, distinct
　　　　190e8, 196c3
σημεῖον 迹象，信号，标记
　　　　［拉］signum
　　　　［德］Zeichen
　　　　［英］mark, sign
　　　　195e9
σκέλος 腿，脚
　　　　［拉］crus
　　　　［德］Bein

[英] leg
192a5

σκεπτέον 必须考虑，必须考察
 [拉] considerandum est
 [德] man muss betachten, überlegen
 [英] one must reflect or consider
185e6

σκέπτομαι 考虑，思考
 [拉] considero
 [德] nachdenken
 [英] consider
183c3, 184e11, 185b2, 185b11, 187d2, 190d8, 198b3, 198b3, 198c9, 201a1

σκεῦος 器具，器皿
 [拉] apparatus, instrumentum
 [德] Zeug, Gerät
 [英] vessel, implement
183e2

σκέψις 考虑，思索，观察
 [拉] consideatio, speculatio
 [德] Überlegung, Prüfung
 [英] consideration, speculation
189e2, 190d1

σκοπέω 考虑，注视，查明
 [拉] speculor, considero
 [德] überlegen, prüfen, sich umshen
 [英] behold, contemplate
179d6, 185b1, 185c3, 185c6, 185d1, 185d5, 185d6, 185d9, 185d10, 185e1, 187b1, 189c4, 189d5, 190c9, 197e5, 198a1, 198a2

σοφία 智慧
 [拉] sapientia
 [德] Weisheit
 [英] wisdom
188c7, 194d9, 194d10, 194e3, 195a4, 197d2, 200a2

σόφισμα 巧计，妙法
 [拉] argutiae, machina
 [德] das klug Ersonnene
 [英] clever device, ingenious contrivance
183d7

σοφιστής 智者
 [拉] sophistes, sophista
 [德] Sophist
 [英] sophist
186c3, 197d4, 197d6

σοφός 智慧的
 [拉] sapiens
 [德] weise, klug
 [英] wise
194d4, 196e5, 197a2, 197c6, 200c2

σπουδάζω 认真做，热衷于
 [拉] serio contendo
 [德] ernsthaft sein
 [英] to be serious
183a4

σπουδαῖος 急切的，认真的，杰出的
 [拉] serius, gravis, praestans
 [德] eilig, ernsthaft, trefflich
 [英] in haste, quick, earnest, serious, good, excellent
182e4

σπουδή 急忙，热切，认真
 [拉] festinatio, studium
 [德] Eile, Eifer, Ernst
 [英] haste, zeal, earnestness

184c5

στόμα 嘴
- [拉] os
- [德] Mund
- [英] mouth

192a5

στοχάζομαι 瞄准，以……为目标，猜测，揣度
- [拉] collimo ad scopum, propositum mihi specto, conjicio
- [德] ziehen, schießen, vermuten
- [英] aim, aim at, guess

178b2

στρατηγία 将军的职权，领兵
- [拉] imperatorium munus
- [德] Feldherrnamt, Kriegswesen
- [英] office of general, generalship

182c1, 198e3

στρατηγός 将军，统帅
- [拉] dux
- [德] Heerführer, Feldherr
- [英] leader or commander of an army, general

199a2, 199a3

στρατόπεδον 营地，军营
- [拉] castra
- [德] Lager
- [英] camp, encampment

193a9

στρέφω 旋转，翻滚
- [拉] verto, volvo
- [德] drehen, wenden
- [英] turn about, turn round

196b1, 196b3

στύραξ 矛杆
- [拉] hastile
- [德] Schaft
- [英] shaft

184a1

συγγίγνομαι 和某人在一起，和某人交往，和某人交谈，帮助某人
- [拉] simul sum, auxilior
- [德] zusammenkommen, mit jemandem zusammensein, helfen
- [英] keep company with, hold converse with, come to assist

186e5, 187d7

συγχωρέω (συγχωρητέον) 让步，同意
- [拉] concedo, indulgeo
- [德] nachgeben, zulassen
- [英] concede, give up

189a4, 189a6, 196c4, 196e4, 200c7

συλλαμβάνω 使闭上，使合上，集合，把握，领会
- [拉] compono, comprehendo
- [德] zusammendrücken, erfassen
- [英] put together, close, comprehend

194b3

σύλλογος 集会，会议
- [拉] conventus, coetus, concilium
- [德] Versammlung
- [英] assembly, concourse, meeting

187e2

συμβαίνω 有结果，发生
- [拉] succedo
- [德] sich ereignen, geschehen
- [英] result, follow, happen

180b5, 187b4

συμβουλεύω 劝说，劝告，建议
  [拉] consilium do, consulo
  [德] raten, sich beraten
  [英] advise, counsel
  178b1, 178b2, 180a2, 180e1, 181d2, 184c7, 189c2, 189c5, 200c3, 201a2, 201a7

συμβουλή (συμβουλία) 建议，劝说，忠告
  [拉] consultatio, consilium
  [德] Rat, Ratschlag
  [英] advice, counsel
  178b5, 186a4, 187c6, 190b4

συμβούλομαι 抱同一愿望，同意
  [拉] consentio
  [德] zugleich wollen, zustimmen
  [英] will or wish together with, consent
  189a2

σύμβουλος 顾问，参谋
  [拉] consultor
  [德] Ratgeber
  [英] adviser, counsellor
  179e5, 180b8, 185d9, 189e6, 190a4, 190a7, 190c1

σύμμαχος 共同战斗的，结盟的
  [拉] socius, auxiliaris
  [德] mitkämpfend, verbündet
  [英] fighting along with, leagued or allied with
  179c5

συμπαραλαμβάνω 接纳，邀请
  [拉] una excipio, una adsumo
  [德] mitdazunehmen, mithinzuziehen, heranziehen
  [英] take along with
  179e5

σύμπας (συνάπας) 全部，总共，整个
  [拉] omnis, totus, cunctus
  [德] all, insgesamt
  [英] all together, the whole, sum
  191d2, 198a5, 199e4

συμπροθυμέομαι 热心帮助，乐意帮助
  [拉] adjuvo in aliqua re, contendo in idem efficiendum
  [德] bereitwillig mitmachen
  [英] zealously help
  200d7, 200e2

συμφέρω (συμφορέω) 收集，聚集
  [拉] confero, congero
  [德] zusammentragen, sammeln
  [英] bring together, gather, collect
  184d2

σύμφημι 同意，赞成
  [拉] concedo, approbo
  [德] beistimmen, bejahen
  [英] assent, approve
  199a6

συμφωνέω 发出同样的声音，相一致
  [拉] consono, convenio
  [德] zusammenklingen, übereinstimmen
  [英] sound together, harmonize with, make an agreement
  193e1

σύμφωνος 发出同样声音的，相一致的，和谐的

［拉］concinens, consentiens
［德］zusammenklingend, übereinstimmend, harmonisch
［英］agreeing in sound, harmonious
188d5

σύμψηφος 一致的，和某人一起投票支持某人的
［拉］assentiens, adstipulator
［德］übereinstimmend
［英］voting together, of the same opinion
184d4

συνδιακινδυνεύω 一起面临危险
［拉］una periculum suscipio
［德］eine Gefahr mitbestehen
［英］share in danger
189b5

συνδιατρίβω 一同消磨时光
［拉］consuetudine cum aliquo coniunctus sum
［德］die Zeit verbringen, sich mit etw. beschäftigen
［英］pass or spend time with or together
180d3, 188c2

συνδοκέω 也同意，一同认为好
［拉］consentio
［德］es scheint mir auch, beipflichten
［英］seem good also, also agree
198b9, 198c9

σύνειμι 在一起，共处，结交
［拉］una sum, consuetudinem habeo
［德］mit leben
［英］to be with, live with
181c4

συνήθης 熟识的，同住的
［拉］familiaris
［德］gut bekannt, zusammengewöhnt
［英］well-acquainted, dwelling or living together
188a4

συνθεάομαι 一起观看
［拉］una specto vel contemplor
［德］mitbetrachten, mitbesehen
［英］view or see together
178a2

συνθεατής 一同观看的人，一同观赏的人
［拉］spectationis consors
［德］Mitbeschauer
［英］fellow-spectator
179e5

συνίστημι 组成，联合；介绍
［拉］constituo, commendo
［德］bestehen, zusammensetzen, vorstellen
［英］put together, constitute, introduce
200d2

συνουσία 就教，交往
［拉］conversatio, colloquium
［德］das Zusammensein, Umgang, Verkehr zwischen Lehrer und Schüler
［英］being with or together, intercourse with a teacher
196b6, 201c2

συσκοπέω 一起考察，一同思考
［拉］una considero

[德] gemeinschaftlich betrachten
　　[英] contemplate along with or together
　　189c2, 197e8
συσσιτέω 一起进餐
　　[拉] una coeno
　　[德] zusammen speisen
　　[英] mess with, mess together
　　179b7
συχνός 多，许多，长的
　　[拉] multus
　　[德] viel, lang
　　[英] many, long
　　197c7
σφενδονητικός 精通投掷的
　　[拉] funda emittendi peritus
　　[德] zum schleudern gehörig
　　[英] of or for slinging
　　193b9
σφοδρός (adv. σφοδρῶς, σφόδρα) 激烈的，急躁的，热烈的，猛烈地
　　[拉] vehemens
　　[德] heftig, ungestüm
　　[英] violent, impetuous
　　180e7, 183c7, 188e1, 191e3, 194d7, 198c1, 200c1
σχεδόν 几乎，将近，大致
　　[拉] paene, prope
　　[德] nahe, fast, ungefähr
　　[英] near, approximately, more or less
　　180b5, 188b6, 189e2, 192a4, 192c5, 199c3, 199c6
σχῆμα 形状，形态

　　[拉] figura, forma
　　[德] Gestalt, Form
　　[英] form, shape, figure
　　184a3
σχολή (adv. σχολῇ) 闲暇
　　[拉] otium
　　[德] Muße, freie Zeit
　　[英] leisure
　　181e3, 187a2, 190a7
σῶμα 身体，肉体
　　[拉] corpus
　　[德] Leib, Körper
　　[英] body, corpse
　　181e4
σωφροσύνη 自制，节制，清醒
　　[拉] temperantia, modestia
　　[德] Besonnenheit, Selbstbeherrschung
　　[英] selfcontrol, temperance
　　198a8, 199d7
τάξις 位置，岗位，布置，安排
　　[拉] ordo, officium
　　[德] Ordnung, Platz
　　[英] arrangement, post
　　182a6, 182a8, 182b7, 190e5, 191a2, 191c3
τάσσω (τάττω) 安排，布置
　　[拉] ordino, statuo
　　[德] ordnen, stellen
　　[英] array, post, station
　　199a2
ταῦρος 公牛
　　[拉] taurus
　　[德] Stier

［英］bull
196e7

ταὐτός 同一的
［拉］idem
［德］identisch, gleich
［英］identical
189e2, 191e11, 195d4, 197b2, 200c6

τάχος 快速，迅速，速度
［拉］celeritas, velocitas
［德］Schnelligkeit, Eile
［英］swiftness, speed, quickness
192a1

ταχύς (adv. τάχα, ταχέως; comp. θάσσων) 快的，迅速的
［拉］citus, celer, velox
［德］schnell, bald
［英］quick, hasty
179d5

ταχυτής 快速，迅速
［拉］celeritas
［德］Schnelligkeit, Geschwindigkeit
［英］quickness, swiftness
192a9, 192b2

τείνω 对准，针对，涉及，关系到
［拉］tendo, referor
［德］zielen, richten
［英］tend, refer, concern
190d4

τεκμαίρομαι 推断，推测，断定
［拉］argumentor, conjecto
［德］festsetzen, vermuten
［英］judge, conjecture
192c4

τελευτάω 死亡，完成，结束
［拉］morior, occumbo, finio
［德］sterben, vollenden, zu Ende bringen
［英］die, finish, accomplish
180e4

τελέω 花费，用钱，完成，实现，入教
［拉］expendo, finio, initio
［德］zahlen, verwirklichen, einweihen
［英］lay out, spend, pay, fulfil, accomplish, initiate
186c3

τέχνη 技艺
［拉］ars
［德］Kunst, Kunstfertigkeit
［英］art, skill
185e11, 186c5, 193b10, 193c10, 195b9

τεχνικός 有技艺的，合适的
［拉］artificialis
［德］kunstvoll, vernünftig
［英］skilful, artful, cunning
185a1, 185b2, 185b11, 185d9, 185e4, 185e8

τηλικοῦτος (τηλικόσδε) 如此年纪的，如此重大的
［拉］tantus, tantae aetatis
［德］in solchem Alter, so groß
［英］of such an age, so great, so large
180d3, 201b1

τίθημι (θετέος) 提出，设定
［拉］pono, duco
［德］setzen, stellen
［英］give, put, set up
184d3, 189c4, 196e8, 196e9, 197e4

τιμάω (τιμητέος) 尊重，敬重，看重；提出应受的惩罚
  [拉] honoro, decoro, dignum judico
  [德] ehren, achten, schätzen, auf eine Strafe antragen
  [英] worship, esteem, honour, estimate the amount of punishment
  183a5, 183a7

τιμή 尊荣，崇敬
  [拉] honor
  [德] Ehrung
  [英] worship, esteem, honour
  197c4

τόλμα 勇敢，鲁莽
  [拉] audacia
  [德] wagnis, Verwegenheit, Dreistigkeit, Frechheit
  [英] courage, hardihood, recklessness
  193d1, 197b4

τολμάω (τολμητέον) 敢，敢于，大胆
  [拉] audeo
  [德] wagen
  [英] dare
  197a4

τοξικός 善于开弓的，精通射箭的
  [拉] sagittario conveniens
  [德] auf den Bogen bezüglich
  [英] of or for the bow
  193b9

τοσοῦτος 这样大的，这样多的
  [拉] tantus
  [德] so groß
  [英] so great, so large
  179a1, 183d1, 188e4, 195c9, 201b7

τραγῳδία 悲剧
  [拉] tragoedia
  [德] Tragödie
  [英] tragedy
  183a6, 183a8

τρέχω 跑
  [拉] curro
  [德] laufen
  [英] run
  192a2

τριήρης 三列桨战船
  [拉] triremis
  [德] Dreiruderer
  [英] trireme
  184a5

τρόπος 方式，生活方式，性情，风格
  [拉] modus
  [德] Weise
  [英] way, manner
  188a1, 190a8, 190b4, 190b9, 190e1

τροφή 食物，抚养，生活方式
  [拉] esca, alimentum
  [德] Nahrung, Erziehung
  [英] nourishment, food, nurture, rearing
  186e5

τρυφάω 过奢侈的生活，娇生惯养，懈怠
  [拉] delicate vivo, deliciis indulgeo
  [德] schwelgen, weichlich leben
  [英] live softly, luxuriously, give oneself airs
  179d1

τυγχάνω 恰好，碰巧
[拉] invenio, incido
[德] sich treffen, sich zufällig ereignen
[英] happen to be
180e2, 182e3, 184e2, 185a5, 185d6, 189e3, 190a1, 190b9, 192a2

ὑγιαίνω 健康
[拉] valeo
[德] gesund sein
[英] to be sound, healthy
195c10

ὑγιεινός 健康的
[拉] saluber
[德] gesund
[英] healthy, sound
195c8, 198d5

υἱός 儿子
[拉] filius
[德] Sohn
[英] son
179a2, 179b1, 179b5, 179e6, 180d1, 184e1, 185a5, 186a5, 186b6, 187b2, 190b4, 192e7

ὑπαισχύνομαι 有些惭愧
[拉] aliquantulum me pudet
[德] sich ein wenig schämen
[英] to be somewhat ashamed
179c6

ὑπαλείφω 涂药膏，抹油
[拉] illino
[德] aufstreichen
[英] anoint
185c6

ὑπακούω 听，倾听，应声，听从
[拉] ausculto, admitto, obedio
[德] anhören, aufmachen
[英] hearken, answer, obey
200d4, 200d7

ὑπάρχω 开始，属于，存在
[拉] initium do, adsum
[德] anfangen, beginnen, zuteil werden, vorhanden sein
[英] begin, belong to, exist
181a6, 186b5, 187b5, 190b7

ὑπερφυής (adv.ὑπερφυῶς) 非常的，奇异的
[拉] vehemens, admirandus
[德] übermäßig, außerordentlich
[英] monstrous, extraordinary
188d1

ὑπηρετέω 服务，侍候
[拉] ministro, servio
[德] dienen
[英] minister to, serve
198e5

ὑπισχνέομαι 许诺
[拉] polliceor
[德] versprechen
[英] promise
182e3

ὑπόλογος 计算在内的，负有责任的
[拉] rationem habend
[德] in Rechnung oder in Betracht kommend
[英] held accountable or liable, reckoned to one's account
189b7

ὑπομένω 忍受，忍耐，等候
　　[拉] tolero, maneo
　　[德] ertragen, hinnehmen, erwarten
　　[英] submit, bear, await
　　193a9
ὑπομιμνήσκω 提醒，启发
　　[拉] in memoriam revoco
　　[德] erinnern
　　[英] remind
　　179b3, 181c7, 188a7
ὗς 猪
　　[拉] sus
　　[德] Schwein
　　[英] swine
　　196d9, 196e1
ὕστερος 较晚的，后来的
　　[拉] posterior, sequens
　　[德] später, nächst
　　[英] latter, next
　　200b4
φαίνω 显示，显得，表明，看起来
　　[拉] in lucem protraho, ostendo, appareo
　　[德] ans Licht bringen, scheinen
　　[英] bring to light, appear
　　182d1, 186b1, 189a7, 192c3, 192c4, 193c12, 193d2, 195a9, 195b1, 196a7, 196c4, 199e9, 199e12, 200a5, 200e3
φάρμακον (φαρμάκιον) 药，药物，毒药；颜料，染料
　　[拉] venenum, color vel pigmentum
　　[德] Gift, Färbemittel
　　[英] poison, drug, dye, paint, colour
　　185c5, 185c8

φάσκω 说，声称
　　[拉] ajo, affirmo
　　[德] sagen, behaupten
　　[英] say, assert
　　184c3
φαῦλος (φλαῦρος;adv. φαύλως, φλαύρως) 容易的，微小的，低劣的，坏的
　　[拉] pravus, levis, malus
　　[德] gering, leicht, schlimm
　　[英] easy, slight, mean, bad
　　181e5, 187a5, 187a7, 187a7, 193a5
φείδομαι 留下，饶恕，节俭，吝惜
　　[拉] parco
　　[德] schonen, sparen
　　[英] spare
　　201a5
φέρω 携带，带到，引向，搬运，忍受
　　[拉] fero, traho, perfero
　　[德] tragen, bringen, dulden, ertragen
　　[英] carry, lead, endure, bear
　　183b2, 189e2
φεύγω 逃，避开
　　[拉] fugio, evado
　　[德] fliehen, vermeiden
　　[英] flee, avoid, escape
　　184c3, 188b2, 190e6, 191a5, 191a7, 191a8, 191c3
φημί (φατέον) 说
　　[拉] dico
　　[德] sagen
　　[英] say, speak
　　179d7, 181c7, 182e1, 184b2, 185e1, 185e10, 186a6, 186b2, 186e1,

187b5, 190c4, 190c5, 191a4, 191b1, 191c1, 192d4, 193a8, 193b6, 193c4, 193c6, 193d6, 193e2, 194e10, 195a5, 195d1, 196d2, 196e6, 196e8, 197a3, 197c5, 197c8, 198c3, 199a3, 199a5, 199b1, 199e6, 199e8, 200d7, 201a2, 201b2

φθέγγομαι 发出声音
[拉] sono
[德] ertönen
[英] utter a sound
188e1

φθονέω 嫉妒
[拉] invideo
[德] beneiden, neidisch sein
[英] grudge, be envious or jealous
200b7

φιλέω 爱, 喜爱, 热爱
[拉] amo
[德] lieben
[英] love
181e3

φιλία (φίλιος) 爱, 友爱, 友谊
[拉] amor, amicitia
[德] Liebe, Freundschaft
[英] love, friendship
181c6

φιλόλογος 热爱讨论的, 热爱言辞的
[拉] qui disserere amat
[德] Freund von Reden
[英] fond of words, fond of philosophical argument
188c6, 188e1

φιλονεικία (φιλονικία) 热爱胜利, 好胜

[拉] certandi vel contentionis studium
[德] das Sterben nach dem Sieg, Ehrgeiz
[英] love of victory
194a8

φίλος (sup. φίλτατος) 亲爱的, 令人喜爱的
[拉] carus, amicus
[德] lieb, geliebt
[英] beloved, dear
180e2, 180e3, 187b2, 189b7, 194b5, 194c2, 199e13

φιλοτιμέομαι 爱荣誉, 热衷于
[拉] ambitiose appeto
[德] Ehrliebe haben, sich ehrgeizig bestreben
[英] love or seek after honour, endeavour earnestly, aspire
182b7

φοβέω (φοβέομαι, φέβομαι) 担心, 害怕
[拉] vereor
[德] fürchten, sich scheuen
[英] fear, be afraid of
191b1, 191b3, 191d7, 197a7

φόβος 恐惧, 害怕
[拉] timor
[德] Furcht, Angst
[英] fear, terror
191b2, 191d7, 191e6

φοιτάω 常去某处, 走来走去
[拉] ito, frequento
[德] wiederholt gehen
[英] go to and fro

181c1, 201b1
φράζω 说明，解释，揭示
　　[拉] expono, explano, interpretor
　　[德] anzeigen, erklären
　　[英] point out, show, explain
　　191a1, 198b4, 198d1
φρέαρ 水井
　　[拉] puteus
　　[德] Brunnen
　　[英] well
　　193c2
φρόνησις 明智，审慎，真正的知识
　　[拉] prudentia
　　[德] Einsicht, Gesinnung
　　[英] prudence, practical wisdom
　　192c8, 193a7, 197e2
φρόνιμος (adv. φρονίμως) 明智的，审慎的
　　[拉] prudens
　　[德] besonnen
　　[英] prudent
　　192e1, 192e3, 193a4, 197c1
φυγή 出逃，放逐
　　[拉] fuga, exsilium
　　[德] Flucht, Verbannung
　　[英] flight, exile
　　181b2, 182b1
φυλάσσω (φυλάττω) 警惕，遵守，坚持，注意
　　[拉] custodio, tueor, observo
　　[德] bewahren, beobachten
　　[英] watch, guard
　　184b6
φύω 生，生长，产生
　　[拉] nascor
　　[德] erzeugen, wachsen, schaffen
　　[英] beget, bring forth, produce
　　192c1, 196e8, 198e1
φωνή 方言，声音
　　[拉] vox, dictum
　　[德] Mundart, Laut
　　[英] dialect, sound
　　192a6, 192b2
χαίρω 高兴，满意，喜欢
　　[拉] gaudeo, laetor, delector
　　[德] sich freuen
　　[英] rejoice, be glad
　　181b8, 188a6, 188d1, 188d8, 200c4, 201b4
χαλεπός (adv. χαλεπῶς) 困难的，艰难的，难对付的，痛苦的
　　[拉] difficilis, molestus
　　[德] schwer, schlimm
　　[英] difficult, painful, grievous
　　182d6, 190e4, 196e5
χαλινός 箝，嚼铁
　　[拉] frenum
　　[德] Zaum, Gebiß
　　[英] bit, bridle
　　185d1, 185d3
χαρίεις (adv. χαριέντως) 受欢迎的，优美的，令人喜欢的
　　[拉] venustus, elegans, venustus
　　[德] angenehm, anmutig, anmutig, lieblich, angenehm
　　[英] graceful, beautiful, acceptable
　　180d2
χάρις 满意，感激

[拉] gratia
[德] Dank, Wohlwollen
[英] thankfulness, gratitude, gratification, delight
187a3

χειμάζω 遭殃，遭大难
[拉] in magnis malis versor
[德] heimsuchen
[英] suffer from
194c2

χείρ 手
[拉] manus
[德] Hand
[英] hand
184a1, 192a5

χείρων 更坏的，更差的
[拉] deterior
[德] schlechter
[英] worse, inferior
180c8

χράω (χράομαι) 利用，使用，运用
[拉] utor
[德] benutzen, gebrauchen
[英] use, make use of
184d6, 194c9, 201b3

χρή (χρεών) 必须……，应该……
[拉] opus est, oportet, licet
[德] es ist nötig, man muß
[英] it is necessary, one must or ought to do
178a4, 179b4, 179b7, 179e4, 180a3, 180e1, 181c1, 182c9, 182d3, 182d7, 182e2, 184c5, 184e1, 184e11, 185c3, 185c6, 187b1, 187c2, 187d5,
194b6, 197e9, 201a2, 201b2

χρῆμα 钱财，财物，必需之物
[拉] divitia, pecunia
[德] Reichtum, Geld
[英] money, treasures
183a6, 186c7, 195e10, 201a5

χρηστός 有益的，有利的，好的
[拉] utilis, bonus
[德] nützlich, gut
[英] useful, good
185a6, 186d2, 189a5

χρόνος 时间
[拉] tempus
[德] Zeit
[英] time
192b1, 198d6

χώρα (χωρίον) 地点，位置
[拉] locus
[德] Ort
[英] place, position
193a6

χωρίς 除了……，离开，分离
[拉] praeter, separatim
[德] abgesehen, abgesondert
[英] apart from, separately
195a4

ψυχή 灵魂，性命
[拉] anima, animus
[德] Seele
[英] soul
185e2, 185e4, 186a6, 186a8, 190b5, 192b9

ὡσαύτως 同样地
[拉] similiter, eodem modo

［德］ebenso, auf dieselbe Art
［英］in like manner, just so
198e2, 199d7

ὠφέλεια 益处，好处，帮助
　［拉］utilitas
　［德］Hilfe, Nutzen
　［英］help, profit, advantage, utility

184b3

ὠφέλιμος (adv. ὠφελίμως) 有好处的，有益的，有帮助的
　［拉］utilis
　［德］nützlich
　［英］useful, beneficial
181e1

专 名 索 引

神话与传说

Αἰνείας 埃涅阿斯，191a10, 191b2
Ζεύς 宙斯，190e4, 192e5, 193d10, 194d3, 195a6
Ἥρα 赫拉，181a4

人名

Ἀγάθοκλεης 阿伽托克勒厄斯，180d1
Ἀριστείδης 阿里斯忒得斯，179a4
Δάμων 达蒙，180d1, 197d2, 197d3, 200a2, 200b5, 200b6
Θουκυδίδης 图库狄德斯，179a2
Λάμαχος 拉马科斯，197c6
Λάχης 拉刻斯，178a2, 179b6, 180c5, 180c9, 180d4, 182d4, 184d3, 185e9, 186a3, 186c6, 186d6, 186d7, 186e4, 187c3, 188c2, 189d4, 190b3, 190c4, 190d7, 190e7, 191b8, 191e2, 192b5, 192c5, 193c9, 193e1, 194d6, 194e11, 195a3, 195a8, 195c10, 195d10, 196c1, 196d1, 197a6, 197c5, 197d1, 198b10, 199a4, 200a4

Λυσίμαχος 吕西马科斯，180a6, 180b1, 180b7, 180c7, 181a7, 181d1, 182d2, 183c1, 184c5, 184d5, 185a4, 186a4, 186b8, 186d5, 187b6, 187d6, 188a6, 189d4, 200c3, 200d4, 200e1, 201c4
Μελησίας 墨勒西厄斯，178a3, 179b8, 180a6, 180b2, 184d8, 186b8, 187c3, 189d3, 189d5, 200c3
Νικήρατος 尼刻剌托斯，200d1
Νικίας 尼基阿斯，178a2, 179b6, 180b1, 180d4, 181d7, 182d6, 182e2, 184a8, 184d3, 185c5, 186a3, 186c6, 186d8, 186e4, 187c2, 187e5, 188c4, 189d4, 194b8, 194c2, 194c10, 194d3, 194e3, 195a5, 195b2, 195e3, 196a7, 196c2, 196c10, 196e1, 197a2, 197e2, 197e10, 198c2, 199a6, 199c3, 199d2, 199e3, 199e11, 199e13, 200c2, 200d5
Ὅμηρος 荷马，191a9, 201b1
Πρόδικος 普洛狄科斯，197d3
Σόλων 梭伦，188b3, 189a4
Στησίλεως 斯忒西勒俄斯，183c8, 183e3
Σωκράτης 苏格拉底，180c1, 180c5, 180d7, 180e6, 181a2, 181a4, 181d8,

184c6, 184d7, 184e4, 185c2, 185e7,
186d8, 187b8, 187c4, 187d2,
187d6, 187e6, 188a3, 188b5, 188b7,
188c2, 188e5, 189b2, 189c3, 190b2,
190c3, 190d2, 190e4, 190e10,
191b4, 191e3, 192a8, 192d6, 193b1,
193d10, 194a6, 194c7, 194d10,
194e9, 195a2, 195a8, 196a4, 196c5,
197a1, 197c2, 197d6, 197e5, 198c1,
199a9, 199d3, 199e2, 200a1, 200c4,
200c7, 200d4, 200d7, 201b6
Σωφρονίσκος 索佛洛尼斯科斯，180d7,
181a1

地名

Αἰξωνή 埃克索涅，197c9
Ἀττική 阿提卡，183a8
Δήλιον 德里翁，181b1
Κρομμύων 克洛密翁，196e1
Λακεδαίμων 拉栖岱蒙，182b3
Πλάταια 普拉泰阿，191c1

其他

Ἀθηναῖος 雅典人，186b3, 197c7
Δωριστί 多立斯调的，188d6, 193d11
Ἕλληνες (Ἕλλην) 希腊人，183a4, 191b7
Ἑλληνικός 希腊人的，188d7
Ἰαστί 伊奥尼亚调的，188d6
Κάρ 卡里亚人，187b1
Λακεδαιμόνιος 拉栖岱蒙人，182e6, 191b8
Λυδιστί 吕底亚调的，188d7
Πέρσης 波斯人，191c4
Σκύθης 西徐亚人的，191a8, 191b5
Φρυγιστί 弗里基亚调的，188d7

参考文献

（仅限于文本、翻译与评注）

1. *Platon: Platonis Philosophi Quae Extant, Graece ad Editionem Henrici Stephani Accurate Expressa, cum Marsilii Ficini Interpretatione*, 12Voll. Biponti (1781–1787).
2. F. Ast, *Platonis quae exstant opera, Graece et Laine*, 11 Bände. Lipsiae (1819–1832).
3. I. Bekker, *Platonis Scripta Graece Opera*, 11Voll. Londini (1826).
4. H. Cary, G. Burges, *The Works of Plato, a new and literal version, chiefly from the text of Stallbaum*, 6 vols. London (1848–1854).
5. *Platons Laches und Charmides, Griechsich und Deutsch, mit kritischen und erklärenden Anmerkungen*. Leipzig (1854).
6. F. Schleiermacher, *Platons Werke*, Ersten Theiles Erster Band, Dritte Auflage. Berlin (1855).
7. H. Müller, *Platons Sämmtliche Werke*, 8 Bände. Leipzig (1850–1866).
8. G. Stallbaum, *Platonis opera omnia, Recensuit, Prolegomenis et Commentariis, Vol. V. Sect. 1. Continens Lachetem, Charmidem, Alcibiadem Utrumque*. Gothae (1857).
9. W. William, *Platonic Dialogues for English Readers*, 3 Vols. Cambridge (1859–1861).
10. E. Jahn, *Platon's Laches, Einleitung und Anmerkungen*. Wien (1864).
11. R. B. Hirschigius, *Platonis Opera, ex recensione R. B. Hirschigii, Graece et Laine*, Volumen Primum. Parisiis, Editore Ambrosio Firmin Didot (1865).
12. M. Schanz, *Platonis Charmides, Laches, Lysis*. Lipsiae (1883).
13. C. Schmelzer, *Platos Ausgewählte Dialoge, Neunter Band, Laches, Ion*. Berlin (1884).

14. J. Wright, *Plato's Dialogues*. A. L. Burt Company, Publisher, New York (1890).
15. E. F. Mason, *Talks With Athenian Youths: Translations From the Charmides, Lysis, Laches, Euthydemus, and Theaetetus of Plato*. New York (1891).
16. Ch. Cron, *Platons Laches, Für den Schulgebrauch, Fünfte Auflage*, Leipzig (1891).
17. B. Jowett, *The Dialogues of Plato*, in Five Volumes, Third Edition. Oxford (1892).
18. B. Newhall, *The Charmides, Laches, and Lysis of Plato*. New York, American Book Company (1900).
19. J. Burnet, *Platonis Opera*, Tomus III. Oxford (1903).
20. K. Preisendanz, *Platons Euthyphron / Laches / Hippias*. Jena (1905).
21. G. Budé / M. Croiset, *Platon: Œuvres complètes*, Tome 2. Texte établi et traduit par Alfred Croiset. Paris (1921).
22. O. Apelt, *Platon: Sämtliche Dialoge*, 7 Bände. Leipzig (1922−1923).
23. W. R. M. Lamb, *Plato: Laches, Protagoras, Meno, Euthydemus*. Loeb Classical Library. Harvard University Press (1924).
24. *Platon: Sämtliche Werke*, in 3 Bänden. Verlag Lambert Schneider, Berlin (1940).
25. Hamilton and Huntington Cairns, *The Collected Dialogues of Plato*. Princeton (1961).
26. R. Schrastetter, *Platon: Laches, Griechisch-deutsch*. Verlag Von Felix Meiner, Hamburg (1970).
27. R. Rufener, *Platon: Jubiläumsausgabe Sämtlicher Werke zum 2400. Geburtsage, in Achte Bänden*. Artemis Verlage Zürich und München (1974).
28. J. Kerschensteiner, *Platon: Laches, Griechisch / Deutsch*. Reclam, Stuttgart (1982).
29. Ch. Emlyn-Jones, *Plato: Laches. Text, with Introduction, Commentary and Vocabulary*. Bristol Classical Press, London (1996).
30. J. M. Cooper, *Plato Complete Works, Edited, with Introduction and Notes, by John M. Cooper*. Indianapolis / Cambridge (1997).
31. P. Gardeya, *Platons Laches. Interpretation und Bibliographie. dritte erweiterte Auflage*, Königshausen & Neumann, Würzburg (2002).
32. R. Waterfield, *Plato: Meno and other dialogues*. Oxford University Press (2005).
33. J. Hardy, *Platon: Laches, Übersetzung und Kommentar*. Vandenhoeck & Ruprecht, Göttingen (2014).
34. G. Eigler, *Platon: Werke in acht Bänden, Griechisch und deutsch, Der griechische Text stammt aus der Sammlung Budé, Übersetzungen von Friedrich Schleiermacher und Hieronymus Müller*. Darmstadt: Wissenschaftliche Buchgesellschaft (7. Auflage 2016).

35. K. Stefou, *Socrates on the Life of Philosophical Inquiry: A Companion to Plato's Laches*. Springer (2018).
36. 《赖锡斯　拉哈斯　费雷泊士》，严群译，北京：商务印书馆，1993 年。
37. 《柏拉图〈对话〉七篇》，戴子钦译，沈阳：辽宁教育出版社，1998 年。
38. 《柏拉图对话集》，王太庆 译，北京：商务印书馆，2004 年。
39. 《政治哲学之根：被遗忘的十篇苏格拉底对话》，托马斯·潘戈尔编，韩潮等译，北京：商务印书馆，2019 年。

图书在版编目(CIP)数据

拉刻斯/(古希腊)柏拉图著;溥林译.—北京:商务印书馆,2023
(希汉对照柏拉图全集)
ISBN 978-7-100-22244-0

Ⅰ.①拉… Ⅱ.①柏… ②溥… Ⅲ.①柏拉图(Platon前427—前347)—哲学思想—希、汉 Ⅳ.①B502.232

中国国家版本馆 CIP 数据核字(2023)第 057109 号

权利保留,侵权必究。

希汉对照
柏拉图全集
V.3
拉刻斯
溥林 译

商 务 印 书 馆 出 版
(北京王府井大街36号 邮政编码100710)
商 务 印 书 馆 发 行
北京通州皇家印刷厂印刷
ISBN 978-7-100-22244-0

2023年9月第1版　　　开本 710×1000　1/16
2023年9月北京第1次印刷　印张 11½
定价:88.00元